『安邦武将』系列

KANGWO MINGJIANG
QIJIGUANG

抗倭名将 戚继光

姜正成 / 编著

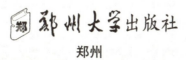

郑州大学出版社
郑州

图书在版编目（CIP）数据

抗倭名将——戚继光 / 姜正成编著 . —郑州：郑州
大学出版社，2018.1
（安邦武将）
ISBN 978-7-5645-4244-3

Ⅰ.①抗… Ⅱ.①姜… Ⅲ.①戚继光（1528-1587）
- 传记 Ⅳ.① K825.2

中国版本图书馆 CIP 数据核字（2017）第 078748 号

郑州大学出版社出版发行
郑州市大学路 40 号　　　　　　邮政编码：450052
出版人：张功员　　　　　　　　发行部电话：0371-66658405
全国新华书店经销
虎彩印艺股份有限公司印制
开本：710 mm×1 000 mm　1/16
印张：18.5
字数：248 千字
版次：2018 年 1 月第 1 版　　　印次：2018 年 1 月第 1 次印刷

书号：ISBN 978-7-5645-4244-3　定价：43.80 元
本书如有印装质量问题，请向本社调换

前　言

　　"滚滚长江东逝水，浪花淘尽英雄。"历史长河中，多少英雄叱咤风云，建功立业，而历史长河又很无情，不久就把他们埋没在历史的泥沙中。只有那些真正的杰出者，才能超越时空，脱颖而出，永远留在人们心中。戚继光就是历史上有名的民族英雄、著名的将帅、杰出的军事理论家，永远被后人所怀念。

　　戚继光戎马四十年，南征北战，身经数百战，屡战屡胜，他在早年时就已名扬远近，后来，更是被称为"常胜将军"。

　　东南沿海，倭寇为患二百多年。戚继光横空出世，创建戚家军，把倭寇打得闻风丧胆，称他为"戚老虎"。戚家军神勇无敌，加上沿海军民的支持与合作，终于荡平倭寇。

　　北方边境，蒙古骑兵时来进犯。边防不力，连撤十员大将。戚继光毅然上任，力除积弊，修长城，训边兵，把北部边防治理得井然有序。几次出兵，"谈笑间，樯橹灰飞烟灭"。镇守十几年，北方固若金汤。

　　戚继光文采卓然，留下许多动人诗篇。勤于动笔，著写兵书，给后人留下宝贵的精神遗产，成为著名的军事理论家。

　　他的丰功伟绩，永远为人们怀念。在浙江，他还活着时，人们就给他建生祠，刻碑歌颂。在福建，人们编出民歌童谣歌颂他。在蓟州，他离任时，人们纷纷罢市，到路上拦阻，苦苦挽留，"黄童白叟哭无边"。后来人们又在景山建生祠，刻石立像，为他祝福。

后世的人们也没忘记他。许多歌颂他的文章，歌颂他的诗，与他有关的传说，在百姓中间传扬。

现代的人们也没有忘记他。1984 年，全国城市雕塑规划组提出的全国第一批纪念性塑像名单中，就有戚继光。1987 年，戚继光逝世四百周年之际，他的故乡山东蓬莱竖起一尊他身披铠甲，手握宝剑的高大雕塑，供人们瞻仰。

没有英雄的民族是可悲的，有了英雄而不知敬仰的民族更是可悲的，让我们向戚继光致敬！

第一章 英雄诞生，将门家庭促成长

戚继光出生在一个将门家庭，受到良好的家庭熏陶和教育。他从小刻苦读书，逐渐树立起积极向上和报效国家的坚定信念。嘉靖二十三年（1544年），十七岁的戚继光，秉承父命，袭职登州卫指挥佥事。这时的嘉靖帝不再召见群臣，这年奸相严嵩第一次任内阁首辅。戚继光就是在这样的大背景下走上仕途的。

第二章 倭寇为患，青年将领露头角

戚继光初入仕途，就显露出了非凡的才干，并得到了上司的赏识。嘉靖二十五年（1546年），上司指派戚继光负责管理登州卫的屯田事务。上司既然将这样的重任交给戚继光，当然是对他的信赖和锻炼。嘉靖二十七年（1548年）春，戚继光接到命令，让他率领山东六府卫所军戍守蓟州，保卫京城。嘉靖三十二年（1553年）夏，明廷下令，提拔戚继光担任山东都指挥佥事，统领山东沿海三营二十五卫所将士，担负着山东沿海的防倭任务。从此，戚继光由戍守蓟州重镇，抵御蒙古精骑，转移到守卫海防、抵御倭寇入侵的抗倭战场，开始实现他"封侯非我意，但愿海波平"的宏愿。

第三章 调任浙江，战场上展示才华

　　嘉靖三十四年（1555年）七月，明廷调戚继光任浙江都司金书，负责屯局事务。浙江是当时倭寇入侵最为严重的地区。第二年七月，戚继光被擢为宁绍台参将，担负起宁波、绍兴、台州三府御倭的重任，走向抗倭前线，参加卫国保民的战争。嘉靖三十七年（1558年），他因岑港之役被革职，但这并没有改变他报国的志向。他独辟蹊径，提出了练兵的主张，并练就了一支有别于卫所军的新军。嘉靖三十九年（1560年），他恢复了职务，任台金严参将，指挥所练的新军，取得了有名的台州大捷，基本消灭了浙江的倭患。戚继光在战争中学习，在战争中成长。

第四章 再援福建，戚家军威震敌胆

福建的倭患始于嘉靖二十七年（1548年）。嘉靖三十四年（1555年）后，倭寇在入侵浙江的同时，也连年入侵福建。倭寇在浙江受到戚家军的痛击后，便向南发展，福建的倭患日益严重。福建兵力薄弱，福建巡抚游震得上疏朝廷，请求派兵援助，于是戚继光奉命率兵入闽作战，戚继光先后被任命为兼管福建的副总兵和总兵，保卫福建成了他的主要职责。他以自己对民众的热爱，率领戚家军消灭了入侵的倭寇，为保卫国家的领土主权和福建人民的生命财产立下了不朽的功勋。

第五章 接受北调，为国家鞠躬尽瘁

隆庆元年（1567年），戚继光离开战斗了十几年的南方，遵从皇帝的命令，来到北方御虏前线。他首先提出了御虏方略，然后又克服种种困难，落实他的御虏方略，使北部边防得到了前所未有的巩固。

第六章 英雄的晚年生活

万历十年（1582 年）六月，一代名相张居正病逝。不久，这位改革家就遭到了攻击，一向受张居正重视的戚继光也受到了牵连。万历十一年（1583 年）二月，戚继光被调往广东。在广东的日子里，除整顿军队之外，戚继光还整理了他写的兵书和文集，总结了自己一生练兵的经验。虽然那时候他才五十多岁，但由于政治上的打击和多年劳累所得疾病的折磨，他已无心再在宦海中遨游。在反张居正之风愈刮愈烈的情况下，他被罢官。回到故乡的戚继光，在贫病交加中与世长辞。

第七章 留给后人的财富

戚继光是一位了不起的军事家。不仅仅是因为他打了很多的胜仗，更重要的是他的军事思想光彩夺目。谈军事思想离不开军事思想的载体军事著作。据统计，戚继光的著作现存的只有五部，即《纪效新书》（十八卷本）、《练兵实纪》、《纪效新书》（十四卷本）、《止止堂集》和《戚少保奏议》。他的军事思想有两个明显的特点：一是兵儒融合更突出；二是实际操作性更强。这也是其军事思想影响深远的原因。

第八章 建军思想，创新实用

军队战斗力是有良好军政素质的人使用武器同敌人斗争的能力。它包括人员（将和兵）的政治质量、军事素养和武器装备、物质保障等。因此要建立一支能征善战的军队，既要练兵，更要练将，还要改善武器装备。戚继光率领明军抗倭提出要建立一支"保障生民，捍御内地"的军队。为此，他对如何训练出好的士兵，培养出好的将领，把人和武器很好地结合起来，以形成强大的战斗力，都做了前无古人的论述。

第一章

英雄诞生，将门家庭促成长

戚继光出生在一个将门家庭，受到良好的家庭熏陶和教育。

他从小刻苦读书，逐渐树立起积极向上和报效国家的坚定信念。

嘉靖二十三年（1544年），十七岁的戚继光，秉承父命，袭职登州卫指挥佥事。这时的嘉靖帝不再召见群臣，这年奸相严嵩第一次任内阁首辅。戚继光就是在这样的大背景下走上仕途的。

英雄出身将门家庭

　　戚继光的故乡，是历史上出过无数英雄豪杰的山东。在山东济宁东南六十里，运河和泗水交汇的地方，有个美丽的村庄叫鲁桥镇。村东有户姓戚的人家，嘉靖七年（1528 年）农历十月初一这天，戚家大院里非常热闹，进进出出的人脸上都洋溢着喜气，原来这天凌晨，家里添了个男孩，这孩子就是戚继光，这天院子里人很多，贺喜的亲朋好友纷纷走向一个老人，祝贺他老来得子。老人叫戚景通，他就是戚继光的父亲，五十六岁时才有了儿子，老人自然非常高兴。

　　由于当时天刚刚亮，东方光华耀眼，于是戚景通就给他取名继光，希望他能继承祖业，光裕后人。

　　戚继光的祖先原本住在山东的东牟县（今莱芜市）。元朝末年，戚继光的六世祖戚详，曾一度迁居到濠州定远县昌义乡。这时，各地的农民起义正在如火如荼地发展着，濠州是定远人郭子兴领导的起义军的根据地。戚详毅然地参加了这支起义军，当上了一个统率十名士兵的小头目，随着郭子兴的部将朱元璋在反抗元朝统治者的斗争中转战各地。后来，在朱元璋建立明政权之初，戚详仍旧留在军队里，为新国家的统一而东征西讨。他从军近三十年，最后跟随大将傅友德攻打云南，在一次战斗中阵亡了。明政府追念他在开国时的功劳，授他的儿子戚斌为明威将军，世袭登州卫（今山东蓬莱市）指挥佥事。从此，戚家又搬回了山东，并且在那里定居下来。

戚斌是一位能干的将领，到任后即操练军队，维修城墙，他的勤勉练达受到同僚们的广泛好评。戚斌的儿子戚珪承袭了登州卫指挥佥事职务。戚珪不仅精通武艺，而且"倜傥有侠节，能文章，诗赋骈丽有唐风"。为了教育后代，他还著有《家训》。他曾于宣德八年（1433年）上言备倭事。戚珪的儿子叫戚谏，年轻时就力大过人，据说他曾经和猛虎搏斗过，为乡人称道。戚谏有两个儿子，长子戚宣无嗣，次子戚宁生一子后早逝。戚宁生子戚景通，景通就是戚继光的父亲。

戚宁死时，戚景通只有六岁，母亲阎氏二十四岁守寡，独自抚育幼儿，生活艰苦，于是将景通过继与戚宣为嗣。戚景通在艰难的环境中长大成人。

戚宣死后，景通便承袭了伯父的职位，做了登州卫指挥佥事。

从明朝初年起，倭寇就不断侵扰山东沿海州县，所以登州卫成了当时的海防前哨。明朝政府很重视这个地方，在这里设有七个所，大小将领自指挥到百户一百二十多人，兵额有三千二百多名。戚家自明太祖洪武中叶戚斌任登州卫指挥佥事，一直到戚景通担任这个职务，长期防守在这个重要地方，前后共历五世，近一百四十年。

戚景通自承袭登州卫指挥佥事后，就表现出了自己优异的军事才能，曾被提升为都指挥，负责山东沿海备倭军事。后又调充大宁（今河北保定市）都指挥使等职。

戚景通是个勤奋好学的人，熟读兵书，有丰富的军事知识。他精通武艺，擅长使刀，箭法也十分精妙。人际关系也很好，为人十分正直，从不趋炎附势，从不收受贿赂，从不和奸人为伍，光明磊落，可亲又可敬。

下面的几个例子可以说明这一点。

嘉靖五年（1520年），他被调到浙江，担任江南运粮把总，负责运送官粮。上任之后，他取消了许多陈规陋习，引起许多人的不满。一些奸商到处造谣，暗中收买一些贪官污吏千方百计陷害他，想迫使他下台。有一次，他押送粮食到太仓，按照习惯，应该给仓官送一些财物。熟悉内情的部下劝他照此办理。戚景通却说："押送粮食是我的职责，接收粮食是他的职责。公事公办，凭什么要送他东西。"许多坏风气本来是不正常的，久而久之，却成为正常的东西，甚至原来好的却被看为不正常。戚景通拒绝收买仓官。他的行为激怒了仓官，仓官诬陷戚景通账目不清。这种罪行如果加身，会受降级的处分。这时他的一个部下张千户想送他三百两银子，让他打通关节，以免降级。他素知戚景通为人，便请一个叫王春的去劝他。王春说："戚将军，大家都知道你是正派人，不会接受别人银子。但这次是为打通关节，以免降级之罪，再说你也拿不出这么多，大家都是朋友，你赶快收下，去买通关节要紧。"戚景通笑了笑，说："我天生是这脾气，凭良心做事。大家都知道，我没弄错账目。如果去送礼，反而说明我办错了事。这礼我说什么也不送，这钱我也不能收。他们诬陷我，降我的级，我不在乎，我只要对得起自己良心就行了。"他谢绝了朋友的银子，也没去买通关节。后来，事情弄清楚了，可他还是丢了运粮把总的官，回到山东，仍担任登州卫佥事。正直的人往往受到人们的喜爱与敬佩。戚景通的人品在当地有口皆碑，许多人都愿和他交朋友，一些达官贵

英雄诞生，将门家庭促成长

人也想和他交往，以抬高自己的声望。戚景通有个上司叫戚勋，很欣赏他，打算跟他排族谱，联宗亲。戚景通听了觉得十分好笑，说："我的祖上不姓戚，而姓倪，这是有书可查的。我十分愿意和大人联宗亲，可怕传出去让人笑话。"

后来戚景通任大宁都指挥使时，衙门里缺了一个掌管少数族事务的佥书。有个姓蔡的准备送上贿赂企图得到这个职位。戚景通理也不理，另外荐举了一个叫安荣的人。安荣得到这个职位，为了表示感谢，送上一百两银子，哪知反惹起戚景通极大的愤慨，他瞪着眼说："我为选拔贤能，才推荐你；你却给我送这些银子，可见我推荐错了。"说得安荣满面羞惭，只好把银子收了回去。

嘉靖十六年（1537年），已担任京城神机营副将的戚景通因惦念老母，辞官返回家乡，但仍潜心研究御敌方略，始终抱有为国尽忠的信念。

戚景通一共有两位夫人，因长夫人不能生育，后又娶王夫人，直到1528年（嘉靖七年）他五十六岁时才生下长子戚继光，后又生下次子戚继美。戚景通光明磊落、刚正不阿的品格和作风，对戚继光产生了很大影响。严格的家庭教育和几代人的军事实践所形成的理论知识使戚继光从小就热爱军事，也为后来驰骋疆场奠定了牢固的基础。

戚景通忠于明室，曾积极参加镇压以刘六、刘七为首的农民起义。无可否认，他的所作所为，归根到底是站在封建地主阶级立场上的。但是另一方面，他却具备了某些与他同一时代的封建士大夫或武将们难得具备的优良品质。在那个地主阶级道德日益败坏，官场营私舞弊、贿赂公行的时代里，能像戚景通这样不趋炎附势、不苟取钱财、不和邪恶同济的官吏将领，还是少见的。因此他这种光明磊落的性格，便显得可爱与可敬了。

童年受到良好熏陶

出生在这样一个
将门家庭，对戚继光
的影响自然是很大的。
首先，由于长期的军
事实践，戚家积累了
丰富的战斗经验和军
事知识；其次，由于

戚继光与父亲戚景通

戚家长期驻守在防倭的前线，对于倭寇焚掠人民的惨状及其在沿海骚
扰活动的规律，比较熟悉；最后，也是最主要的，戚景通文武全才，
为人正直，赢得了地方人士的信赖，为自己的子孙树立了好的榜样。
戚继光从小就受到了他父亲严格的教育，从他父亲那里获得了许多有
关为人处世的经验和行军打仗的真实学问。而这些都成了戚继光日后
消灭倭寇的重要凭借。

嘉靖十二年（1533 年），六岁的戚继光随祖母回到登州故里。次

年，入私塾读书。到九岁时，戚继光学习之余已能"融泥作基，剖竹为杆，裁色楮为旌旗，聚瓦砾为阵垒，陈列阶所，研究变合，部伍精明，俨如整旅"。少年时戚继光所表现出的良好的军事素质，令乡邻感到惊叹。

戚景通老年得子，自然把戚继光当作掌上明珠，但他对儿子的教育却丝毫没有放松。很早他就教戚继光识字读书，练习武艺，还时常给他讲保国安民和为人处世的道理。嘉靖十七年（1538 年），也就是戚继光十岁时，戚景通退休在家，对他的教育更加严格。

戚景通为使儿子成为将才，从小就教他练武。他常向戚继光讲祖逖"闻鸡起舞"的故事，希望他向祖逖学习，苦练本领，报效国家。每天很早，父亲就把他叫醒，教他练剑。为锻炼他的耐力，每天让他跑十几里路，一趟回来常常大汗淋漓，呼呼喘气。为练他的臂力，让他练习举石锁。有时练完武，走路都困难。母亲见了心疼，求父亲放松一点。戚景通说："子不教，父之过，我不想让他平庸一辈子，只能这样要求。"

戚继光天性聪明，很快就能自己读书了。他非常喜欢读书，尤其是历史书。他十分佩服历史上的军事家：孙膑、管仲、诸葛亮、岳飞……他们用兵如神，屡战屡胜，建立了卓著的功勋，永远为后人怀念。他常想："他们才是真正的英雄，做人就要做这样的人。"戚继光从小就胸怀大志，这和他从小读的这些书是分不开的。

戚继光毕竟是孩子，一有空就和附近的孩子们玩。在他们中间，戚继光个子最矮，但最有精神，最有感召力。他们公推他做首领，他常带他们玩打仗的游戏。他把人分成两方，一方进攻，一方防守。他做一方的指挥，摆出各种阵势，何时进攻，何时后退，指挥得井井有条。见过的人都很惊奇，称赞说："这孩子，好样的，将来肯定能像他父亲一样，成为大将之才！"

在父亲的教诲下，戚继光健康成长。十五六岁时，他各方面就已相当突出，武艺也十分了得，能在飞驰的马上弯弓搭箭射中目标；力气很大，能单手举起石锁耍着玩；他刀法也相当熟练。当地一些习武的人与他交往甚深，经常在一起切磋武艺，还常常比武，比来比去，还是戚继光武艺最高，没人能敌过他。

他的学业也有很大进步。他不仅熟读四书五经，还阅读了《武经七书》和许多古代名将传记，从中汲取了丰富的营养，增长了知识，开阔了视野。

在父亲的言传身教下，戚继光从小养成了良好的品质：有强烈的上进心，能吃苦耐劳，立志继承父亲的事业，做一个身先士卒，临敌忘我的将领。在他成长的过程中，有两件事对戚继光的触动很大，直到晚年，他还常提起这两件事。

有一次，年幼的戚继光到处玩耍，从村西跑到村东，似乎什么都能引起他的兴趣。玩累了就往家走，刚进门，发现家里有几个工匠，正在修理家中的门户，把旧的卸下来，换上一种雕花的新门户。戚继光走上去，摸着上面精致的雕花，特别喜欢。工匠们逗他玩："小公子啊，这门户好不好看？""好看！""那你怎么不让你父亲多安几扇，我们去别人家，一般都安十二扇，那多气派啊！公子家这么有钱，怎么能只安四扇呢？"

戚继光听了，连忙跑去找父亲。戚景通正在书房读书，戚继光门都没敲直接闯进去，对父亲说："咱们怎么不安十二扇门户呢？安十二扇，多气派！"戚景通听了，觉得这不是一件小事，如果儿子从小就

英雄诞生，将门家庭促成长

爱慕虚荣，长大后会贪财贪利，向坏处走的。他严肃地冲孩子看了几眼，说："孩子，我们是将门世家，应以国家事业为重。国家危难时，咱们必须首先冲上去，不能有丝毫的犹豫。如果从小就爱慕虚荣，爱排场，整天埋头在钱眼里，会消磨掉斗志的。咱们戚家人都是忠臣良将，不能出势利小人！"这些话如果对别的孩子讲，他们大多是不理解的，戚继光少年老成，听了父亲的教诲，认真地点了点头，把父亲的话深深地记在心里。

这件事过后，戚景通就问戚继光"立志安在"，戚继光答道："在读书。"父亲告诉他："读书在识'忠孝廉节'四字，否则焉用。"并命人把'忠孝廉节'四个大字贴在新刷的墙壁上，让戚继光时时省览。戚继光严奉父训，刻苦自励，博览群书，学业大进。十五岁时，戚继光就以深通经术闻名于家乡一带。

年迈的父亲看着儿子的长进，内心当然十分欣慰。戚继光的嫡母张氏，在一次议论起家庭后事时忧虑地说："家里没钱，怎么办呢？"戚景通指着继光说："此非吾赀乎？"父亲对戚继光的期待之心溢于言表。

外祖父看戚继光自幼丧母（十岁时生母去世），家境不富，成天穿着破旧衣服，便常送他些东西。有一次他过生日时，送给他一双丝鞋，布料鲜艳，样子好看，戚继光从没见过这么漂亮的鞋子，十分高兴。可他记着父亲的教诲，不敢穿上。

有一次，戚继光的嫡母翻出了这双鞋，坚持让他穿上，说："再不穿就小了。"戚继光只得穿上。刚走出门，便碰到了父亲，他极不自然地避开父亲的目光。戚景通一下看到了他的丝鞋，脸立刻沉下来，厉声说："脱下来！"嫡母出来说明情况，戚景通还是不让穿，严厉地说："从小爱面子，图虚荣，长大后会养成骄奢的恶习，甚至急功近利，推诿过错。”这件事戚景通处理得有些过火，可这事对戚继光的影响却很大，起码使他有了这样的信念：千万不能爱慕虚荣。

戚继光还有一位好老师，名叫梁玠。他是一位严肃认真的学者。他看到戚继光年少志大，也很喜爱戚继光。经过他的耐心教诲，戚继光的学业突飞猛进。戚继光也很敬爱自己的老师，一直到后来他成为名将，还对这位老师有着深厚的感情，时刻念念不忘。

戚景通晚年热心边事，终日著述不止，无心过问家事，弄得经济颇窘。一些浅薄的人背后议论说：“孝廉、孝廉，将何以遗后也？”戚景通闻听此话，把十六岁的戚继光叫到面前说：“尔果以吾无所遗则憾者乎，顾吾遗尔不赀，贮之帝所富盛矣。”戚继光明白父亲的良苦用心，顿首曰：“大人所遗高高在上，吾何患盗焉？”

当时，戚景通关于抗击鞑靼的备边军事方策，已写成数百篇，但还没有上奏朝廷。他一则是想再待一段时间，以便使自己的作战方策考虑得更加成熟；再则大约也想找个机会由自己的儿子代为奏上。

戚继光的童年和少年并不是全在无忧无虑中度过的。十岁的时候，他的亲生母亲去世了。母亲死后，家里生活困难，有时甚至穷到无米做饭。在穷困的生活磨炼中，他逐渐经历了许多过去从未经历过的事情，也逐渐懂得许多过去不懂的道理。

英雄诞生，将门家庭促成长

年少继承父亲的遗训

嘉靖二十三年（1544年）夏天，戚继光十七岁。父亲多年征战，积劳成疾，留下了病根。随着年纪的增长，旧病复发，备受病痛的折磨。他已经卧床不起好几个月了。戚继光很孝顺，经常守在父亲床前，喂饭、熬药、端屎端尿，照顾得无微不至。他常和父亲聊天，聊国家大事，聊邻里小事，尽量转移父亲的注意力，以减轻父亲的病痛。戚景通看在眼里，非常高兴。

戚景通感到自己不行了，就催促儿子进京袭职。

什么叫"袭职"呢？这里说一说。明朝的军事机构，中央为兵部和都督府；省一级为都指挥使司，简称都司。都司下设卫所，就是属于都司的千户所、百户所。武官有世袭的世官和不能世袭的流官之分。世官分九个等级：指挥使，指挥同知，指挥佥事，卫镇抚，正千户，副千户，百户，试百户，所镇抚。流官分为八个等级：左右都督，都督同知，都督佥事，都指挥使，都指挥同知，都指挥佥事，正留守，副留守。

世官可以世袭，是皇帝给有功之臣的一种恩惠。戚继光的六世祖戚详，元末明初时，加入朱元璋的起义军，跟随朱元璋南征北战，立下了汗马功劳。朱元璋当上皇帝后，戚详因功也受到封赏。洪武十四年（1381年），戚详跟随大将傅友德远征云南，不幸阵亡。明朝根据戚详的战绩，封他的儿子戚斌为"明威将军"，世袭登州卫指挥佥事。戚家有明太祖朱元璋授予戚斌的诏令，拿着这个诏令，就可以到京城办理袭职手续。

因为家境贫寒，没有余资，这年六月，戚景通卖掉了一幢房子，才为儿子凑够了进京的路费。临行那天，戚景通在郊外陈设祭品，祭告祖先。他拉着儿子的手说："吾遗若者，毋轻用之。"

戚继光忙说："儿当求增，何敢轻用!"一些为戚继光送行的朋友都感到奇怪，不知他们父子说话的含义。实际上这是戚景通让儿子珍惜祖传的官职，不要损害它。而戚继光则满怀信心地向父亲保证，不但不损害它，而且要力争有所增加。这表明戚继光在从戎之前就有了在军中大干一场的决心。戚景通这位年逾古稀的老人再三叮咛，才让儿子上路。

戚继光故里

英雄诞生，将门家庭促成长

哪知这次分手，却成了永别；父亲的这些话，竟成了遗言。

戚继光扬鞭策马，捧着登州卫给他开具的袭职文书，踏上了征程，直向京城方向奔去。一路湖光山色，胜景古迹，有看不完的秀美景色。可他没能停留，一是要去京城办事，二是家里还有病重的父亲，哪有工夫游山玩水。戚继光晓行夜宿，一路风尘，不久便到了京城。

京城可真大啊！戚继光很少出门，从未见过这么繁华的地方，不禁大声赞叹。街上人流不息，店铺不断，处处都是热闹的景象。紫禁城更是金碧辉煌，气势宏伟，有种说不出的皇家气派。戚继光左顾右盼，看得眼花缭乱，他牵着马，打听着向兵部走去。

明代军官的袭职手续是比较繁杂的。首先袭职者要有袭职资格。袭职者需是嫡系子孙，若无嫡系子孙则庶长子袭替，若嫡庶子孙俱无方许弟侄袭替。袭职者的年岁龄要在十五岁以上。戚继光是庶长子，年已十七，符合这一条件。

其次要办理一系列手续。袭职者要有自己所在卫所开的证明文书。卫所对袭职军官事先要进行培训，使他们"素习弓马"，袭职前要进行考试，确实弓马娴熟，才能开具文书。然后袭职人拿着文书到巡按衙门挂号，领取一张限定袭职期限的"花栏号票"，进京到都督府，验明文件之后进行武艺比试。比试的科目主要是骑马越墙、越沟、射箭和骑马使枪两人对刺。第一次比试不合格，食半俸，两年后再比，不合格仍食半俸，两年后再比，仍不合格者则充军，另选子弟袭替。一个单位所送的十人中，比试时如有二人不合格，该单位的掌印官就要受到惩罚。比试后再到兵部办理手续。兵部武选清吏司根据卫所开的文书要在军人的黄簿上填写袭职者的年龄、籍贯、职务以及父祖的职务等，次日还要到内府在内外黄文簿附贴上注明。

兵部发给袭职者证明，袭职者凭此证明到卫所报到任职。戚继光从山东的蓬莱到山东巡抚衙门，再到北京左军都督府，经过都督府到兵部的武选清吏司，用了近个月的时间才办完袭职手续。到了初冬十月，他才回到故乡。

离家越来越近，一种不祥的气氛笼罩在他的心头。路上的熟人和他打招呼，好像要说什么，又都咽了回去，只匆匆说几句话，便与他道别。"父亲！难道父亲出事了？"戚继光飞快地赶回家。

嫡母一见他，立刻哭出了声，说："孩子，你父亲故去了。"戚继光眼一黑，头一昏，差点栽到地上。他十岁时失去了生母，难道十七岁时又要失去亲生父亲吗？父亲不顾年老，亲自舞剑教自己练剑；父亲诲人不倦，一个字一个字地教自己学习；父亲严肃地教育自己，要报效国家；父亲严厉地训斥自己，不要爱慕虚荣……许多往事一齐涌上心头。戚继光眼中含泪，跪倒在父亲灵前，失声大哭。

这位老人，享年七十二岁。他为报效国家，建功立业，耗尽了心血。他有着高尚的情操，廉洁正直，大公无私，他没给子孙留下什么遗业，留下的只有祖传的老屋一所，自用的四川扇子一把和卧床一张。可他却给子孙留下了许多宝贵的精神财产，他的廉洁自律、正直无私，影响了戚继光和他的弟弟戚继美，使戚家出了两个令倭寇闻风丧胆的民族英雄，而不是两个平庸的官吏。

英雄诞生，将门家庭促成长

戚继光

严嵩专权误国

在世宗四十五年中，任内阁首辅的有十人，其中任职时间最长、最受朱厚熜信任的是严嵩。严嵩，字惟中，分宜（今属江西）人，弘治十八年（1505年）进士。他于嘉靖二十一年（1542年）入阁，嘉靖二十三年（1544年）八月到嘉靖二十四年（1545年）年底任一年多首辅，又于嘉靖二十七年（1548年）正月至嘉靖四十一年（1562年）五月任首辅，长达十四年有余。他为什么能如此长期受到世宗的宠信？

首先，是他极力赞成玄修，善写青词。在嘉靖二十一年（1542年）入阁，特别是嘉靖二十七年（1548年）谋害夏言成为首辅后，随时陪祀，不离皇帝左右。别人撰写的青词均不称旨，而他所写的青词最合帝意。他还伙同顾可学、盛端明为皇帝炮制仙丹，而且亲自为皇帝试服仙丹，并把试服的效果报告给皇帝。玄修、服仙丹是求长生的朱厚熜最重要的事情。在这重要的事情上给他最大支持的是严嵩，当然他对严嵩也就最有好感。

其次，他用逢迎、吹捧、顺从、掩饰等手段取得朱厚熜的信任。清人谷应泰说："帝以柔。帝以骄，嵩以谨。帝以刚，嵩以英察，嵩以朴诚。帝以独断，嵩以孤立。赃蓁累累，嵩即自服帝前。人言籍籍，嵩遂狼狈求归。帝且谓嵩能附我，我自当怜嵩。方且谓嵩之曲谨，有如飞鸟依人。即其好货，不过驽马恋栈。而诸臣攻之无将，指之以炀灶，微特讦嵩，且似污帝。帝怒不解，嵩宠日固矣。"

嘉靖七年（1528年），严嵩由国子祭酒升任礼部右侍郎，朱厚熜派他到安陆祭告显陵。他回来上疏说："臣恭上宝册及奉安神床，皆应时雨霁。又石产枣阳，群鹳集绕，碑入汉江，河流骤涨。请命辅臣撰文刻石，以纪天眷。"这种迎合朱厚熜迷信心理的胡诌，就甚得朱厚熜的欢心。有记载说，这是他得到皇帝宠信的开始。

嘉靖十七年（1538年）五月，通州致仕同知丰坊上言，请求尊朱厚熜的父亲献皇帝庙号称宗，以配上帝。这无疑是要讨好朱厚熜。严嵩为这种讨好朱厚熜的言论提供理论根据，提出请"尊文皇帝称祖，献皇帝称宗"。这又赢得了朱厚熜喜欢，遂即尊文皇帝为成祖，献皇帝为睿宗，配上帝，诏告天下。

嘉靖二十一年（1542年），朱厚熜制香叶道冠，给严嵩和夏言，夏言认为不是法制的帽子不带，而严嵩在召对时特意戴上这种道士冠，上面还罩上青纱。朱厚熜见到严嵩如此恭顺自己，十分赞赏。为了讨好皇帝，严嵩不仅自己时时伺察皇帝的旨意，而且收买皇帝身边的宦官做他的耳目。因此皇帝的喜怒哀乐，他都可以通过宦官及时掌握，应召对答便能符合朱厚熜旨意。朱厚熜反复无常，严嵩则能见风使舵。

嘉靖二十五年（1546年），总督陕西三边军务兵部侍郎曾铣提出收复鞑靼占领的河套地区，内阁首辅夏言积极支持，朱厚熜非常欣赏。夏言多次与严嵩商量，严嵩"绝无异言"。

但到了嘉靖二十七年（1548年）正月，朱厚熜变卦了。他说：

"套虏之患久矣。今以征逐为名，不知出师果有名否？及兵果有余力，食果有余积，预见成功可必否？……一铣何足言，祗恐百姓受无罪之杀。我欲不言，此非他欺罔比，与害几家、几民之命者不同。我内居上处，外事、下情何知可否？卿等职任辅弼，果真知真见当行，拟行之。"

严嵩见世宗态度转变，也随即见风使舵，上疏说："（曾）铣以好大喜功之心，而为穷民黩武之举，在廷诸臣皆知其不可，第有所畏不敢明言，以致该部和同附会上奏。幸赖圣心远览，特降明谕，活全陕百万生灵之命，诚宗社无疆之福。"然后又说："臣备员辅职，如此举措关系国家安危大计，不能先事匡正，至渎圣虑。"同官夏言于他政效劳为多，臣独分毫无补，有负委严嵩这个奏任，请从显疏可谓一箭三雕，一则吹捧了皇帝英明，二则攻讦了夏言，三则洗刷了自己。他这招果然奏效。朱厚熜罢免了夏言首辅之职，而让他"尽忠供职，不允辞"。再次，他极其巧妙地用各种手段保护自己和同党，排斥异己。

史称：（严）嵩父子独得帝窾要，欲有所救解，嵩必顺帝意痛诋之，而婉曲解释以中帝所不忍。即欲排陷者，必先称其媺，而以微言中之，或触帝所耻与讳。以是移帝喜怒，往往不失。"又说："帝英察自信，果刑戮，颇护己短，嵩以故得因事激帝怒，戕害人以成其私。"嘉靖二十七年（1548年）正月夏言被罢官时，朱厚熜还不想杀他。这时严嵩利用一些小事激怒皇帝，终于在十月，将夏言杀死。严嵩从此当上了内阁首辅，一任就是十四年。

严嵩任内阁首辅这些年，是明世宗统治最黑暗的时期。其关键就在于严嵩专权。内阁首辅本来权力就很大，因为他主"票拟"，是无宰相之名的宰相。所谓"票拟"，就是先代皇帝拟旨。朝廷及地方官员呈报的奏章，首先由内阁大学士在票纸上用墨笔替皇帝草拟圣旨，贴于疏面之上，然后进御皇帝审批。皇帝接到内阁的"墨书小票"之后，或批"改票"（改拟），或批"依拟"。如是"依拟"就由司礼监秉笔太监用朱笔书写皇帝的批答，下发各部实施。

由于当时朱厚熜不上朝，一些大臣根本见不到他，只有严嵩不离他左右，因此严嵩就可以用种种手段使皇帝接受他的意志。那些圣旨，表面上看来是皇帝批的，实际上则受严嵩的影响很大。这样朝政大权就落在了严嵩的手里，形成了严嵩专权。封建制度就是专制制度，专权是必然的。问题是这种专权对人民、对社会是有好处还是有害处？严嵩的专权对社会只有百害而无一利。其主要危害有两点：

第一，他结党营私，排斥异己，卖官鬻爵，贪污受贿，聚敛钱财，败坏朝政。他结党营私，"子为侍郎，孙为锦衣、中书，宾客满朝班，亲姻尽朱紫"，又"募朝士为干儿义子至三十余辈"。他把干儿子赵文华安排在通政司通政史的位置上，以便有弹劾他的奏疏至，可以事先知道，预做准备。

他排斥异己，前后弹劾他及其子严世蕃的"谢瑜、叶经、童汉臣、赵锦、王宗茂、何维柏、王晔、陈垲、厉汝进、沈炼、徐学诗、杨继盛、周鈇、吴时来、张翀、董传策等人皆被谴。经、炼用他过置之死，继盛附张经疏尾杀之。他所不悦，假迁除考察以斥者甚众"。

他卖官鬻爵，吏部选官，"嵩则每选额定二十员，判州三百金，通判五百金，天下名区，听其选择"；兵部选武官，"嵩以每选额定十数员，管事指挥三百金，都指挥七百金，三边要地惟所钻求"。通过这种卖官鬻爵，他不仅敛取了大量钱财，还使文武将吏尽出其门。

他贪污受贿，"受失事李凤鸣二千金，使任蓟州总兵；又受老废

英雄诞生，将门家庭促成长

总兵郭琮三千金，使补漕运""刑部主事项治元以万三千金转吏部，举人潘鸿业以二千二百金得知州"，下狱论罪的仇鸾也是通过贿赂其子严世蕃三千金而得到宣大总兵的职务的。刑部主事张翀在弹劾严嵩时说："户部岁发边饷，本以赡军。自嵩辅政，朝出度支之门，暮入奸臣之府。输边者四，馈嵩者六。臣每过长安街，见嵩门下无非边镇使人。未见其父，先馈其子。未见其子，先馈家人。家人严年富已逾数十万，嵩家可知。私藏充溢，半属军储。边卒冻馁，不保朝夕。"

他聚敛钱财，事败之后籍没他家的财产，仅江西分宜的家产估价就有二百多万两，北京的家产不减原籍，又广置良田美宅于南京、扬州，无虑数十所，而他原籍袁州（府治今江西宜春）一府四县之田，十分之七都被他家侵占。虽无精确的统计数字，但大约良田百万余亩，美宅近万间。明朝当时户部每年岁入只有二百万两，抵不上他家一处金银珠宝等物的价值。

严嵩这一系列罪行带给社会极其严重的恶果。其恶果之一是在严嵩结党营私、排斥异己的情况下，社会上形成了阿谀奉承之风。刑部主事董传策在劾严嵩的奏疏中说："嵩久握重权，炙手而热。干进无耻之徒，附膻逐秽，麇集其门。致士风日偷，官箴日丧。"其恶果之二是贪污贿赂成风。凡文武迁擢，不论可否，但衡金之多寡而畀之。"督抚莅任，例赂权要，名'谢礼'。有所奏请，佐以苞苴，名'候礼'。及俸满营迁，避难求去，犯罪欲弥缝，失事希苴覆，输赂载道，为数不赀。督抚取诸有司，有司取诸小民。有司德色以颜以接下。上下事上，督抚阿谀奉承、贪污受贿之风盛行相蒙，风俗莫振。"结果是百姓遭殃，失天下之人心。

第二，破坏边海防，致使内忧外患严重。首先是严嵩的专权，使得民不聊生，百姓离心。刑部主事徐学诗说："嵩辅政十载，奸贪异甚。内结权贵，外比群小。文武迁除，率邀厚贿，致此辈掊克军民，酿成寇患。"严嵩专权的十几年，是沿海倭患最为严重的时期，其原因就是在贪酷官吏的盘剥下，穷苦的百姓无路可走，从而铤而走险，依附倭寇。

第三，严嵩的专权，使军队失去了战斗力。"将弁惟贿嵩，不得不朘削士卒。""不才之武将以赂而出其门，则必克军之饷，或缺伍而不补，或逾期而不发，兵奈卫所军大量逃亡何不疲，军伍空虚，所剩下的也都是一些老弱不堪之辈，哪里还有战斗力？"而自严嵩辅政之后，一些武官率由贿进，只要贿赂严嵩，不论有功无功都可升迁，哪里会带兵打仗？因此，明军遇敌则溃，致使倭年，北部边疆岁无宁日，人民惨遭荼毒。

第四，严嵩只知道自己结党营私，对边海防提不出任何方略；任用亲信，杀害能干有功将领。在边防上，他既不战又不和。嘉靖二十七年（1548年），杀害欲收复河套的曾铣。嘉靖二十九年（1550年），俺答进犯京畿，他又不准抵抗，令其饱将自去。嘉靖三十年（1551年），明廷同鞑靼部达成开互市的协议，边境和平出现了一线曙光。嘉靖三十一年（1552年）他又罢互市，使边疆重又陷入频繁的冲突之中。

"庚戌之变"他要负主要责任。是他接受仇鸾的贿赂，任仇鸾为宣大总兵。当俺答进犯宣大时，仇鸾又贿赂俺答，令其东犯京畿地区。俺答进犯京畿，又是他不准抵抗，结果俺答大掠而去，兵部尚书丁汝夔做了替罪羊，被斩首。在海防，嘉靖三十四年（1555年），是他推荐其义子赵文华祭祀海神。赵文华到松江之后，诬告总督张经"养寇糜财，屡失进兵机宜"，而他又在明世宗面前多加以挑唆，使奸敌人的有功之臣张经五月被捕，十月被杀。张经之死，天下冤之，将士无斗志，军心解体，倭寇依然猖獗。纵观明代历史，边海防状况最差的是严嵩专权的十几年时间。

朱厚熜昏庸无道,不理朝政；首辅严嵩聚敛民财，结党营私；上下官僚贪污成风，搜刮百姓；抗敌有功的官吏被杀害、被罢官。这一切构成了严嵩专权时期一幅黑暗政治的图画。在这种状况下，社会各种矛盾激化，鞑靼寇乘虚而入，边海防异常紧张。这对于刚袭职的戚继光成长来讲具有两方面的影响：一方面国家危难的形势是将领大展宏图的好时机，另一方面政治的黑暗又使得一个正直的人难展宏图。

第二章

倭寇为患，青年将领露头角

戚继光初入仕途，就显露出了非凡的才干，并得到了上司的赏识。嘉靖二十五年（1546年），上司指派戚继光负责管理登州卫的屯田事务。上司既然将这样的重任交给戚继光，当然是对他的信赖和锻炼。嘉靖二十七年（1548年）春，戚继光接到命令，让他率领山东六府卫所军戍守蓟州，保卫京城。嘉靖三十二年（1553年）夏，明廷下令，提拔戚继光担任山东都指挥佥事，统领山东沿海三营二十五卫所将士，担负着山东沿海的防倭任务。从此，戚继光由戍守蓟州重镇，抵御蒙古精骑，转移到守卫海防、抵御倭寇入侵的抗倭战场，开始实现他『封侯非我意，但愿海波平』的宏愿。

青年时代满怀抱负

自从父亲去世后，戚家的生活比父亲在世时更艰难了。嫡母年老，弟妹还小，主持家务乏人。第二年冬天，戚继光便结了婚。妻子姓王，也是将门后代，人还贤惠，尚能和戚继光同甘共苦。

嘉靖二十五年 (1546 年)，十九岁的戚继光正式分工管理本卫所的屯田事务。这是一个要同钱粮打交道的官职。他上任后，便竭力整顿屯政，屯务为之一清。上司都对这位廉洁奉公、才华出众的青年军官啧啧称奇。

明朝官员俸禄非常低，当时戚继光生活清贫，但他对经手的钱粮毫不动心。戚继光一次对同僚表示，读书人都希望自己能成为圣贤，但必须经得起"困难拂郁"（处境困难时决不沉沦）这一关。假如没有这一关，则人人都可以成为圣贤了。正因为有这一关，有的人能够抑制自己的私欲而从困境中脱出，成为"君子"；而另一些人屈从自己私欲而放纵地追求物利，就成了"小人"。他还感慨地说，做"小人"是容易的，所以世上"乱日常多"。他希望国家富强，因此坚持做到廉洁奉公。

从表面上看，戚继光的生活是平静的。每天除处理公务外，就是闭户读书；但是，他的内心世界却很不平静。他向往古代英雄豪杰的丰功伟业，不甘心目前这种株守庭院的生活；他抱着一颗进取的雄心，想趁自己年轻时轰轰烈烈大干一场，好为祖国立下不朽的功劳。于是，他在一本兵书的空白处，写下了这样的诗句：

> 小筑惭高枕，忧时旧有盟；
>
> 呼樽来揖客，挥麈坐谈兵。
>
> 云护牙签满，星含宝剑横；
>
> 封侯非我意，但愿海波平！

——《韬钤深处》

嘉靖二十七年（1548年），戚继光奉命率领卫所士卒远戍蓟门（在今北京市东北）。这是戚继光第一次离家远征。他安排了家事，为弟弟继美娶了妻子，怀着满腔热忱，踏上了征途。从这年起到嘉靖三十一年（1552年）止，前后共五年，他每年要戍守蓟门一次。在北上戍边中，年轻的戚继光发挥着自己的军事组织才能，将队伍训练得井然有序，获得了部众的信服。

一次，他率领军队经过太平寨（今河北迁县西北三十二公里），登南寺望北口，眼前一片宁静悠远的景色。有人即劝戚继光求长生之术。当时，由于嘉靖皇帝带头，道教在社会上十分盛行。这位青年将领却回答说："身为司命，义在死绥。方求致身殉国，以帅士志。而乃师人以学长生，是可以训乎？流行坎止，属之彼苍，鞠躬尽瘁，夕死何憾？此将门长生之术也。"

戚继光在蓟门屯守十分注重研究军事。他调查了蓟门一带的防务情况，发现蓟门和都城唇齿相依，形势险要，但缺少精兵，一旦有事，关系非小。他认为应趁现在边境暂时安宁，预先做好准备。待考虑成熟后，戚继光写成了《备俺答策》，上奏朝廷。当政大臣虽没有采纳他的献策，但认为他的这种使命感、责任感以及在策文中显示出的军事才华却是难能可贵、值得称赞的。

嘉靖二十八年（1549 年）十月，戚继光参加了山东乡试，中了武举。

在戚继光戍守蓟门的那些日子里，明朝北方的形势相当紧张。我国北方鞑靼的俺答汗经常率众南下，不仅威胁着明朝的河北、陕西、山西边境，而且深入内地。

嘉靖二十九年（1550 年）秋天，正当戚继光赴北京参加会试的时候，俺答率部从古北口攻入密云、顺义、通州等

南北驱驰报主情
江花边草笑平生
一年三百六十日
多是横戈马上行

戚继光诗

处，进迫北京城郊，京师戒严。明政府调集大同等镇边兵十多万骑保卫京师。应试的武举也参加了防御工作。

戚继光被任命为总旗牌，督防九门。在这前后，戚继光又曾两次上书，呈献备敌方略。这些都是克敌取胜的切实良法。兵部采纳了他的献策，并奏请朝廷公布出来，供将士学习，用以退敌制胜。时年二十三岁的戚继光因品德出众，才华横溢，已被人们誉为"国士"，被朝廷记录为"将才"。京内外大臣上疏推荐，称他"勇略独冠群英，志节

更超流俗"，可当国家"干城之寄"。

五年紧张的军事生活，使戚继光积累了宝贵的阅历，熟悉了边疆的形势，加重了守土卫民的责任心。

戎马倥偬之中，戚继光并没有忘掉把自己的心情、理想和抱负寄诸吟咏。行军途中所见到的祖国壮丽河山，再次激起了他的诗兴，他怀着激动的心情写道：

> 南北驱驰报主情，江花边月笑平生；
>
> 一年三百六十日，多是横戈马上行。
>
> ——《马上作》

> 结束远从征，辞家已百程；
>
> 欲疲东海骑，渐老朔方兵。
>
> 并邑财应竭，藩篱势未成；
>
> 每经霜露候，报国眼常明。
>
> ——《辛亥年戍边有感》

这些诗，生动地表达了这个青年将领的宏伟抱负和对国事深感忧虑的感情，戚继光显露锋芒的时刻不久就要来到了。

倭寇为患，委以重任

嘉靖三十二年 (1553 年) 夏天，明政府擢升戚继光署都指挥佥事，管理三营二十五卫所，专任防御山东海上倭寇之责。从这时候起，戚继光从蓟门重镇转到另一条重要的战线——御倭战线。

正统以后，随着明朝政治的腐败，海防的松弛，倭寇的气焰日益嚣张起来。正统四年 (1439 年)，倭寇侵扰浙江台州的桃渚村，屠戮百姓，烧毁房屋，"驱掠少壮，发掘冢墓。束婴竿上，沃以沸汤，视其啼号，指手笑乐"，致使尸体堆积如山，血流成河。但是，此时的朝廷并没有注意到海防的整饬和建设，事后又采取了一些补救措施，并增置了一些海防设施和舰船。倭寇虽有骚扰，并不为患。

这些只是他们千万次恶行中的一件。这伙强盗就是"倭寇"，他们来自日本，日本被中国称为"倭国"，所以称这伙强盗为"倭寇"。

日本在 1333 年以后，长期处于南北分裂的局面。到 1392 年北朝的足利氏征服了南朝，因内战失败而丧失军职的南朝武士，流亡在海岛上，成为无业的"浪人"。他们勾结九州一带的不法商人，还利用一部分破产农民，合伙坐船到明朝的沿海地区来，时而进行走私，时而进行抢劫。明朝人就叫他们"倭寇"。

15世纪后期，足利氏政权名存实亡，日本进入新的群雄割据时代——战国时代，兼并战争不断发生。各地的封建藩侯和寺社（寺院大地主），为了加强自己的经济力量，解决国内战争带来的财政困难，并满足自己的贪欲，他们也不满意那种受到严格限制的正常贸易，于是支持并且组织自己境内的浪人和商人，渡海掠夺物资和财富。甚至来明的贡船也假"入贡"之名，进行海盗活动。这样，倭寇就更加猖獗起来。

武宗正德像

在明朝方面，从英宗正统年间开始的明朝统治的危机，到武宗正德、世宗嘉靖年间发展到十分严重的程度，给倭寇的大举侵扰制造了便利的条件。

首先，由于土地兼并日益剧烈和农民的赋役负担日益苛重，阶级矛盾逐渐尖锐化。从正统年间开始，全国各地就不断爆发农民起义，其中规模较大的有1444—1450年的叶宗留、邓茂七起义，1464—1471年的荆襄山区流民起义，1510—1512年的刘六、刘七起义。这些起义大大削弱了明政府的统治力量；而明政府由于忙于镇压农民起义，因此放松了沿海防务。

其次，政治的腐败黑暗到明朝更进一步空前暴露。皇帝信任宦官，很少亲理朝政，重要政务都交给亲信的宦官和执政大臣处理。世宗嘉靖时，大学士严嵩勾结宦官，把持军政大权。"凡文武迁擢，不论可否，但衡金之多寡而界之"。甚至户部岁发边饷，也是"朝出度支之门，暮入奸臣之府，输边者四，馈嵩者六。……朱见其父，先馈其子(指嵩子世蕃)；未见其子，先馈家人。家人严年，富已逾数十万，嵩家可知。私藏充溢，半属军储。边卒冻馁，不保朝夕……"。不仅如此，就连一些通倭大僚如福建巡抚阮鹗等，亦以贿嵩得免罪。当时官场中"贿赂公行，略无公道"；比较正直的官吏，"自非铁作脊梁，真是站立不定"。以严嵩为代表的大官僚大地主集团的专政，不仅使得政治愈加腐败，国防力量愈加削弱，而且由于他们纵容和私通倭寇，倭寇的气焰也更为嚣张了。

再次，在政治和经济危机的激荡下，明朝沿海防务空前地松弛。卫所屯田多被豪强势家侵夺，卫所军丁多被他们占领；卫所军官又多方克扣军饷，甚至向军士勒索月钱。这就引发了大批军士的逃亡。正统三年 (1438 年) 全国逃军数目竟达一百二十余万，占卫所军士原额二百七十余万的五分之二以上。嘉靖时，海防前线的辽东、山东、浙江、福建、广东诸卫所平均每卫只一千七百九十七人，仅占原额五千六百人的百分之三十二左右。而在这远不足额的军士中，虚占军籍的人还不少；新入伍的也多缺乏战斗力，所谓"补伍食粮，则反为疲惫残疾、老弱不堪之华，军伍不振，战守无方"。至于器械的寡败，更不待言。例如沿海战船，仅十存一二，有事只好用渔船充数，倭船至辄望风逃窜。几千里长的海防线上，几乎没有什么防卫力量。加上自正统以后，明朝为防备瓦剌和鞑靼骑兵的进攻，把防御主力配置在京师和长城要塞地带，东南沿海的防务更为废弛，这就越发便利了倭寇的骚扰活动。

据有关资料记载，我国古代经济重心，自宋以后，已逐渐移向东南地区。

明时，东南一带是全国农业最发达的区域。此点只要看历年大批漕粮北运，即可作为例证。同时，东南一带也是全国手工业和商业最发达的区域。比如南京、苏州、杭州的丝织业，湖州、徽州等地的文具用品制造业，江西的制瓷业，福建的造船业，广东的冶铸业，都在国内占有极其重要的地位。全国许多著名的商业城市，很大一部分集中在东南地区。特别是像广州、泉州、温州、宁波、福州等地，自宋以来，已逐渐发展成为重要的对外贸易港口。

总之，上述史实表明：16世纪的明东南一带，不仅是我国生产水平最高的地区，也是我国人口密聚和财富集中的地区。因此，倭寇的骚扰，不仅使这一带人民的生命、财产直接受到不可估量的损失，而且使这一带正在高度发展的经济遭到了破坏，使沿海诸港长期与海外建立的贸易关系受到了影响。

嘉靖时期正是倭寇最猖獗的时期。严重的倭寇是从所谓"争贡之役"开始的。

嘉靖二年（1523年），日本封建主大内氏遣贡使宗设、谦道来宁波通贡。另一封建主细川氏也遣贡使瑞佐、宋素卿前来。宗设等先到，但宋素卿等贿赂市舶司太监，反得先阅货验发，宴会时又坐于宗设等之上。因而引起了械斗凶杀。

宗设等一直追宋素卿等到绍兴，又从绍兴折回宁波，夺船入海，沿途大肆焚掠，杀伤余姚居民二三十人，明备倭都指挥刘锦、千户张镗等战死，浙中大震。这就是所谓"争贡之役"。

"争贡之役"发生后，明政府撤销市舶司，停止对日本的贸易。这种消极措施反使走私活动更加剧烈起来。沿海奸商及势家纷纷参加走私活动，有些奸商和土豪、流氓、海盗如许栋、李光头等人，不仅与倭寇合流，还为倭寇带路，或直接参加抢劫。于是倭寇大规模地登陆侵扰，形成严重的祸患。

嘉靖三十一年（1552 年）起，沿海形势又紧张起来。大群倭寇在江、浙一带登陆，所到之处，血光一片、哭声一片、火光一片，沿海居民居无宁日。朝廷这才看到倭患的严重性，匆忙派遣一些有作为的官员到沿海抗倭。王就被派到浙江，他上任后，重用御倭名将俞大猷、汤克宽等，浙江抗倭战场出现了转机。

嘉靖三十一年（1552 年），山东也受到了倭寇的侵袭，他们在靖海卫（今山东文登市内）登陆，大肆抢掠，后来被打退。山东是个倭患程度较轻的地方，这次遭袭击，说明山东的防务也不可放松，倭寇随时都可能再来。

戚继光就是在这样的时刻被调到山东抗倭前线的。

 **初次显示治军才能**

　　戚继光的防地是一片辽阔的区域，西到现在的黄河河口一带，南到现在山东、江苏交界的地方，包括今山东半岛北、东、南三面绵长的海岸，以及海岸附近许多大大小小的浅滩、暗礁和岛屿。这道防线的后面，就是人烟稠密、物产丰富的山东腹地。防守这样一个辽阔、复杂而又重要的地区，对于年轻的戚继光来说，确实是一个艰巨的任务。何况面对的敌人，又是十分狡猾、顽强而飘忽无定的"倭寇"！

　　承担下这样一个艰巨的任务，一时要做的工作有很多，应该从哪里做起呢？

　　当然，首先应当熟悉倭寇的活动规律和作战特点。

　　倭寇多来自海上，那时船在海上行驶，必须依靠风力。一定的季节刮一定的风，倭寇什么时候会在沿海登陆，大致会在哪里登陆，是有规律的。倭寇最活跃的时期，大致在清明节之后即阴历三、四、五月间和重阳节之后即阴历九、十月间。因为清明节前，风向难测，在此后才多刮东北风；过了五月，常刮南风，对行船不利。重阳节之后，有时也多东北风，过了十月刮西风，更对行船不利。在东北风猛的季节，倭寇便聚到大小琉球岛，观察风向变化决定何时出行及去哪儿。北风多时则南侵广东；东风多时，西扰福建；东北风或正东风多时，分犯浙江和江苏；东南风多时，便直扑山东的登州和莱州。

　　倭寇登岸后，往往利用当地的奸民做向导，四处抢劫。大约每天黎明时就开始行动。出发前，坐在地上，围成圈子，一同吃饭。吃完，倭寇头目便在高处坐下，发布命令。今天抢劫哪里，走哪条路，谁和谁一队，由谁带队，都一一布置好。每次出动有好几队，或十几队。每队约二三十人。队伍排成一列，缓步前进。最强壮的人走在最前面和最后面。队与队之间相隔一二里，以吹海螺、扬白旗作为联络信号，遇到警报，就相互救援。每次洗劫一处，临走都要放火烧屋，制造恐怖气氛，使人不敢追击。如遇官兵，估计不能战胜，便故意将抢得的一部分财物抛弃在路上，以此为饵，在追兵争夺财物时，趁机逃跑。

　　戚继光出身将门家庭，他的先辈曾长期戍守海疆，和倭寇做过斗争；他本人也担任过多年的登州卫指挥佥事，对于如何根据倭寇的活动特点进行防御，他已经具备了相当多的知识。所以，最使戚继光感到忧虑的，则是沿海卫所防御力量非常薄弱这一事实。

　　和当时全国其他沿海地区一样，山东的海防力量也是十分空虚的。按照规定，三营二十五卫所的京操军、城守军、屯军、御倭军的总额应是三万余人，但实际上远远不够这个数目。许多年轻力壮的戍卒逃走了，剩下的多半是老弱残兵。加上沿海的岛屿有许多没有设防，岸上的守军又往往麻痹大意，以致防务上存在许多漏洞，倭寇随时都能乘虚而入。总之，当时山东海防的病根是很深的：卫所残破，年久失修；军无训练，纪律荡然。

戚继光到任后，首先就针对这种情况，立即着手改革。他一面整饬营伍，刷新卫所；一面训练士卒，严肃纪律。起初，戚继光的许多部属都看不起这位年轻的长官，不大愿意服从他的命令。有个军官，论行辈算是他的舅父，公然仗恃长辈身份，不肯听从号令。这就使戚继光面临一场考验。作为一个将官，自己的部下不听指挥，当然有权处分，而且也需要处分；不过，从亲戚关系来讲，自己虽是上司，到底是晚辈，舅父虽然是下属，却是长辈。传统的上下尊卑观念浸染着当时人们的头脑，长辈犯了错，难道可以受晚辈的责罚吗？这里面不仅仅关系到军纪问题，而且还牵涉到习俗和封建道德的问题，因而使戚继光感到非常为难。

有一次，戚继光在布置任务的时候，给他舅父的是苦差事。戚继光是这样想的：将苦差事交给自己的亲属，别人才不会有意见。哪知舅父不理解他的苦心，当场摆出长辈的架子，和戚继光顶撞起来。戚继光很生气，心中比较复杂。"兵众而不知律，必为寇所乘"，这个道理戚继光是很明白的。他自己曾经说过："文武之政，惟恩与威，其初获效也无不同。语乎其久也，专恩则玩，专威则怨。治民之道，与其怨也宁玩；治兵之道，与其玩也宁怨。"既然这样，难道仅仅因为违犯号令的是自己的舅父，就可以不受处分吗？

此时，帐下也很安静，一些和戚继光关系好的人都替他捏了一把汗；那些素来对戚继光不以为然的人也都等着瞧他的笑话，看他这下怎么办。他舅父也不说话，看起来很从容，甚至有些得意。

"啪"的一声，打破了寂静。戚继光大怒，大喝一声："你好大胆，军中不是家中，违抗军令，重打二十。"

几个士兵上来，把他舅父架住，朝外拉。这下他舅父才慌了，急忙告饶。众将以为只是吓一吓，求一下情，就不会打了，便出来几个人为他求情。戚继光面沉似水，"军法如山，谁也不准求情。"最后，还是把他舅父拉出去，打了二十军棍。

当晚，他去找舅父。舅父正生他的气，见他进来，理都不理。戚继光上去，双膝跪倒，说："舅父大人，尊长之礼，我不能不考虑。但这是军中，我们都是军中将校，要领兵作战。你也清楚，如果军队没有纪律，一切都是白说，军队也就不是军队了。现在倭寇到处抢劫，我心急如焚。你应该能体谅晚辈的难处。如果不处罚你，难服众人之心。万望舅父能宽恕我。"舅父听了这番话，心中有些愧疚："继光啊，这事也不能全怪你。算了，算了，咱们别提这事了。"

这件事传出去之后，戚继光大公无私的作风，赢得了他部下衷心的拥护，从此，一些不法的军官便有所戒惧了。很快地，卫所的风气有了改变，过去那种闲散怠惰的习气逐渐革除，一种新的战斗军风日益增长，人们再也不敢小看这位年轻的将领了。

戚继光在这一时期积累的治军经验对他以后的军事活动产生了重要的影响，使他深刻认识到，严肃纪律要从自己做起，要从自己身边最亲近的人做起。在后来的抗倭斗争中，为了严肃军纪，他甚至把擅自违反战场纪律的儿子依法处死。

戚继光在山东备倭任上，也曾受理过一些相关的民事案件，均表现出细致慎重的作风。该卫还曾上报当地一个民女自缢身亡案，戚继光就让负责治安和刑法的地方官员反复查验，确认是自缢后才结案。该州卫还曾发生过盗窃案，人犯被抓后，戚继光为防止一些官员邀功心切，诬良为盗，要求主办官员切实查证，并在登州卫上报的公文上批示："仰该卫复查，有无官吏酷拷致死情由。"他反对刑讯逼供，主张依法断案, 既不放过坏人, 也不冤枉好人。这种秉公处事、一丝不苟的精神, 是他获百姓爱戴的原因之一。

戚继光在山东备倭任上, 重点是负责沿海卫所官兵的军事训练、军屯及沿海防倭设施的兴建工作。他整顿卫所屯田, 补充卫所缺员, 并且积极组织和训练当地民兵, 以代替客兵, 提出以鲁人守鲁土, 让民兵吃 "马粮" (官粮), 民兵除农忙季节参加农业生产外, 平时进行军事训练, 一遇敌情即可上阵, 以减轻沿海卫所士兵的防御压力。

在沿海防御设施建设上, 戚继光也投入了许多精力。他要求卫所在沿海三十里设一铺 (驿站), 十里设一墩 (烽火台), 以加强各卫所联络, 防备倭寇从海上偷袭。戚继光在山东备倭署都指挥佥事任上两年多的时间内, 足迹遍及山东沿海。每到一个卫所, 他都要仔细检查防倭设施, 发现损坏的, 及时加以维修和扩建。对于卫所官兵在训练、生活、组织纪律中出现的问题, 及时加以解决。

自从戚继光负起了防御山东方面倭寇的责任以后, 山东沿海一带防务就比过去巩固多了。戚继光并没有满足于眼前所取得的这些成绩, 也没有放松对倭寇的警惕。他深知这不过是自己一生事业的起点, 倭寇还没有消灭, 自己还应当更加努力。有一次, 他路过文登营 (在今山东文登市), 远眺那广阔无边的海洋, 写下了这样的诗句:

冉冉双幡度海涯, 晓烟低护野人家;

谁将春色来残堞, 独有天风送短笳。

水落尚存秦代石, 潮来不见汉时槎;

遥知百国微茫外, 未敢忘危负岁华!

——《过文登营》

戚继光把自己的前途和御倭事业结合起来, 于是, 这位未来的英雄人物便紧紧抓住了历史的重要环节，使自己处在前进的时代、激流的中心。

戚继光就这样成长起来了。他在杀敌卫国的道路上，正以战斗的姿态，坚定的步伐，大踏步向前迈进。

戚继光在山东备倭两年多，成绩显著。山东成为当时沿海各省防倭最为成功的地区。他的军事才能也愈益为朝廷所重，誉溢朝端金曰，"良将才也"。

第
二
章

倭寇为患，青年将领露头角

第三章

调任浙江，战场上展示才华

嘉靖三十四年（1555年）七月，明廷调戚继光任浙江都司金书，负责屯局事务。浙江是当时倭寇入侵最为严重的地区。第二年七月，戚继光被擢为宁绍台参将，担负起宁波、绍兴、台州三府御倭的重任，走向抗倭前线，参加卫国保民的战争。嘉靖三十七年（1558年），他因岑港之役被革职，但这并没有改变他报国的志向。他独辟蹊径，提出了练兵的主张，并练就了一支有别于卫所军的新军。嘉靖三十九年（1560年），他恢复了职务，任台金严参将，指挥所练的新军，取得了有名的台州大捷，基本消灭了浙江的倭患。戚继光在战争中学习，在战争中成长。

提出抗倭独特见解

嘉靖三十四年（1555）六月，倭寇百余人由浙江省上虞市境内登陆，直击会稽高埠（今浙江绍兴高埠），经杭州而西，犯于潜、昌化（今均属浙江），掠歙县，劫绩溪，攻旌德，经泾县陷南陵，洗劫芜湖，至太平（今均在安徽境内），犯江宁，趋秣陵关，由溧水剽劫溧阳、宜兴，经武进，抵无锡（今均在江苏境内），到达浒墅才被歼灭。这股倭寇只有百余人，竟剽劫数千里，杀死杀伤四千余人，历时八十余天才被消灭。由此可见，倭患是多么严重，明朝的防御体系是多么不堪一击。

就在这样异常危急而混乱的形势下，嘉靖三十四年（1555年）秋天，戚继光的生活发生了一个重大的变化，他被调任浙江都司金书，司屯局事。这年戚继光二十八岁。

当戚继光来到浙江时，整个浙江的防务正处于极度紧张而又混乱的状态中。

在"争贡之役"发生后，明朝沿海地区防务空虚的情况进一步暴露出来，这一事实引起了明政府中不少官员的重视，加上倭寇的侵扰日益频繁，到嘉靖二十六年 (1547 年)，明政府遂派都御史朱纨巡抚浙江，兼管福建防务。朱纨到任后，认真整顿海防，擒斩倭首稽天、大海盗许栋、李光头和大窝主顾良玉等人，并大力打击通倭的奸商、势家。这种积极坚决的措施，打击了倭寇的嚣张气焰，却遭到了通倭的地主官僚的憎恨，他们指使在朝的浙闽籍官僚群起攻击朱纨，诬蔑他专断擅杀。朱纨被迫自杀。御倭有功的将领卢镗也坐罪下狱。

朱纨死后，明政府把负责海防事务的巡视大臣也裁撤了。从嘉靖三十一年 (1552 年) 起，沿海的形势又紧张了起来。当时在江浙一带，有个海盗魁首王直，引导倭寇攻掠沿海州县，更使倭患达到空前严重地步。王直又名汪五蜂，是南直隶徽州府歙县的一个流氓。他以经商为名，在广东建造巨舶，收购硝石、丝绵等违禁货物贩运日本，并以日本萨摩州的松浦津为根据地，进占江、浙沿海一带岛屿，自称"徽王" (或作"净海王""丰洲王")。他和倭寇合流，抢掠沿海各地。嘉靖中叶，他和党羽徐海 (即明山和尚)、陈东、肖显、叶麻 (一作麻叶)、彭老生、毛海峰 (又名毛勋，为王直义子，后改名王遨) 等勾结倭寇，大举入寇，焚掠各地，以致在这以后的三四年间，浙东、浙西以至长江南北，岁无宁日。

嘉靖三十一年（1552 年），倭寇在王直、徐海等勾引下，犯台州 (今浙江临海县)，破黄岩，大掠象山、定海各地，钢县武伟战死，浙东震动。1553 年，倭寇攻上海，指挥武尚文、县远宋鳌战死，县城被占数月，全城房屋烧毁将尽；同年，有失船倭四十人，窜入浙江平湖、海盐境内，杀一把总、四指挥、一百户、一县丞，最后夺船出海，无人敢阻挡。1554 年，倭寇掳掠长江北岸海门、如皋、通州 (今江苏南通市)、扬州等地，杀一同知、一千户；另一股倭寇自海盐趋嘉兴、和参将卢镗战于孟家堰，明军战死四百人，溺死一千余人，都司周应帧、指挥李元律、千户薛纲、义士刘大仲均战死。1555 年，倭寇犯乍浦 (在浙江平湖市东南)、海宁，陷崇德，转掠塘西、新市、横塘、双林、乌镇、菱湖诸镇，杭州城外数十里内血流成川。总计三四年间，江、浙吏民死者不下数十万。

到这时候，明政府才发觉倭患的深重。1552 年秋，王忬奉命提督军务，巡视浙江及福州、兴化、漳州、泉州四府。他重用御倭名将俞大猷、汤克宽，释放卢镗，又征募外地军兵及台、温诸州丁壮，分隶诸将，布列濒海各镇堡，严饬防务。俞大猷等率军在漫长的战线上和倭寇激战，屡次告捷，但明军的伤亡也很大。嘉靖三十三年 (1554 年)，明政府以李天宠代替王忬；

朱纨画像

以张经总督浙江、福建、南畿军务，负御倭总责。嘉靖三十四年 (1555 年)，又派严嵩死党工部侍郎赵文华到江苏祭祀海神，并督察沿海军务。赵文华到任后作威作福，乘机搜括财物，多方打击不肯归附自己的张经、李天宠，竭力阻挠张经的军事部署，并诬劾他"靡饷殃民，畏贼失机"。可是就在这时，张经却指挥俞大猷等取得了御倭战争以来的第一次大胜利——王江泾 (在浙江嘉兴县北) 之捷。但明政府还是不问是非，将张经、李天宠逮捕处死。

从朱执被害以来的御倭战争，虽然也由于某些地方官吏、爱国将领及广大军民的努力而取得了某些战役上的胜利，可是由于明政府的腐朽昏愦，东南沿海一带通倭地主官僚的纵敌养奸，严党赵文华等人的排挤爱国将吏，以及明军素质的低劣等原因，御倭战争始终无法取得决定性的胜利，倭患仍是有加无已。

在这种情况下，更为严重的事件发生了。嘉靖三十四年（1555年）六月，倭寇百余人由浙江上虞且境内登陆，直击会稽高埠（今浙江绍兴高埠），经杭州而西，犯于潜、昌化（今均属浙江），掠歙县，劫绩溪，攻旌德、经泾县陷南陵，洗劫芜湖，至太平（今均在安徽境内），犯江宁，攻南京，趋秣陵关，由溧水剽劫溧阳、宜兴，经武进，抵无锡（今均在江苏境内），到达浒墅才被歼灭。这股倭寇只有百余人，竟剿劫数千里，杀死杀伤四百余人，历时八十余天才被消灭。

就在这样一种危急而混乱的局面下，戚继光被调到了浙江御倭前线。

山东倭患不严重，戚继光在任的几年时间里，干得很出色，浙江是倭寇活动极其猖獗的地方，他本希望这次来浙江，能够委以重任，与倭寇大战一场，实现杀敌报国的夙愿，可这次却让他管屯田，他有些失望。但他并不过多抱怨，对于他的职责，仍然十分认真。他废除许多陈规陋习，办了许多有利军队的事，将浙江屯田事务管理得井井有条，博得许多人的称赞。

他广泛活动，结交了许多朋友。他们经常在一块讨论国家人事。他慷慨激昂、语调浑厚，很有感染力。他对时局深入的看法，丰富的兵法知识，丰富的治军经验，炽热的战斗激情，更是使朋友们佩服得五体投地。戚继光的名声就这样传开了。

这时的浙江总督是胡宗宪。据史书上载，这人是奸猾之徒，办事圆滑，善于溜须拍马。他巴结严嵩，献媚皇帝，在官场上一帆风顺，后来做到兵部尚书。但他并不是一无是处，在浙江总督任上，做了许多好事。例如：他任用了俞大猷等一些抗倭名将，使浙江抗倭出现了新局面。

嘉靖三十五年（1556年）秋天，在胡宗宪推荐下，明政府任命戚继光为参将，镇守宁波、绍兴、台州三府。这三府是倭寇经常出没的地区，地位十分重要；尤其是宁波、绍兴二府，向来被称为浙江的咽喉。戚继光在倭寇异常猖獗的时候，担当起这个重要地区的防务，他的责任比以前更加重大了。从此，揭开了戚继光指挥抗倭作战的序幕。

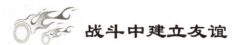

战斗中建立友谊

早在嘉靖三十五年（1556年）夏，王直部下的大头目徐海、叶麻、陈东等率同大批倭寇，自乍浦入寇桐乡、崇德各地，抢掠了大量的财物，因分赃不均，发生争吵。总督浙直福建军务胡宗宪乘机派人进行离间，结果徐海等首领自相擒杀，这批倭寇最后也被俞大猷军击溃。这年九月下旬，余倭八百多人流窜到慈溪，一直打到龙山所。龙

山所 (在今慈溪市境) 隶属观海卫 (在今慈溪市境)。它的北面是大海，东面对着烈港和伏龙山，形势很险要。这里是倭船往来必经之道，是临山卫 (在今余姚市西北五十五里) 和观海卫的门户，如果防守严密，可以保住省城杭州的安全。

戚继光任参将时年仅二十九岁，在倭寇异常猖獗的时候，担当起了这个重要地区的防务。从此，戚继光驰骋在御倭疆场上，开始了他东南沿海的抗倭军事生涯。龙山所之役则是他军事生涯中的第一役。

胡宗宪像

胡宗宪在考虑龙山所作战方案时，采纳了戚继光的建议，调集优势兵力，围歼敌人。除调动戚继光三千人马外，还命令参将卢镗、副使许东望、王询，把总卢镝各率兵两千，游击尹秉衡率兵三千，共同对敌，以确保龙山所战役的万无一失。

倭寇继续进犯，已杀到龙山所的高家楼。戚继光下令，火速行军。远望高家楼，已一片火光。戚继光下令军队稍加休息。这时哨兵来报，侦知倭寇大约有九百名，我军十倍于敌军，戚继光有些放心。

进攻的倭寇仿佛看透了明军的本领，他们胆子奇大，面对数倍于自己的明军，丝毫没有放在眼里，并且分成三路，在三个倭酋率领下，举着倭刀，气势汹汹地向明军猛冲过来。戚继光下令，"弓箭手、鸟铳手准备应战。"几百名弓箭手、鸟铳手很快排成横队，站在队伍最前面。

倭寇们越来越近。他们大多不戴帽子，头发梳得很奇怪。有的光着膀子，有的穿着盔甲，盔甲上装饰着金银牛角或者各种颜色的丝，活像小说中的魔鬼。他们都使刀，这种刀和中国的大刀不同，长而且窄，被称为"倭刀"。他们气势汹汹，以一些手持盾牌的做先锋，向明军冲了过来。

戚继光下令："开火。"阵前的弓箭手、鸟铳手的箭和鸟铳齐发。倭寇群中立刻倒下几个，但他们野蛮异常，仍如狼似虎地向前冲。戚继光一看，前面快顶不住了，"擂鼓冲锋！"鼓声响起，明军大队冲了上去。短兵相接，明军的弱点全部暴露出来，面对人数远不如自己的倭寇，节节败退。运筹作战时，胡宗宪调动了一万二千名军兵，戚继光还有些不解，打不到一千人的倭寇，怎么用这么多兵力。现在他终于明白了，他亲眼看到了明军的战斗力，以这样的部队打倭寇，怎么可能不败？

戚继光见形势危急，连忙跳到一块大石头上，张弓搭箭，"嗖嗖嗖"三声，三名倭寇头目应声倒地。他厉声喊道："再后退者斩。"他威严地挡在后退的明军面前，愤怒地盯着惊慌失措的明军。军兵见主帅这个样子，稍稍定了下神，回头看三个倭寇头目已经死了，才有了信心，回转枪头，向敌军冲去。明军稳定了阵脚，溃散的军兵又重新集合起来。倭寇看不能取胜，这才退去。

十月间，倭寇又在龙山所登陆，仍然企图侵犯慈溪。浙江巡抚阮鹗督率俞大猷和戚继光坚决抗击。双方在龙山所附近展开激战。这次明军很勇敢，三战三捷。倭寇遭到了意想不到的沉重打击。他们开始觉察到这次战斗不比往日，已经遇到了坚强的对手，便乘夜幕降临的机会，迅速撤退。明军乘胜追击，追到缙云，倭寇勉强应战，被打得大败。败倭继续逃命，明军追到桐岭，倭寇返身再战，又一次被打得大败。倭寇且战且逃，明军跟踪深追，不料追到雁门岭，误中埋伏，遭到倭寇的夹击。平时很少认真上阵打仗的明军，突然遇到这个意外的袭击，不免惊慌失措。军纪在这时也失去了作用，许多兵士不听号令，纷纷抛下武器逃走了。

只有台州知府谭纶和戚继光的军队还始终队形保持行伍，没有退却。正是因为他们的坚定，使倭寇不敢轻犯，才避免了明军的全军覆没。但是，明军也没有力量再继续追击了。这支倭寇便从容地经由乐清逃出海去。

龙山所之战，明军伤亡惨重，戚继光曾在《祭龙山所阵亡兵》中以示哀悼，其中两句说：

> 惨惨风云过客，下群猿之泪；
>
> 悠悠气烈汗青，扬万古之芬。

在这次战斗中，戚继光与俞大猷、谭纶三人一见如故，建立了深厚的友谊。明朝建立的二百多年间，一直推行重文轻武的政策。文官在地位上高于武官，养成了与武官不同的气质。在一般情况下，武官把自己和部下的生命视作战场的中心筹码，必要时可以孤注一掷。而大多数文官则以中庸作为处世原则，标榜稳健和平。武官在战场立下的汗马功劳，在文官的心目中不过是血气之勇，即使克敌制胜，也不过是短暂和局部的成功而已。所以文官不仅在精神上对武官加以轻视，就是在实际作战中，也常常对武官提出无理的指责。

作为文官的一员，谭纶不仅懂得各种军事知识，熟谙用兵之道，亲自参加战斗，而且他还重视将领，爱护将领，成为两位抗倭将领——戚继光与俞大猷的亲密战友，在以后的日子里不断提携维护二人。三人以"安社稷，济苍生事业皓首相期"，相互激励和劝勉，完全超越了文武异途之限，他们的友谊也在以后的合作中不断加深。

两次在龙山所附近的战斗，使戚继光开始显露头角。同时，这两次战斗也使戚继光进一步认识到了明军的弱点：缺乏训练，临阵畏缩，"兵无专统，谋不佥同"。依靠这样的军队，能够彻底肃清倭寇吗？作为一个深谋远虑、忧国忧时的御倭将领，戚继光不得不认真考虑这个问题，并积极地寻求解决的办法了。

毅然提出练兵计划

一般人都认为，北方人勇猛善战，性格刚强；南方人则性格柔弱，不堪重负。因而觉得由南方人组成的军队就没有战斗力，特别是江浙一带的人，他们生活在被称为"金粉山川"的山明水秀之地，也就更加柔弱，更没有战斗力。再加上沿海卫所的残破，兵源缺乏，兵力单薄。因此明政府从山东、河北、广西等省调来了大批军队，有"司兵""狼兵"等名目，统称为"客兵"。起初，浙江人民对这些远道而来的"客兵"还抱着很大的希望，以为真能依靠他们消除倭患，因此对他们的来临表示极大的欢迎，并想尽办法为他们筹措军饷。据记载，当时防守海盐、乍浦、平湖一带的"客兵"，每人每日领饷银五分，享受着特别优厚的待遇。但令人失望的是：这些"客兵"表现很不好，不守纪律，不听调遣，甚而"掠奸索食，不减于贼"。平日，他们在人民面前如狼如虎，一旦遇到敌人，则"数里以前，望贼奔溃，闻风破胆"。民间广泛流传着这样的谚语："宁遇倭贼，毋遇客兵；遇倭犹可逃，遇兵不得生！"可见后来人民对这些"客兵"有着多么大的厌恶感！

戚继光调到浙江的日子虽然不长，这种情况他是了解的。特别是龙山所之战，明军的腐败及各支军队之间"兵无专统，谋不佥同"的缺点更是严重地暴露出来，这就使他深深地认识到：今后政府如果不及早采取措施，训练出一支强有力的军队来，而仍然像目前一样，把平倭的重任寄托在这些七拼八凑、不堪一战的"客兵"身上，不仅对地方无益，相反地只有"徒增贼势猖狂，以贻羞笑"，因此是无法取得御倭战争的胜利的。

那么，到底依靠什么力量来取得御倭战争的胜利呢？应该编练一支什么样的军队才能战胜倭寇呢？答案是依靠人民的力量，编练一支质量好、能出力、肯杀贼的新军，才能彻底消灭倭寇。因为，最痛恨倭寇的是人民，抵抗倭寇最英勇、最坚决的也是人民。事实上，当官兵临阵披靡的时候，当倭寇猖獗不可一世的时候，各地的民兵、民壮(弓兵、机兵、快手)、义勇等地方警备兵，和人民自发组织起来的乡勇、民团，则常常给予倭寇沉重的打击。各府县官在官兵"一无足用"的情况下，也相率"使各乡兵当(抵挡)贼"。战胜倭寇或驱逐倭寇出境者，也往往"悉本地乡兵之功"。人民奋起抗倭的事例是很多的。如江阴人王远，被推为乡兵头目，倭寇登陆，王远聚众抵抗，县城得以保全。

嘉靖三十四年（1555年），常熟知县王铁亲率民众筑城，城才修好，倭寇大至，王铁和指挥孔焘分率民众武装及官兵三千人，坚决防守，把倭寇打退。同年，倭寇侵入崇明县，诸生顾国等组织民兵反攻，倭寇二百人皆被消灭，城亦收复。"平望之战，永保宣慰兵皆失利，独浙直乡兵左右翼之，贼遂大溃，捕斩首虏无算"。

只是由于倭患日趋严重，官军积弊愈益暴露。汤克宽在嘉靖三十三年（1554年）曾带领以施大鲸为首的民兵，给进入吴淞江的倭贼刘三部众以歼灭性的打击，斩首一百七十余级，残倭悉被擒获。宝山县地主严大显、大年、大成、大俸、大邦兄弟五人，在嘉靖三十三年（1554年）倭寇侵犯宝山时动员族人，组成严家兵，助副使任环抗击倭寇，"多立奇功"。南汇县"园子生乔锴、盛际时、潘元孝，诸生闵电等，各募海上盐丁数百，分扼要害"。长江下游一带沙岛上的居民所组成的"沙兵"，曾参加抗击倭酋肖显之战和1555年的常熟浒望抗倭之役……诸如此类，可歌可泣的御倭事迹，不胜枚举。

虽然人民在抵抗倭寇的斗争中表现得非常勇敢、坚决，而且也取得了丰硕的战果，然而倭患却愈来愈严重，这并不是由于人民的力量不及倭寇，而是由于：

一、各地人民的斗争多半是分散进行的，斗争的目标只是保卫一城一乡，缺乏全面而长远的作战计划，由于受到客观条件限制，各地的人民武装始终没有能够集结成为一个整体，在统一的部署和指挥下，紧密配合，予倭寇以重创。

二、这种自发的人民武装，不曾经过正规的军事训练，组织也不甚严密，对倭寇的诡诈伎俩也缺乏足够的认识和警惕，以致许多战斗失败，或者先胜后败。

三、明政府中许多官员不重视人民的武装。有的只知道利用，而不加以扶植。甚至人民打败了倭寇，缴获了战利品，官军反去"劫财夺功"。有的官吏还对积极抗倭的人士加以迫害，如严家兵的首领严氏兄弟五人，先后被常熟县令黄应嘉诬陷而死，便是一个例子。这样一来不免挫伤了抗倭的力量和群众的积极性。

然而人民在抗倭斗争中的作用却越来越明显，才使得明朝部分爱国官员逐渐认识到了人民力量的伟大和组织群众武装的必要。基于这个认识，因而有许多人提出了训练民兵的主张。例如1554年南京太仆寺卿章焕主张"训练士兵，渐罢客兵"；1555年，致仕金都御史杭州人张濂建议"选民兵以收必胜之功"，御史屠仲律建议"责江南守令以训练士兵"，兵部尚书杨博也请求明政府"饬府州县亟练土著民兵"。到1556年夏天，浙直总兵俞大猷便开始着手招练民兵的工作。台州知府谭纶，也取得胡宗宪的同意，募本地壮卒千人加以训练，不久即成劲旅。这些事实说明，练兵问题已经引起当时有远见的人的注意，并且有了实际的行动。

在这样的情况下，戚继光在嘉靖三十五年（1556年）十二月十六日，乘倭寇在龙山受到打击奔逃出海后浙江局势暂时平静的机会，起草了一篇《任临观请创立兵营公移》，向上司第一次正式提出了自己练兵的建议。

尽管有些人提出练兵的主张在戚继光之先，然而除了俞大猷、潭纶等少数几个爱国将领外，他们对于如何练兵这一重要问题，都缺乏具体有效的办法。戚继光与他们不同的是，他不只看到了练兵的重要性，也不只是提出了一些原则性的意见，而且还有一套比较完整的练兵理论与计划。从他那篇有名的《任临观请创立兵营公移》中，我们可以看出他对于怎样练兵，是早有成竹在胸的。

戚继光在那篇《公移》里，具体地分析了当时浙江军队中的腐败情形：战士们身无甲胄，赤体迎敌，平时不练武艺，行军没有给养，做饭没有炊具，作战没有号令，围守没有营壁，因此"穷追远袭，必寄食于旅店；对巢拒守，必夜旋于城郭"。针对这些缺点，他提出了初步的改进办法。

第一步，创立兵营。军中置备帐篷，添设专门管理伙食的人员，准备好行军需用的干粮和各种炊事用具。这样才能"退则后有可恃以更番，进则对垒可恃以无虞"。

第二步，选兵。先详细调查守卫各府、县、卫、所、港、寨的兵丁需要若干名，目前各卫所能够作战的军士尚存若干名，核算既定，然后令参将协同兵备道从所辖府州县新旧民快、义勇中，严加拣选。将年老体弱的人尽行淘汰，务必选取膂力饶壮的人。选中的士兵，要让乡亲邻居保结，才能填写花名文册，明白开注身材面貌，发给腰牌悬带。

第三步，练兵。选兵完毕后，要对所选士兵进行严格训练，使每个战士的武艺强过敌人的士兵，使每个军官的组织指挥力超过敌人的头目，达到兵将皆优胜于敌的效果。练过之兵专备本地陆路截杀攻击倭寇使用，一切行动皆听从督抚、参将的指挥。

戚
继
光

戚继光知道，他所提出的这些意见，必然会遇到保守势力的反对，反对的人也许会找这样的借口来非难他：当前倭患紧急，不急于剿倭，"而必待从容创练营伍，缓不济事，诚似迂谈！"为此，戚继光在这篇《公移》中还对这种谬论进行了有力的驳斥。他指出剿侵和练兵二者并没有冲突，一面照常督集官兵战剿，一面统集新兵训练，"杀贼、练兵，可以并行不悖"。

戚继光的练兵建议是切实可行的，然而他的上司却并不十分重视。戚继光请求拨一笔款项，作为增添营壁、器具、金鼓、旗帜的费用，就遇到了种种困难。

尚书府会官厅

嘉靖三十六年（1557 年）春天，戚继光再次向他的上司提出了练兵的建议，大略说："守不忘战，将之任也；训练有备，兵之事也。乃今军书警报，将士忧惶。徒将流寄杂兵应敌，更取福广舟师驱而陆战，兵无节制，卒鲜经练，士心不附。军令不知。况又赤体赴敌，身无甲胄之蔽，而当惯战必死之寇；手无素习之艺，而较精铦巧熟之技。且行无赍裹，食无炊爨，战无号令，守无营壁，其何以御寇？今为之计：必器垒具，而进可招待；餱粮备，而退有宿饱。此所谓蓄艾于豫而后无患于病者也。至于身先士卒，援枹忘身，是职少所素讲；乃若监敌制变，防险设奇，是又在职自出，难以逆计。惟兹简戎兵，诘器具，明部伍，肃营阵，教艺有成，而能随其指示发纵者，则一得之愚，殉国之诚也。况十室之邑，必有忠信；堂堂全浙，岂无材勇！诚得浙士三千，亲行训练，比及三年，足堪御敌，可省'客兵'岁费数倍矣！"

这个建议和第一次的建议内容基本上是相同的，相比而言，第二次比第一次论述得更为详细、具体，且更能令人信服。如在设立火头军问题上。初次上书只是简单提议设立火头军，而第二次则结合行军作战的实际，详细阐述了设立火头军的必要。

戚继光说：偶然与敌相遇，只好空着肚子作战，到了晚上又要空腹奔跑到二三十里之外有人家的地方吃饭、休息，第二天拂晓再去与敌人大战；而敌贼在这一夜之内或者设下埋伏，或者转移突击，从黄昏到第二日黎明，行走五六小里绰绰有余；在此情况之下，我军则力疲气息，还有可能中敌埋伏，往往败多胜少。试问用又饥饿又疲惫不堪的军队与敌作战，怎能不打败仗？况且士兵饿着肚子又如何能听从法令？士兵必须吃饱了才会遵守纪律，不然的话，你命令他打仗，他只想着要吃饭，精力不集中于战斗。你叫他不扰民，他却老想着办法拿老百姓的食物来充饥，纪律是无法维持的。戚继光既反复教育将士要学岳家军"冻死不拆屋，饿死不掳掠"的精神，以严格的纪律约束部队，又想方设法不让将士饿着肚子，从而保证将士体格健壮，精神饱满，去夺取战斗的胜利。

在第二次上书中，戚继光初步提出了自己的募兵设想。针对南方人柔弱，浙兵不堪重任，不能抵御倭寇的成见，戚继光力排众议，指出："十室之邑，必有忠信；堂堂全浙，岂无材勇！"并进一步指出不是浙兵战斗力差，而是将领不把士兵当人看待、训练无方、指挥不力。

如果爱护士兵、训练有方、指挥得当，不用"客兵"，浙兵也能够战胜倭寇。"诚得浙士三千，亲行训练，比及三年，足堪御敌，可省客兵岁费数倍矣！"募浙兵不但可以御敌，还能够节省客兵长途调动的经费，的确比较划算。

戚继光在呈递这个建议书之前，也是和他的亲信部属商量过的，这次更是经过深思熟虑的。可他的部属摇头蹙额，表示不同意。有个比较谨慎的人对他说："我认为这需要三思而行，许多人都提出过练兵的想法，可谁也没有试过。这事不是小事，关系的人很多，将军还要三思而行。"

戚继光想了想说："我们从军之人，以报效国家为己任，如果有好的方法能够制敌，而不去努力争取，那就有失军人的称号。"

"可是，俞大猷将军、胡宗宪总督都练过兵，效果也不怎么样。"一个对练兵了解比较多的军官说。

"可是，谭纶训练了一千多人，不是成为一支劲旅了吗？你大概没听说过吧。"戚继光反问道。

"可是，胡宗宪总督怎么就没练出好兵呢？他是一省长官，有许多有利条件。如果他还做不到，说明练兵是不切合实际的。我常听人说，江南人柔弱，练不出精兵的。"

"我认为这是偏见，江南人与江北人只是生活习性上有区别，百人的小村，还有忠义的人。这么大一个浙江，怎么没有勇士呢？兵贵练，不练是出不了精兵的。你们看咱们的士兵，缺乏纪律性，士气低落，对于军令知道得很少。盔甲军衣都缺，有的只好光着膀子打，身上没有盔甲，以这样的军队和那些不怕死的强盗对战，怎么能行？士兵们都爱花架子，对杀敌的真本领却不愿学习；行军没有车马，做饭没有灶台，打仗没有号令，防守没有堡垒，怎么称得上军队？这样下去，就是打上几十年，倭寇也消灭不了。为长远计划，不练兵是不行的。"

大家听了这番话，觉得很有道理，许多人都点头，说："确实，这样的兵，再打一百年也荡不平倭寇。"

戚继光接着说："这次我提的练兵建议分三步。第一步是建立坚固的兵营，这样进可以攻，退可以守；第二步是选兵，选精干的兵，淘汰老弱残兵；第三步是练兵。三步若都能实现，倭寇指日可平。"

大家都点头，希望这些建议能够被采纳。

他又和同僚们商量，结果同僚们哄堂大笑，都说："御倭的事，自有督、抚主持，何必你来操心？而且，从来没有听说过倭寇是可以杀退的，只有等他们抢足杀够，自动退往海中时，跟在后面追一阵，既能立功赎罪，又有油水可捞。"

听了这样荒唐的话，戚继光心中有说不出的凄凉。"军中有这样的主将，怎能打胜仗！"他长叹一声，说，"统帅三军的主将，一定要知道练兵。这个'练'字，就是把生丝练成熟丝，以便织彩的那个'练'字，巧匠能把生丝练成熟丝，而将官却不能把有知觉的人练成有战斗能力的兵，不惭愧吗？况且倭寇除非全部消灭，否则，即使一时撤退，谁能确保他们以后不卷土重来。如果不练好兵，又怎么能最终消除祸患呢？"

戚继光不顾善意的劝阻和恶意的嘲笑，毅然把他的练兵建议书呈给了上司。先呈给了总督胡宗宪，后来又呈给巡抚阮鹗。谁知胡宗宪看完了他的建议书后，竟往地上一丢，气愤地说："我过去也曾练过兵，浙江人要是可练，我早就自己练了，还要等着你来！"原来前几年，他曾招募一千多浙江兵，日日训练，结果没有成效。过了一会儿，

调任浙江，战场上展示才华

他又叫人从地上把建议书拾起来，重看了一遍，说："这事浙江人也许已经知道了，如果我不答应，他们追问起来，可能要责怪我，姑且让他试试吧。"阮鹗看了戚继光的建议，大致同意了他的主张。练兵这件事，就算这样决定了。

可是，由于官场遇事拖延的积习和其他种种原因，练兵的建议虽然得到批准，却未能及早实现。一直拖了将近一年，胡宗宪才把兵备佥事曹天佑部下的士兵三千人拨给戚继光，让他训练。戚继光希望士兵全部由自己招募的愿望，还是没有达到。训练开始不久，沿海的形势又紧张起来，于是，练兵的事，便只好暂时停止了。

科学方法训练士兵

戚继光熟读兵书，也有带兵的经历，具有丰富的治军经验。三千名士兵拨到他手下后，他便着手训练。

戚继光的练兵是很科学的。他第一步训练士兵的阵法，认为士兵之间的配合是最重要的，行军打仗，万人行动好像一人，就会使自己坚定而有灵活性。第二步是练胆气，使士兵能临阵不乱，勇往直前。第三步是练耳目，使士兵能熟悉各种号令、旗鼓。第四步是练手足，使士兵能熟悉各种杀敌技艺。第五步是练营阵，先教练马兵、步兵各种队形；再教给行军队形和行军规则，野营布置和宿营规则；再就是作战纪律和注意事项；最后是战斗后的各种注意事项。戚继光很注重训练的逐步进行。

其中有必要提的是练胆气，戚继光知道明军最大的弱点就是临阵怯敌，不攻自乱。而敌人往往惯使这样的手段：夜晚作战时，倭寇常常在盔甲上装饰金银牛角或者各种颜色的丝，扮成鬼怪模样，手执明镜和雪亮的刀枪，光耀夺目，制造恐怖的气氛，来挫伤明军的士气。戚继光对这一点十分警惕，采用各种办法来训练士兵的胆气。

在浙江，流传着这样的传说：那是个漆黑的夜晚。狂风大作，闷雷轰鸣，一场倾盆大雨即将来临。戚继光秘密找来三个身材高大的士兵，让他们扮成魔鬼，潜到坟地中去。一切安排就绪。吹响集合号角，士兵们很不情愿地爬起来，这么黑的天，还快要下大雨了，这时有什么事？军命难违，很快，教场上站满了满脸困惑的士兵。

将台上点着火把，微弱的光照在戚继光威严的脸上。"这里有个特殊的命令，勇者重赏，后退者严惩，违令者斩。"

一道闪电，照亮了士兵们惊恐不定的脸。

"正前方坟地里好像有一丝火光，需要迅速查明，谁愿前往，回来重赏。"

队伍中传出一阵窃窃私语声，与雷电的轰鸣声混在一起，戚继光听不清他们说了什么。过了好久，还没一个人站出来。

"荣望。"戚继光喝道。

"到！"一个身体魁梧的兵站出来。他有些站不稳，说话声音有些颤。

戚继光

"命你去侦察，违令斩。"戚继光下令。

荣望没有办法，只好硬着头皮向前走。五十米，四十米，三十米……荣望的心都快跳出来了，他听到坟堆里传来阴森森的声音，不禁毛骨悚然。他轻手轻脚向前走，目不转睛地盯着前方的坟堆。

忽然脚下一绊，他差点摔倒。再抬头时，一个白乎乎的魔鬼向他扑来。他"啊"的一声，吓昏过去。

好久不见他回来，戚继光料到他出事了。就派去第二个、第三个，也是有去无回。

"浦拔思!""到!""你去。"这个浦拔思，虎背熊腰，很有力气。他知道自己去也是死，不去违令也是死。反正是死，还不如去拼死，或许还能死中求生呢！想到这些，他振奋精神，向前走去。他脑瓜比较灵活，不停地扫视四周，注意着异样情况。

离坟堆越来越近，他注意到，一棵树后好像有什么东西，便将手中的石头冲那儿扔去。随后抢步上前，扯住了魔鬼，魔鬼露了原形。

浦拔思和三个扮魔鬼的士兵回来后，戚继光说："那几个魔鬼是人装的，我这样做的目的，是训练大家的胆气，没有胆子，打仗要败的。好！浦拔思，你这次有功，提拔你为旗官。"

在戚继光的精心指导和严密组织下，这支部队很快便有了起色。

训练不久，沿海的形势又紧张起来，于是，练兵一事再次暂时停止了。

岑港奋力抗倭寇

大汉奸王直是东南沿海一带人民的大害，为了拔除这个祸根，胡宗宪和王直进行过比较长期的斗争。起初，胡宗宪采取强硬手段，把王直的母亲、妻子、儿子统统逮捕，关进监狱，企图以此逼迫王直投降。但是，王直很狡猾，他自恃人马多、声势大，胡宗宪不能奈何他，所以根本不理会这件事情。后来，胡宗宪改变策略，把王直的家属从监狱里放出来，给予优待，并且派人直接和王直本人联络，答应给他种种好处，劝诱他投降。

王直看见胡宗宪这样做，以为他软弱可欺，想借这机会救出自己的亲人，于是便纠结部众，乘巨舰占据了定海西北的岑港。一面带甲陈兵，伺机而动；一

王直墓

面提出条件，和胡宗宪谈判。谈判拖延了很久，没有结果。胡宗宪看见王宜有意观望，于是积极布置：密调戚继光、俞大猷、卢镗等各路军队防守水陆要害，并且开关扬帆，做战斗的准备；同时派遣指挥夏正等去见王直，对他反复说明利害，劝他及早投诚。王直侦知四面明军兵威甚盛，无法逃脱；加上徐海已败死，自己更是孤立无援，在这种情况下，他不得已只好在嘉靖三十六年 (1557 年) 十二月十四日正式向胡宗宪投降。但是，在如何处置王直的问题上，胡宗宪和巡按御史王本固意见不合，胡宗宪主张赦免，王本固主张严办。因此王直投降后不久，便在王本固的命令下被逮捕下狱。最后胡宗宪因为有人指责他收纳王直重贿，不敢再坚持自己的意见。

王直遂在嘉靖三十八年十二月 (1560 年) 年初被斩于杭州。

王直死后，党羽毛海峰等三千人，声称要为王直报仇。他们奴役抢来的百姓，开垦荒地，到处修造堡垒、栅栏，做出了死守的打算。

岑港在舟山岛的西面，附近一带，罗布着数不清的岛屿和港湾，地形非常复杂。倭寇为防官军进攻，把通往岑港的要道一概堵塞，只留下一条险隘难行的小路，以便出入。他们倚仗地势险峻，不把明军看在眼里，气势汹汹，异常猖狂。

嘉靖三十七年 (1558 年) 春，岑港之战开始。胡宗宪命把总任锦、指挥甘述宗等进泊岑港之南，都指挥李泾、张天杰等进泊岑港之北，总兵俞大猷等来往策应；指挥周官、土官彭志显领大剌士兵由中路小河岭进攻，指挥杨永昌、唐鍪及土官张某领镇溪麻寮兵由右路进攻，参将戚继光率所部兵由左路小岭进攻，指挥杨永昌、卢锜、鲍尚瑾、方昇与通判吴成器等分道策应；参政王询、刘焘同副使陈元珂监军。约定日期，水陆并进，直抵倭巢。

战斗进行得很激烈。倭寇居高临下，据险死守；明军仰攻很不方便，双方死伤都非常惨重。

胡宗宪看见岑港久攻不下，便激励将士说："倭贼之所以负固死斗，那是因为'春汛'的日期已到，有新倭可以应援，他们有恃无恐；既然这样，我们就不能松懈，如果一有疏忽，让新旧倭合流，那就更难攻下。"

果然，不久以后，大批新倭乘"春汛"赶到，把船泊在普陀山的小道头，虽被明军击走，消灭了其中的一部分；但是另一部分新倭却由沈家门入岑港，和旧倭会合。倭寇的声势更大了。

这时，正是多雨的季节，山水骤发，溪涧涌溢，倭寇在高处利用地形筑堤蓄水，等明军进攻时，将堤掘开，用水冲淹明军，明军的战斗无法进展。双方陷入胶着状态。

这年夏天，岑港的倭寇还没有平定，台州沿海又有大批倭寇登陆，胡宗宪命戚继光驰援台州。五月十日，戚继光督所部兵自舟山渡海过奉化，将到台州，便得到倭寇转犯温州的消息，于是兼程前进。十四日晚抵乐清。十六日便和敌人在瓯江北岸盘石卫 (在乐清市茗屿乡) 的乌牛接战，自辰至午，五战五胜，倭寇四散奔溃。明军救出被掳的百姓三百多人。紧接着这次胜利，戚继光又在十里桥 (在盘石卫附近)、白塔 (在乐清市西) 等地，打了几个胜仗，这才将倭寇的气焰稍稍压下去一些。不料到二十六日，倭寇又开始蠢动。二十七日，倭寇企图从水路进攻盘石卫，戚继光沿瓯江布防，防线长达十多里，倭寇看见戚继光兵威严整，只好转帆至乌牛附近的大崎山、小崎山、黄华 (在乐清市南长安乡) 一带停泊。戚继光一面令各军沿江防守如前，一面令把总梅奎、邢镇等率领部卒由水路进攻，自己亲率陆兵沿江进剿。

二十九日，倭寇见形势不利，打算乘船逃走。戚继光军队一路追杀，倭寇边战边退，退到了海边。这时战场一片混乱，明军士气高涨，奋勇向前。江边倭船已靠了岸，许多倭寇进了船，正等开船。

戚继光十分愤怒，下令"不能让倭寇逃走"。他身先士卒，飞马杀入敌军。敌军一阵混乱，被戚继光的人马冲成两段。明军人多，很快分别包抄过去。战斗进行到白热化阶段，战场上一片叮叮当当的兵器撞击声。两方都有伤亡，鲜血横流。

戚继光冲锋在前，很快便到达岸边。船里的人见岸上的已无法再救，就扬起帆，打算逃走。戚继光张弓搭箭，一箭便射死了掌舵的舵手，船因此失去了控制，在水里打转。

戚继光命令弓箭手向船上发射火箭。十几个军兵立刻上来，火箭长了眼睛似的飞向敌船。船上都是易燃品，见火就着，很快，一条船被包围在火海之中。倭寇弃船而逃，跳进海里，淹死不少。这次战斗焚毁了敌军全部战船，几乎全歼倭寇，打了一个漂亮的歼灭战。

与此同时，谭纶也率领自己所练的士兵，在台州取得多次胜利。

在谭纶、戚继光协力抗御和当地人民奋勇袭击下，台州、温州一带的倭寇逃走了。这年秋天，戚继光又被调到舟山来参加围攻岑港的战役。

岑港战役依然没有丝毫进展，明军遇到很多困难。胡宗宪屡次上疏虚报战功，遭到了各方面的责难。明政府见岑港久攻不下，以为是将官作战不力，因此不问青红皂白，便下令撤去总兵官俞大猷、参将戚继光和把总刘英等人的官职，限他们在一个月内将舟山岑港的倭寇全部肃清，如果过限无功，便要将他们逮到京师问罪。

日子一天一天地过去了，明军日夜轮番攻击，每次眼看就可夺下岑港了，但却一次又一次地被打退下来。转瞬间一个月的限期就要到了，愈是接近限期，战斗愈是激烈，从早到晚，喊杀之声，震撼山岳。戚继光等亲率士卒，奋勇冲锋，战士们勇猛无比。最后，倭寇到底还是守不住了，在一个秋天的深夜，他们放火烧了寨栅，全部乘船退出岑港，转移到附近的柯梅 (山名，在舟山岛北面海中)。

倭寇占据柯梅以后，并没有打算在这里长久驻守，他们一面不时出动抢掠，一面暗地大造船只，准备逃走。其实这时倭寇连遭挫败，气势减弱，明军如果能乘胜追击，彻底消灭他们不是问题。可是胡宗宪希望他们赶快离开，使得自己管辖的地界内可以得到暂时的安宁，所以他不肯派兵继续围剿，以免自找麻烦。由于胡宗宪的纵容，这支倭寇便从从容容地将船造好，扬帆南下，盘踞福建的浯屿 (今金门岛)，寇掠福建沿海州县，给福建人民带去了无限深重的灾难和痛苦。

岑港之战，明军付出的代价很大，不过终究荡平了倭寇盘踞半年以上的巢穴，总算取得了胜利。在这次战役里，俞大猷、戚继光等将领出生入死，立了不少功劳，但他们却受到极不公平的待遇。倭寇从岑港逃往柯梅，转据浯屿，明明胡宗宪有意纵敌，可是胡宗宪却把责任推到俞大猷身上，以致俞大猷蒙受"邀击不力，纵寇南奔"的罪名，被捕下狱，后来被发往大同镇 (今山西大同市) 戴罪立功。

戚继光的遭遇比俞大猷好一点，但是也几乎被捕。给事中罗嘉宾等曾经上疏弹劾他，并且还无端给他加上一个"通番"的罪名，朝廷正准备逮问，恰好岑港收复的消息传到京师，这才恢复了他原来的官职。

严格说来，俞大猷和戚继光所受到的处分有点冤枉。特别是俞大猷，虽为总兵，并不负责整个战役的指挥，负责整个战役指挥的中军

调任浙江，战场上展示才华

都司并没有受到任何处分，而他则受到了撤职的处分。戚继光虽然有一定的责任，但并没有参与战役的全过程，在此期间，他在温州的剿倭还是有一定成绩的，也不应该给这样重的处分。但戚继光对此则有自己的看法。

在他受到撤职处分后，谭纶见到他，长时间地握住他的手，长吁短叹，深深为他惋惜。戚继光则对他说：岳飞出身于行伍，韩信起用于逃亡。他们所建立的功业虽大，但两人最后都没有得到善终。我受国家豢养之恩二百年，与韩、岳二公相比谁长？所建立的功业又万万不能与韩、岳二公相比，而所遭之祸与韩、岳二公相比谁重谁轻呢？所以没有什么值得叹息的。当时在旁边的人听到这些，都说他是山东人多呆气。在受处分这个问题上，他也要和历史上的名将相比，这种品格是何等高尚啊！正是这种品格，使他不背包袱，不懊丧，不颓废，更加刻苦地研究历代战争胜败的原因，吸取经验教训，完善自己。

二御温州

在岑港战役过程中，戚继光奉命率军进行了两次温州之战。

第一次作战

嘉靖三十七年（1558年）四月，春汛时期，倭寇再一次较大规模入侵。胡宗宪令在岑港前线的戚继光驰援台州。四月二十三日，戚继光率所部自舟山起程渡海，过奉化将至台州时，得到消息说倭寇占据温州，遂兼程前进。二十七日晚，住乐清。二十八日，继续向战地进发，大雨如注，当地一些年老而有地位的士绅，请戚继光到屋中避雨。戚继光说："众多的士兵在冒雨，我怎么忍心去避雨呢？"当日探明倭寇已渡过瓯江焚劫盘石卫之乌牛（今浙江永嘉东南的乌牛）。第二天，戚继光部到达盘石（今浙江乐清市西南的盘石镇），驻兵城外。

当天午饭后，戚继光对进攻敌人做了部署。兵分三路：以百户胡守仁、义士徐希忠等部由绞头沿瓯江而进，为南路；以千户刘意、武生张延廪等部由白塔进，为北路；自己率中军大队，倍道兼行直至乌牛山，为中路。部队立即出发，迅速到达战地。

敌人见戚军势盛，奔过馆头（在今乐清市东南，盘石西北)，过乌牛溪（今乐清市和永嘉县之间的界河，流入瓯江)，并凭溪为险以拒戚军。戚军队长汤加一、王良忠，壮士周祖、王良九等首挫敌锋，大部队乘胜涉水，一齐蜂拥进攻敌人。戚军经过五次冲锋，敌军溃败，四散奔逃，有的钻进深山，有的逃入密林。这次战斗，有数百敌人被挤死或溺水而死，戚军斩杀二十余人，救出被掳的男丁女妇三百余人，而自己只阵亡汤加一等三人。

由于夜晚天黑，戚军无法搜山，只好列营山下，沿瓯江防备要路。当时，隔江对岸的敌人见江北同伙失败，本想相救，但见戚军军容严整，戒备森严，没敢轻举妄动。因潮水上涨，戚军面山背水，处于危险境地，遂撤出阵地。对岸敌人见戚军撤走，用船接走战败的敌人，出洋逃跑。

此次作战戚军获得了小的胜利，消灭了一部分敌人，但大部分敌人逃跑了。即使这小的胜利，对一般的明军来讲也是不容易做到的。戚军消灭了几百敌人而自己只阵亡三人，这更加难能可贵。其原因之一是戚继光指挥得当，二是戚继光督战得力。

第二次作战

五月初二，倭船八十余艘，在乌牛、馆头一带停泊，共有四千余人，四散剽掠，有一半左右流窜到盘石的北斗门（当在盘石附近，具体地理位置不详）。戚继光率部三千人抵北斗门十里桥。倭寇匿伏于民房中，让一个胁从隔桥擂鼓，被戚军士兵陈国用用鸟铳射死。戚军将其斩首并夺其所擂之鼓。

倭寇有数百人出击，戚军放火器、弓箭，敌人抵挡不住，向农田乱跑，被戚军斩杀六十余人。其他倭寇奔向白塔小岭（盘石附近，具体地理位置不详），吹螺举火，众多倭寇听到号令从四面八方前来增援。倭寇依仗人多势众，回到船上，戚军也回到十里桥等村落驻扎。初五，二千余倭寇劫掠十里桥澳，戚军出击，倭寇又绕道退回船上。戚军多次挑战，倭寇不敢出。

初九，瓯江南岸龙湾（今温州市东南的龙湾镇）的倭寇进攻宁村所（今温州市东南宁城），戚继光令材官刘意部渡江支援，倭寇连夜退走。初十，龙湾的倭寇聚集了四十多艘战船，妄图进攻盘石，但看到屯扎沿岸十余里的戚军军容威严，遂调转船头向瓯江下游驶去，屯泊于黄华（今乐清市南黄华镇）一带。

十一日，在乌牛、馆头的倭船再次进行劫掠，戚军分布沿江防卫。同时，戚继光进一步部署歼敌。他让同知尹尚贤准备船只，令把总梅奎、邢镇等部乘船由水路进攻，他自己督陆兵由陆路沿江进攻。次日，戚军水陆夹击敌人，敌不支，纷纷败退。为不被戚军消灭，敌人耍了个花招，主要人员隐匿于小船中偷偷溜走，而用大福船、苍船迎击戚军，且边战边退。

戚军追击敌人至小崎山（当在瓯江口附近，具体位置不详）下，戚继光身先士卒，亲发矢石，一箭射中敌船舵工，而材官刘意又射毙敌橹手。敌船顿时失去方向和动力，完全处于被动挨打的境地。戚军乘势四面攻打，敌船失火，倭寇尽数被歼。戚军斩杀四十余人，俘虏二十余人。敌福船、苍船被焚，溺死和烧死敌人无数。泊于黄华一带的倭寇，听到戚军的喊杀声，看到火烧战船的蔽天烟火，慌忙向大海逃去。

五月，入侵的倭寇在戚军的进剿下以失败告终。戚军取得了胜利，但这个胜利不大。究其原因，从客观来讲，倭寇的兵力超过戚军，使戚军难以一下子将其打败；从主观上来讲，戚军这支队伍训练不够，还不能打硬仗，打恶仗。

总的来讲，两个月来，戚继光率领他的部队虽然没有获得重大的胜利，但基本保卫了温州地区的安全。

解桃渚之围

东南沿海一带，倭寇侵扰的地区，最初主要是长江下游。由于明军大力堵击，岑港之战后，倭寇意识到宁波、绍兴一带，明军兵力雄厚，便开始向南侵犯。嘉靖三十八年 (1559 年) 春夏之交，有数千倭寇南略台州、温州，浙东沿海形势又紧张起来。

戚继光的好友谭纶，这时已经升任浙江按察司副使 (一个省司法部门的第二长官)，正好是戚继光的上级。有了谭纶的支持，戚继光更能发挥自己的才能了。

攻掠台州的倭寇，以栅浦、桃渚、海游等地为巢穴；攻掠温州的倭寇，则流劫于平阳、乐清两县。特别是台州一府六县 (临海、黄岩、天台、仙居、宁海、太平)，警报不绝。在这样危急的局面下，戚继光在谭纶的节制下，领兵援救台州。

嘉靖三十八年 (1559 年) 五月十一日，谭纶和戚继光领兵从宁波出发，向东南进军。军容整齐，盔明甲亮，戚继光十分高兴。

大军越往前走，碰见的人越少。其实村庄也不少，可大都是空的。

村中房倒墙塌，到处是一片废墟。木头、窗子、树木等一些能烧的东西都烧着了，黑黑的烟笼罩在破瓦块上。鸡狗都不见一只，大概不是被烧死就是被抢走了吧！满目凄凉，勾起了将士们的满腔义愤。

谭纶像

军队开到桃渚附近，驻扎下来。桃渚在临海县海门卫东北五十里。城高二丈一尺，周回二里七十步。东南至前所四十里，北至健跳一百里，西至台州府城一百二十里，三面枕山，一面临海，形势非常险要。当时桃渚已经被围一个多月，对外交通全部断绝，城中度日如年，危在旦夕。

戚继光一到，就做好打仗的准备。他派几十名鸟铳手偷偷进城，鸟铳手按照他的命令，到处大张旗鼓，这是戚继光布置的疑兵之计。他还派出几路军队，分头埋伏。

二十三日，倭寇开始攻城。他们赤着脊膊，手提盾牌或倭刀向护城河冲来。过了护城河，架起攻城云梯，争先恐后地向上爬。正在这时，城上鼓声大作，旌旗飘飘，喊杀声大起。几十名鸟铳手冲到城墙边，弹药齐发，攻城的倭寇顿时死了几十人。鸟铳这种武器只有在正规军队中才有，倭寇以为戚继光军队已经进入城里。又见城头旌旗飘飘，十分雄壮。再不敢攻城，潮水一般退了回去。城头上的人虚张声势，摇动旌旗，擂动战鼓，鸟铳声不绝于耳。倭寇以为大军在后面追杀，狼狈逃窜，直到发现没有追兵，才停下来。

倭寇头领气急败坏，下令到附近村庄抢劫，以发泄被打败之气。倭寇们分成十几队，如狼似虎地闯入一个村庄，村人知道倭寇要来，早跑光了。倭寇挨家搜索，寻找能吃的、有用的东西。正搜索时，忽听四周号炮不断，等醒过神来，四面八方已涌来无数的明军。倭寇惊慌失措，又累又饿，无力再打，为了活命杀开一条血路，向南逃窜。

他们逃到了一条河边，这条河叫灵江。他们点起几堆大火，排成一定次序，这是他们的求救信号。果然，不久，江上多了许多倭船，上岸之后，与北边倭寇合兵一处。

戚继光率兵出击，分三路设下埋伏。号令三军"战必胜，后退者斩"。他亲自拿起鼓槌，擂起进攻的战鼓。战斗打响了，鼓声隆隆，喊杀阵阵，双方展开白刃战。战斗从早上开始，一直杀到中午，明军越战越勇。一个勇士叫胡元伦，带头冲杀，所到之处，都能听见倭寇哭爹叫娘，他自己身上也受了好几处伤，鲜血染红战袍，但仍然奋勇直前。

最后，倭寇支持不住，全线崩溃，一半向灵江北岸的山区逃窜；一半渡江向南岸逃窜，这股敌人被伏兵冲为两段，戚继光率兵赶来，将其中一部消灭在黄焦山，取得了很大的胜利。可是胡元伦却不幸在这次战斗中壮烈牺牲了。

台州、温州到处都是倭寇，到底倭寇的主力在哪里呢？什么地方的敌情最紧急呢？戚继光审度当时情势，认为围攻桃渚的倭寇最猖狂，流劫栅浦、贾子的次之，骚扰温州一带的又次之。根据这个情况，他建议：由分巡金事曹天佑督都指挥祈云龙等部防守黄岩；以知县张师善率领乡兵，牵制栅浦倭势；副使谭纶亲率都司戴冲霄等镇守海门，切断栅浦、桃渚二处敌人的联络，而他自己则统兵直趋桃渚，以解倭寇攻城之急。总督胡宗宪采纳了这个建议，并且也依照这个建议在军事上做了必要的安排。

五月三十日，戚继光督兵再度逼近桃渚。倭寇见明军势盛，立即奔逃到菖埠。六月一日明军猛攻菖埠，放火焚烧倭寇巢穴，倭寇大败，烧死溺死无数；这天夜里大雨如注，残倭负伤冒雨乘夜逃走，与栅浦倭寇会合。至此，桃渚之围解除，逃难在外的居民都纷纷还家。

浙东前线显威名

浙江的倭寇没有肃清，更艰巨的任务还在后面。戚继光解桃渚之围后不久，就率兵和谭纶会师海门卫。海门卫在台州东南九十里，离海不到一里。卫所北边就是海门港，三面临水，地理位置很重要。

刚到这里，戚继光就得到报告，有三千倭寇打算袭击海门卫。卫所原来也有驻兵，戚继光关照海门卫的军官说："倭贼将到，我的部下暂时休息一下，准备迎战，守城由你们负责。"他们回答说："我们担负本地防务，本应由我们迎战，现在只要我们守城，这还能推辞么？"

可是，麻痹大意的海门卫军官却没有很好地尽到自己的责任。六月六日夜半，天很黑，伸手不见五指，还下着大雨。狡猾的倭寇却在这夜出兵，一百多名倭寇前来偷袭，趁着天黑和雷声，爬上了城墙。守城的士兵却一点也不知道，直到二三十人已经爬上城墙，他们才发觉，急忙发出警报。

戚继光正在睡觉，听到警报，大叫"不好"，飞身起来，披上盔甲，跨上战马，冲出营来。这时正有大风雨，天黑如漆，周围什么也看不清。他的部下非常着急，大声喊道："主帅亲自冲锋了。"士兵们在黑夜里听到这话，十分振奋，也冲了出去。戚继光爬上城墙，上面正在混战，戚继光冲上去，一连杀了几个倭寇。这时，谭纶也率领卫队，出来督战。一场惊险的战斗过后，爬上城来的敌人全部被歼灭。

打退这次敌人的偷袭后，一连下了几天大雨，明军无法出击。

谭纶和戚继光一块商量军事部署。他们估计，倭寇不久就会支撑不住，从金清闸渡过新河，再出南涧逃跑。便命人在新河中打上桩，系上船，堵住他们入海的去路。接着又是几天阴雨，陆地上积水很多。倭寇们果然支撑不住，打算逃走，可是入海的路又被堵住了。他们只好在新河附近山上修筑工事，企图顽抗到底。

六月十五日，雨停了，天晴了，明军开始出击。戚继光分兵三路，另派都司戴冲霄率领铳箭手为先锋，列在阵前，以防敌人偷袭。这天清晨，明军派出诱敌之兵，将倭寇引到新河所南门下，然后从东、中、西三面合击。倭寇拼死挣扎，退到船上死守，明军发火铳攻船，倭寇进退不能，纷纷弃船逃走。明军放火烧船，烧毁双桅大船三十二艘，倭寇被烧死、淹死的有一千多人。

倭寇残余势力继续南逃。谭纶与戚继光乘胜猛追。十六日清晨，追到了太平 (今浙江温岭县)，次日追到南湾。倭寇在这里分为五路，占据海岸高山，一面死守，一面抢来渔船十几只，准备随时出海。戚继光指挥各路军队，把倭寇紧紧围住，只留向海的一面，让倭寇败退时自投罗网。

战斗开始时，倭寇占据山岭，箭和石子像飞蝗一样射向明军，明军连攻几次，都不得手。戚继光和他弟弟戚继美在阵上张弓搭箭，一人一箭，正好射中两个指挥的头目。倭寇有些混乱，稍稍后退。先锋吴良知乘势迅速朝上攻。这时，山后抄袭的卢锜等恰好率兵占领山顶，从山顶冲杀下来。各路明军形成包围，倭寇支持不住，只得向海边溃退。他们没意识到这是一条绝路，正逃跑间，伏兵四起。戚继光领兵紧紧追赶，敌人被围在海边，遭到致命打击。一部分被杀死，一部分放下武器投降，只有二百多带伤残兵向金清闸一带逃去。戚继光派指挥任锦等率舟师驰伏石所庄，堵住敌人入海的去路。自己亲督主力继续追击。在明军猛追猛打、四面堵击之下，这支倭寇终于在六月二十一日全军覆没。

不久，宁海一带的倭寇也被其他各路明军消灭，骚扰温州一带的倭寇也被驱逐出海。浙江沿岸的局势暂时平静下来。

在短短两个月时间里，戚继光驰骋在浙东抗倭前线，立下显赫战功。他的名声，远近传扬。

编制戚家军

练出一支能够在御倭战争中真正起作用的劲旅，这是戚继光的夙愿，他从来没有忘记这个夙愿。戚继光率领的三千军兵，是胡宗宪拨给他的，在两年的战斗中，发挥了相当重要的作用，戚继光还是挺满意的。虽然获得了不少战果，但是也暴露了不少缺点。

首先，军纪败坏，到了难以容忍的地步。戚继光最注重强调军纪，对军纪的训练是最严格的。别的客兵纪律坏，他是知道的。而在自己的军队中，也时常出现败坏军纪的例子，给他印象最深的有两件事。

有次战斗结束，一个士兵提个血淋淋的头，向戚继光请功。他让人验过之后，给他记功。正在这时，一个老兵跑过来，痛哭流涕，死死拉住戚继光的手，说："将军，你可要为我做主啊，他是杀我弟弟的凶手。那个首级是我弟弟的，我弟弟受了伤，还没死。这个丧尽天良的人就砍下我弟弟的头来请功。大人可要为我做主啊！"戚继光听了，勃然大怒，厉声问："他说的可是真的？"那士兵见事情败露，急忙跪下求饶。戚继光当然不能留情，叫刀斧手把他杀了。

还有一次，一个士兵提个人头请功。按习惯，首级要验一验的。验首级的吏卒告诉戚继光，这不是倭寇的人头，而是一个十五六岁少年的人头。戚继光过去一看，果然是一个少年的人头，满脸稚气，惊恐的神态还留在脸上，这个可耻的士兵杀害了一个无辜的少年。戚继光让人把请功人斩首。虽然这两个伤天害理的恶徒最后都受到了军法的制裁，可是类似的事件，还在继续发生。

　　另一个问题是士兵懒惰、临阵怯敌的情况。三千士兵在戚继光训练下，军容整齐起来，行军时也颇有组织、有气势。可一到实战，尤其短兵作战时，士兵的怯懦就显露了出来。这个缺点在岑港战役中就充分显示出来。那场恶战，明军地形上不利，多次进攻都被倭寇打退，士兵们虚张声势，不再用全力，一见敌人凶猛，掉头就跑。在台州、温州战役中，明军追到太平，士兵们惰性发作，不肯卖力。为严肃军纪，戚继光只好下令将几个不服从命令的士卒处死，连自己的一个亲兵，也因临阵退缩而一同斩首。采取了这样严厉的措施，才使衰退下去的士气，重新振作了起来。

　　戚继光深深知道，扫荡倭寇的道路还很长，任务还很艰巨。如果让这么一支队伍承担这么大的使命，是不大可能的。戚继光清楚地看到：这支队伍的病根，就是在明军中普遍存在的恶习。这支军队长期沾染恶习，根深蒂固。这些恶习和戚继光的治军原则很有抵触，有这种恶习的旧军队是很难真正训练好的。要依靠他们完成捍卫海防、保境安民的任务，是十分困难的。

　　为了改变这种状况，以期收到克敌奏功的实效，戚继光决定重新招募一支新军。这支军队应当完全不同于旧有的军队，应该既英勇善战又听从指挥，还能恪守军纪。

嘉靖三十八年 (1559 年) 九月，他第三次提出了练兵的建议。在这个建议里，他强调指出："无兵而议战，亦犹无臂而格'干将'。乃今乌合者不张，征调者不戢，吾不知其可也！"他的具体办法就是到浙江义乌县去募兵。为什么去义乌县呢？这是有一定理由的。

在义乌县城南面五十里的地方，有一座山，叫八保山。因坐落在第八保地界而得名，后来以讹传讹，就叫成了"八宝山"。嘉靖三十七年（1558 年），永康县有个盐商，叫施文六。他押运一批盐路过义乌，听说了"八宝山"，以为山里肯定有金矿银矿。回到永康后，到处大加宣扬。永康有许多矿工，靠采矿为生，他们听了施文六的话，信以为真，就推举施文六做首领，一同到了义乌八宝山。义乌县的百姓听到这个消息，报告给陈大成、宋廿六。陈宋两家是当地大户，陈大成是陈氏家族的首领，宋廿六是宋氏家族的首领。宋廿六、陈大成为保卫家乡的山水，纠集了许多族人，将施文六一伙人围住。施文六见势不妙，逃跑了。陈大成抓住一些矿工，送到了县衙。县令赵大河不愿把事情弄大，将人都放了。

事情这么处理，本来就算过去了。可刚过几个月，施文六又纠集一千多人，开进八宝山占据了最高峰，树起旗帜，招起矿工，强行开采。这更激起义乌县人的不满，他们组织几百人，在陈大成的率领下，到八宝山与施文六交涉。官府也为陈大成撑腰，派兵前来支援。谈判不成，发生了剧烈冲突，最后发展成剧烈的械斗。这次冲突中，施文六等三十多人被杀死，陈大成用武力收回了八宝山。

流血惨案发生后，问题更复杂了。永康县人要替施文六等报仇，纠集了许多矿工，又召集许多农民和手工业者共三千人，再次打到八宝山，并且修起寨门，打出旗帜，像强盗占山为王似的，公然和义乌县人为敌。

义乌县人不甘示弱，也组织起来，手拿刀枪，甚至一些农具，向八宝山发起进攻。双方谁也不肯退让，一场大规模的械斗展开了。这场械斗从夏天一直打到冬天，金华、处州二府所属的义乌、永康、武义、丽水、龙泉、景宁等县几百里内的人都卷进了这个漩涡。双方死伤的人，不计其数。

这件事震动了整个浙江，也引起了戚继光的注意。这种兄弟间利益争斗导致的自相残杀，是可悲的。但其中表现出的蕴藏在矿工和农民身上的勇往直前的精神，一呼百应的纪律观念，不正是训练军队所必需的吗？如果招募他们，经过严格的训练，很快会成为一支铁军。

这个建议得到了谭纶的支持，他向胡宗宪写奏文，极力支持戚继光。这次胡宗宪没有反驳，同意他罢去所部旧兵，前往义乌重新招募。正好这时，义乌县令赵大河也上书胡宗宪，建议官府到义乌县征兵，以提高军队素质。胡宗宪下令赵大河协助戚继光共同办好这件事。

九月，戚继光来到义乌县城。他拿着胡总督写的批文找到赵大河，商量一番后，张贴募兵告示。奇怪的是告示贴出几天，没有一个人应征。

戚继光很疑惑，找到赵大河询问原因。赵大河问：“你找过陈大成吗？”

“他是什么人？”戚继光问。

“陈大成是陈氏家族的首领，在全县老百姓中也很有威望。没人应征，可能跟他有关。”赵大河沉吟一下，“不过他是正直之人，你去跟他说明抗倭大义，他会支持你的。”

戚继光赶紧找到陈大成家，向他说明来意。陈大成三十多岁，身材高大。多年来，他目睹官军的腐败，向来对募兵很不支持，在他的影响下，陈家很少有当兵的。他听说过戚继光的大名，这次戚继光亲自上门拜访，他十分感动。

戚继光说："大成兄，当前倭寇横行，残酷杀害我们的同胞，我们铮铮男儿怎能视而不见？外寇不除，国家怎能太平？这次来找兄长，是求你支持我，也为报效国家尽一份力，不知意下如何？"

听了这番话，陈大成十分感动，说："倭寇横行霸道，我何尝不气愤。可我对明军早失去了希望，所以不愿自家子弟当兵，怕去时是个忠厚老实之人，回来成了兵油子。这次将军为大义征兵，我信得着将军，愿意为将军效犬马之劳。"

戚继光十分感动，给陈大成深施一礼："感谢兄长。"他们的手紧紧握在一起。

招募工作的僵局打开了，杀敌御倭的宣传加强了，大批农民踊跃应募，义乌县一时掀起了一个投军的热潮。

一天，矿工首领王如龙自动带领大批矿工前来应募。尽管这些人从外表看来很"粗野"，对官府也不大礼貌，可是他们杀敌的决心和爱国的热忱，却胜过一般人。戚继光高兴地收留了他们。

应募的人很多，戚继光根据出身、履历、体格、武艺等各个方面，对他们进行了严格的挑选，浮猾的小市民，过去打过败仗的，在官府服过役、沾染了坏习气的，一概不要。挑选完毕后，编立队伍，填造名册，再按照兵士的年龄、身材，分别授予不同的军器，开始训练。

由于县令赵大河办事认真，又掌握着全县的户籍，戚继光便请求胡宗宪任命赵大河兼任监军，以便加强对这支军队的管理，避免士兵逃亡。

在很短的时间里，一支三千多人的新军队建立了起来。这是一支经过严格挑选的军队。军队的成分绝大多数是农民和矿工。

从此，戚继光带着这支军队，转战浙闽，取得了辉煌的战果。王如龙、陈大成等人也成了戚继光部下有名的将领。以后，人们就把这支百战百胜的军队叫作"戚家军"。

整顿戚家军

军队招起来后，戚继光首先把他们编队。新编的队伍，选派一个哨官，哨官从部下选拔哨长；哨长从士兵中间选拔队长，队长在入选士兵中挑选愿意入队的士兵。然后填花名册，分发武器，进行训练。

戚继光根据年龄不同，体格不同，分给不同的武器。年纪大的使长牌；年轻身手利落的使藤牌；壮年汉子使长枪和刀；年长体壮又有经验的使用狼笔，狼笔用长竹子做成，节枝坚硬，竹梢装上利刃，既能用利刃刺杀，又能借竹枝保护自己，是一件十分好用的武器。因人而异地使用武器，更能发挥士兵们的长处。

作为军事家的戚继光，教给士兵多种阵法，以便在不同的地形采用不同的战术。他看到浙江、福建沿海大都是丘陵地带，多山多水，不像平原可以纵横驰骋，就创造了特别的阵法。例如有一种十分著名的阵法叫"鸳鸯阵"，它以十二人为一队。最前一个是队长。次二人一个执长牌，一个拿藤牌。长牌又长又大，可以挡住敌人的重箭、长枪，以掩护后队前进；藤牌轻便，每个藤牌手除了藤牌外，还有标枪两支、腰刀一把，交锋时低头执牌前进，敌人近前就用标枪刺，或用腰刀砍。再次两人拿狼筅，照顾牌手，抵御敌人的刀枪。后面有四人持长枪，这种长枪很长，能够迅速刺杀敌人。再后二人用短兵器，与长枪互相照应。如果长枪刺不中，短兵器立刻上前冲杀。最后一个是火兵。这种阵法不仅能充分发挥各种武器的作用，而且能把十二个人结成一个整体，使之迅速适应各种战斗情况，灵活机动地打击敌人。

这支新军由于士兵素质好、组织严密、训练严格，经过两三个月的训练后，便成为一支劲旅投入战斗。

戚继光又招募渔民，编成一支新的水军。为此要制造一批战船，并装备火箭、鸟铳等精良武器。浙江海防所需要的战船，大都拨款在福建制造。戚继光为加强沿海防务，并节省造船费用，于是亲自在浙江督造大量战船。他按照海防的需要，制造了各式各样的战船。最大的叫福船，比它小的一种叫海沧，最小的一种叫艟𫚒。

福船高大，像一个漂在海上的堡垒，可容一百多人。这种船底尖、身子宽，头朝上昂，尾上耸，设舵楼三重，帆桅二道。中间分四层：最下层装满了土；上一层为睡觉的地方；再上一层是升帆、做饭的地方；最上层是个平台。福船吃水可达一丈二尺，全靠风力在海上航行，乘风破浪，异常平稳。福船体积大，威力猛，能够撞沉敌船，这是它的长处。但是吃水深，不能在浅海航行，无风时又不能行驶，所以贼船一入浅海，福船就无能为力了。这是它的缺点。

海沧又叫海苍，吃水七八尺，风小也可航行。每条船上有船工、水兵五十三人。海沧由于吃水浅，能在浅海行驶，风小也能航行，这点比福船强。但它在大海里的威胁远远不如福船，这点又比福船差。不管福船，还是海沧，都只能犁沉敌船，不能捞取敌人的战利品，所以作战时还需别的船只辅助。

　　艟艨是由苍山船改制而来的。苍山船又叫苍船，是旧时浙江太平县地方的一种渔船。为了适应作战需要，戚继光把它改成艟艨船。它比海沧小，但比苍山船稍大，所以又称大苍山船。每船有船工、水手三十七人。如果贼船深入浅海，艟艨可以追逐，可以近攻，可以捞取敌人首级和战利品，十分方便。

　　戚继光共建造各种船只四十四艘，形成一支庞大的水师。这支军队在抗击倭寇中，屡建奇功，发挥了相当大的作用。

　　同时，戚继光很重视军民关系，严禁部下骚扰百姓。他常告诫部下：国家在沿海驻扎军队，是为巩固海防和保护老百姓的，是百姓缴粮纳税来养活军队。可是有些军队，不但不打倭寇，反而骚扰老百姓，倭寇来了，还要百姓保护他们。这是什么样的军队？国家要这样的军队何用？只有奋勇杀敌，保护老百姓，才能得到百姓的拥护，他常向士兵提起"岳家军"，"岳家军"对百姓秋毫无犯，应该以这样的军队为榜样。

　　戚继光重视将帅的表率作用，要求各级官吏身先士卒，与士兵同甘苦、共患难。每次战斗，他总是冒着生命危险，到最前线去指挥。有时前面士兵顶不住时，他会一马当先，冲入敌阵，与敌军短兵相接。平时，他也与士兵同甘共苦。

　　戚继光十分爱护士兵，士兵提的要求，他都认真地对待。他常和士兵一块聊天，问寒问暖。士兵病了，他亲自端着汤药去探病，安慰他们好好养病。士兵家里有困难，他甚至拿出自己的私人积蓄接济他们。对于贪污、克扣军饷的行为，他深恶痛绝，一经查出，严惩不贷。戚家军里，官兵关系融洽，上下非常团结。

这支戚家军，在抗倭斗争中，发挥了极其重要的作用。屡战屡捷，战功卓著，使倭寇闻风丧胆。它的威名，也永远留在百姓的心中。

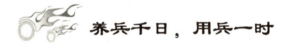 **养兵千日，用兵一时**

嘉靖三十九年（1560年）春，戚继光调任独镇一路的分守台(州)、金(华)、严(州)等处地方参将，明政府另派兵巡金事唐尧臣佐理军务。胡宗宪为了使戚继光能充分发挥所长，特地上疏请求兵部让他"久任责成"，不要随便升调，专候浙直总兵出缺，以便递补。并且，由于戚继光练兵成功，胡宗宪遂罢去过去所调的各省"客兵"，继以戚继光所练的兵，担当浙江御边的主力。戚继光也做久守的打算，一方面加紧训练新军，并大力兴造战舰；另一方面积极整饬卫所武备，加强所辖地区内的军事力量。经过一年的努力，浙江的防务大为改观。

嘉靖四十年（1561 年）三月的一天，台州城内热闹非凡。大街小巷，人流不息。他们笑容满面，三五成群地涌向海边，原来今天戚家军的大船举行出海仪式。消息灵通的人士称，这次出海的战船有四十四艘，可是大场面，不看会后悔一辈子的。

海边挤满了人。戚家军阵容整齐，等着戚继光的号令。战船排满了港口，围观的百姓不停赞叹，"这船好大啊!" "这么好的船，打倭寇该不成问题吧!"

官吏、乡绅、文人们纷纷向戚继光道贺，说几句客套话，而后祝愿戚家军早日消灭倭寇，使人民过上幸福安定的生活。戚继光春风满面，前前后后地应酬着。

出海的时间到了。戚继光令旗一摆，水军的阵形发生变化，化成四十个小方阵。他又把令旗一摇，水兵们立刻行动，冲上战船，取锚，升帆，正舵。那天风正好，帆一升起，船便乘风破浪向大海深处驶去。岸上的人们一阵欢呼。行驶不远，船便散开，排成一定的阵势，向深海驶去，那么大的一片水域，飘扬的全是戚家军的战帆。

戚继光望着远去的战船，心中有说不出的激动。自抗倭以来，从未有过这么好的形势。手下精兵四千，又有一支新型水师，对付倭寇就更有信心了。这年戚继光三十三岁，正当建功立业的壮年。

嘉靖四十年（1561 年）四、五月间，倭寇又一次大举进犯浙江。象山、奉化、宁海、瑞安、乐清诸县，中中、大嵩、桃渚、新河、楚门、健跳、隘顽话所，先后报警。倭寇骚扰地区，有好几十处。各地倭船总计不下数百艘，倭寇人数达一两万人，声势震动远近。

五月二日，倭船十六艘由象山至奉化西风岭登岸，窜至宁海县团前地方。很明显，倭寇窜扰宁海奉化的目的是想把松门、海门一带的明军主力牵制住，然后好乘虚直犯台州。可是倭寇的诡计被戚继光及时地识破了，他不动声色地做好了军事部署。在台州府、海门两地都配备了必要的兵力，另派水师至宁海外洋伏击，自己亲自统领主力军队直趋宁海，同时行文宁波驻军水陆会剿。戚继光布下了天罗地网，要严惩顽寇，全歼倭贼。

戚继光意识到这是一场恶战，决定举行誓师大会，鼓舞士气。

四千勇士列成方阵，盔甲鲜明，刀枪耀眼，十分雄壮。戚继光登上将台，手扶长剑的卫士，威风凛凛站在两旁。他目光炯炯，环视全场，有力地说："养兵千日，用兵一时。倭寇的罪行，大家都听说过。现在倭寇又来骚扰，抢占我们的土地，杀害我们的同胞，我们都是铮铮男儿，应该怎么办？我们要做的，便是奋勇杀敌。"将士们群情激奋，齐声大喊："奋勇杀贼，荡平倭寇！"

戚继光十分满意，"好！楼楠、刘意！""在！"两个将官闪身出来，"命你二人率军守卫台州城。"二人领命下去。"胡守仁、张元勋！命你二人防守海门。胡震！命你率水军驻守松门、海门和宁海以东外洋，断绝敌人海上逃跑之路。"各将领命而去。

倭寇的主力在宁海，戚继光亲率部队，兵发宁海。行军路上，戚继光接连收到战报，"桃渚告急，速来增援！""新河告急，速来救兵！""海门、松门发现倭寇！"告急文书一件件飞到戚继光的手中。原来，狡猾的倭寇得知戚家军主力去了宁海，台州一带空虚，便想乘机来犯，他们兵分三路：一路杀向台州以东的桃渚，一路杀向台州东南的新河，一路进犯台州东北的健跳。三路齐头并进，直扑台州。

戚继光一向沉着，这次却有些慌乱，多处告急，该怎么对付？分兵支援吧，不行，兵法云"备多则兵分，兵分则力弱"。况且已经分兵几处。他下定决心，要合力围歼，打速决战，消灭一处，再迅速支援别处。这是对戚家军素质的考验，战要必胜，如果进攻不力，拖延了时间，则对全局不利；行军速度要快，否则会贻误战机。戚继光分析了战斗形势，入侵桃渚的倭寇不十分强大，不必着急；而入侵新河的倭寇威胁很大，应迅速支援。

他叫来传令官，吩咐他派人前去胡守仁和楼楠部，让他们派兵增援新河。布置完这些，他把唐尧臣单独留下，告诉他一个计策。唐尧臣会意地领命而去。

新河城内十分紧张，倭寇已经杀到城外。城中百姓得知军队力量不足，纷纷拿起武器，到城上助战。戚继光的夫人挺身而出，发动妇女挽起发髻，穿上军装，列阵城上。这时唐尧臣已经赶到城内，按照戚继光的吩咐，行动起来。

倭寇气势汹汹杀到城下。远望城头，旗帜招展，士兵排列整齐，盔明甲亮，兵刃耀眼。城门楼上还有两根大旗，一个写着"帅"字，一个写着"戚"字。大旗下，稳坐一个威严的军官，卫兵侍立两旁，也都不怒自威。再远一点还有十几架大战鼓，几个壮小伙，赤着胳膊，把鼓擂得震天响。整座城池，都透着一股杀气。

倭寇头目一看情形，深感不妙，心想莫非戚继光没去宁海？如果他在这儿，就麻烦了。他又观察许久，也没看出破绽。这时，城头上的"戚继光"站起来，下令"放箭"，城上的弓箭、鸟铳纷纷开火。倭寇头见势不妙，大喊"撤"，倭寇潮水般退了下去。在离城五里的地方安营扎寨，召集军官，商量对策。

第二天清晨，探子们纷纷来报，说戚继光和他的主力的确已兵发宁海，这儿没有主力。倭寇头知道受骗了，大怒，立刻下令攻城。

调任浙江，战场上展示才华

城中人马不多，敌人攻势很猛，新河城危在旦夕。正在危急时刻，城下杀来两支人马：一支是胡守仁的援军，一支是楼楠的援军。他们接到命令，火速前来增援。

敌人没有防备，被两支队伍一冲，立刻乱了阵脚，攻城的不敢攻城，与明军杀在一起。城中见到援兵，十分振奋，开了城门杀了出来。倭寇见势不妙，慌忙溃逃。明军随后追杀，取得了胜利。

与此同时，戚继光在宁海大胜。兵贵神速，立即回兵支援新河。在路上，探马来报："新河已经取胜。只是进犯桃渚的倭寇，已经杀到精进寺了。"戚继光大惊，精进寺离台州不到二十里，必须火速支援台州。

天正下着雨，道路很难走，恶战之后又匆忙行军，士兵们又累又乏。戚继光鼓励士兵说："敌人已经到精进寺了，离台州只有二十里。如果台州失守，那就麻烦了。我们必须火速支援。我知道大家都很累，但打仗要抓住战机，提前赶到台州，便抓住了战机，我们一定要把握住。大家有没有信心？"

"有！"下面是声振天空的声音。戚继光很满意："行军！"

第二天中午，戚家军到达台州。探马来报："倭寇已经杀到离台州只有二里的花街。"戚家军连夜行军一百二十里，又累又饿，正准备做饭。戚继光说："大敌当前，饭看来吃不成了。咱们消灭倭寇，回来吃庆功宴，怎么样？"将士们振臂高呼："杀尽倭寇。"

倭寇们排成长蛇阵冲杀过来。戚继光亲自点燃号炮，指挥鸟铳手发射鸟铳。顿时，硝烟弥漫，前头倭寇倒下几十人。倭寇们对戚家军早有耳闻，碰到戚家军主力，早怕了几分。倭寇队伍有些乱，许多人在犹豫，是打还是逃？

勇士朱钰大呼一声"冲"，身先士卒，冲入敌阵。有个倭寇头正在阵前指挥，烟火弥漫，正挡住他的视线，刚看清前面的东西，朱钰就冲了过来，手起刀落，那头目立刻送命。

群匪无首，队伍更加混乱。戚继光指挥军队，掩杀上去。短兵战中，戚家军的优势得到了体现。平时训练，很注重短兵格斗的练习，经常举行演武会，表演对战本领，取胜的士兵要受到奖赏。再加上严密的阵法，高超的指挥，戚家军锐不可当，倭寇节节败退。

倭寇头见势不妙，派人冲入混战队伍，拿着许多珠宝，边跑边撒。这是他们的惯用伎俩，想趁对手抢夺珠宝时，赶快逃跑。这次他们失算了，他们碰到的是戚家军，不是以前的"客军"。戚家军将士对珠宝看都不看，继续杀敌。

戚继光大怒，号令手下："杀死这个家伙！"一个哨长叫杨世潮，手疾眼快，趁那人跑到眼前，手起刀落，结果了他的性命。

倭寇大败，戚家军从后掩杀，很快结束战斗。这一战共消灭倭寇三百零八人，生擒倭寇头两人，救回被掠去的百姓五千余人。

战斗结束后，大摆庆功宴。将士们开怀畅饮，意气风发。

这一仗打得相当漂亮。戚家军空腹作战，而能追奔逐北，大获全胜。从时间上讲，是速战速决，出战时火兵刚做饭，凯旋时饭刚烧熟；从战果上讲，敌人悉数歼灭，而自己损失极微，仅阵亡哨长陈文清等三人，可算全师而还。

虽然侵犯浙江的倭寇在这几次战斗中受到了沉重的打击，但并没有全部被歼，倭寇气焰还很嚣张。就在五月十三日这天，在健跳所的圻头登岸的另一支倭寇两千多人自烧其船，做垂死挣扎，企图南犯台州府城。十四日，倭寇大队蹿至府城东北的大田，台州又遭受着严重的威胁。

为加强台州防务，戚继光兵分三路：一路守新河，一路守太平岭，自己率一千五百名军兵守台州。

台州城只有一千五百名守军，根据探子的消息，倭寇人数远远超过自己。以少敌多，形势不利。戚继光召集军官，共同商量对策。

大家你一言，我一语，出了许多点子，戚继光把这些点子总结一下。他传出号令，约法三章：第一是不准抢功争割首级；第二是不准贪图战利品，只管冲杀；第三是不要轻杀胁从犯，能招降的就招降。

五月初五这天，一群倭寇排成长蛇阵，在匆忙行军。队伍长达二十里，前不见头，后不见尾，至少有两千人。天正下着雨，狭窄的山路被水一冲，更加泥泞难走。倭寇们又冷又累，叫苦连天，心里暗骂头儿在这么个鬼天气出兵。倭寇头脸上露出笑容："这种天气，戚继光，你肯定想不到我会出兵吧！"

倭寇继续向仙居方向移动。雨还没停，路更不好走。中午时分，来到一座高大山峰边。往前看去，山路更加崎岖，从山谷朝上看，两边乱石丛生，再往上，树林茂密。倭寇头心中一惊，这样的路，敌人要是伏击，可就麻烦了。他派探子前去探路，探子很快回来，说两边山上没有人。他心里一阵欢喜，大笑道："我想戚继光也没那么聪明，会想到我会这时来，会走这里。"于是下令继续行军。

山路曲折，往里越来越不好走。倭寇们疲惫不堪，叫苦连天。一路没碰到明军，倭寇头也放松了警惕。再往前走，出现一片开阔地。倭寇头见部下实在太累，下令军队停下，原地稍事休息。

倭寇们早就累坏了，一听要休息，一屁股坐下，也不顾地上湿不湿，其实也顾不了那么多，他们全身都湿了，再也懒得动弹。后面的队伍上来，各找一片地域，坐下休息。

他们怎么也没料到，附近的山上，埋伏着许多明军，他们正蹲在大石、树林后面，密切注视着倭寇的行踪。戚继光在一棵大树后面，默默地数数，"三百……五百……够一千了，够一千五百了。"大部分倭寇已进入埋伏圈。他果断下令："开炮！"号炮一响，喊杀声四起，声震山谷。树丛后，石头后，迅速出现许多明军，漫山遍野杀了下来。

明军先以火铳、弓箭、石头杀敌。后来列成鸳鸯阵，猛虎下山一般冲向敌群。倭寇长途跋涉，体力消耗大。很快被冲得乱七八糟，最大的一伙退到对面的小山坡上，苦苦抵抗。正在这时，背后也响起喊杀声，埋伏在那儿的明军也冲下来。同时在山上树起一面白旗，戚家军齐声高喊："放下武器，投到旗下，不杀头，不问罪！"当时就有几百人奔到旗下，缴械投降。

倭寇继续抵抗，戚家军势不可挡，很快就全歼顽敌，取得很大胜利。

戚继光带领台州军民，在新河、花街、上峰岭等地九战九捷，打得倭寇闻名丧胆，狼狈逃窜，再也不敢进犯台州了。这就是历史上著名的"台州九捷"。戚继光因此也被倭寇称为"戚老虎"，戚家军也名震天下，妇孺皆知。

同时，浙江总兵卢镗和参将牛天锡分别率军歼灭进犯宁波和温州地区的倭寇。到嘉靖四十年秋，也就是嘉靖四十年（1561 年），入侵浙江的倭寇基本荡平。

附：

明嘉靖四十年（1561 年）闰五月，福建、广东农民武装九千人分数股突入江西，江西万安、泰和、吉安、永丰、瑞金、南丰、永新、庐陵、崇仁、宜黄、临川、金溪等县相继报警。七月，"乃移檄浙江，告急制府"。十月四日，戚继光率军五千人自钱塘江乘船沿富春江溯流而上，十四日登岸陆行，直趋江西。

其时，夏季攻入江西的农民武装已循原路退走，江西境内以赣东情势最急。十月五日由福建入境的黎天明、黎天纲兄弟率七千余人，在弋阳、铅山、贵溪一带所向披靡，于贵溪板桥江附近安营扎寨，与铅山数百农民武装遥相呼应，闻知戚继光率师将至，则焚营移屯弋阳上坊。

上坊为重山之间一小镇，距弋阳城七十里许，外有马鞍岭峻峭可凭，内有金鸡峰可远眺二十余里动静，加之山道崎岖，壁垒森严，农民武装以为易守难攻，准备据险与明军相抗。

戚继光得报，先遣部将余廷法率军一支赶往铅山堵截，自率大军驰驱弋阳。

二十日夜，戚继光命胡守仁、朱文林率部为先锋，吴惟忠、陈大成各领一军为左右翼，自督胡大受、陈濠等部为中军，地方官周赞、陈仕、王时拱率乡勇助战。二更时分，各路人马衔枚分进。五更抵上坊农民武装营寨。陈大成部哨官陈子銮当先攻入，高呼："胁从平民听便，投戈自散！"当场散去千余人。黎天明亲举大旗率众迎战。不久，吴惟忠等部一齐杀到，各路夹击，明军气势大盛。双方激战至次日午时，农民武装不支，弃营退往云际岭(后离境而去)。

此役明军奔袭成功，农民武装溃散，营寨尽焚，黎天明等四名首领或斩或俘，无一得脱。

戚继光率部乘胜追击，忽有宜黄告急文书送到，大军转而西进。十一月五日抵宜黄廖坊，后又过建昌，趋南城，抵新城，昼夜驰驱数百里。农民武装闻风远避，不与接战。其余欲图江西者，闻戚家军声威，亦率众远遁。江西境内渐趋平静。

次年三月，戚继光率师还浙。

第四章

再援福建，戚家军威震敌胆

福建的倭患始于嘉靖二十七年（1548 年）。嘉靖三十四年（1555 年）后，倭寇在入侵浙江的同时，也连年入侵福建。福建的倭患日益严重。福建兵力薄弱，福建巡抚游震得上疏朝廷，请求派兵援助，于是戚继光奉命率兵入闽作战，戚继光先后被任命为兼管福建的副总兵和总兵，保卫福建成了他的主要职责。他以自己对民众的热爱，率领戚家军消灭了入侵的倭寇，为保卫国家的领土主权和福建人民的生命财产立下了不朽的功勋。

福建第一大捷

戚继光转战浙江的几年中，福建的倭患也十分严重。福建毗邻浙江，倭寇在进犯浙江的同时，也不时地骚扰、寇劫福建沿海地区。特别是倭寇在浙江地区受到沉重打击后，便乘船南下直逼福建。

可是福建的沿海防御系统由于承平日久，缺乏建设，卫所空虚，军务废弛，军队不堪一击。漳州和泉州巡检司的弓兵缺额在百分之五十以上，镇海卫缺额更达百分之七十以上。

各水寨的士卒更是逃的逃、死的死，兵员严重不足。烽火门水寨原额四千〇六十八人，当时只剩一千〇六八人；小埕水寨原额四千四百〇二人，只剩二千〇一十九人；南日水寨原额四千七百人，只剩两千一百四十三人；浯屿水寨原额三千四百二十九人，只剩一千九百六十一人；铜山水寨原额一千八百一十二人，只剩六百二十人；玄钟水寨原额一千一百三十三人，只剩六百五十五人。而且水寨的军用设备也严重不足。如铜山水寨原有战船二十只，却只剩一只；玄钟山水寨原有二十只，只剩四只；浯屿水寨原有四十只，只剩十三只。即使是所剩的战船，也因年久失修，多不能出海作战。

嘉靖二十七年 (1558 年) 夏，原来据守岑港的倭寇突围南遁，侵入福建，攻破福清，知县叶宗文被俘；又攻惠安，知县林咸率兵击倭于鸭山，陷伏战死；倭寇分犯同安、长乐、漳州、泉州各地。第二年夏，新倭又大批涌到，先攻福宁 (今霞浦县)、连江、罗派，流劫各乡，随后进攻福州，未得逞，转破福安；另外，骚扰广东的流倭则往来于诏安、漳浦之间。

嘉靖三十九年 (1560 年) 以后，倭寇由于在浙江受到沉重的打击，因此在福建的活动更加猖狂，北至福宁，南至漳、泉，沿海千里，几乎无地无倭舱，无地无倭窟。这时，一支倭寇结巢于宁德城外海中的横屿，另一支倭寇结巢于福清的牛田，官军经年坐守，不敢进击，福建的形势，岌岌可危。福建巡抚游援得向明政府告急，请求派浙兵援助。明政府接受了这个请求。于是胡宗宪乃派戚继光领本部兵六千人及都司戴冲霄部一千六百人，于嘉竭四十一年 (1562 年) 八月入闽剿倭。戚家军自温州出发，由海道抵平阳，再自平阳取旱道入闽。一路上纪律严明，给久受官军骚扰的福建人民留下了良好的印象。

军队临行前，戚继光就制定了战斗策略。他一贯认为：打仗要争取先机，要进攻。防守被动而不自由，进攻才能达到战胜的目的。戚家军已有六千人，战斗力很强，他坚信：凭他的队伍，可以打败任何一支倭寇。他了解到，倭寇在福建有几个大的巢穴，如横屿、牛田、林墩等。他决定主动出击，拿下这些巢穴，这样才能断了倭寇的后路，最终取得胜利。

八月初，戚家军开到宁德，驻扎在那里，准备收复横屿。

戚继光怀着报国酬民的愿望，率部开进福建，他在《纪事》诗中写道：报国志酬民恨雪，艰虞此意更谁知？

戚家军一路上"号令金石，秋毫无犯"，百姓都说"始见仁者之师矣"，争相馈饷。戚继光率领戚家军马不停蹄，一进入福建，便打响了收复横屿的战役。

横屿在宁德县城东北二十余里，是海中的一个小岛，离岸约十里，和大陆隔着一片浅滩。潮来时，一片汪洋；潮退后，都是烂泥。倭寇在岛上安营扎寨，筑起坚固的防御工事，打算长期盘踞，作为四处抢劫的根据地。他们依靠险要地势，根本瞧不起明军。明军如果用水进攻，万分困难；如果用船进攻，又有搁浅的危险，简直拿他们毫无办法。岛上有倭寇一千

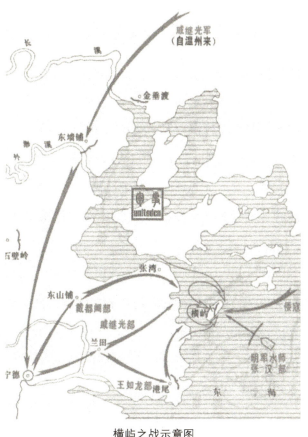

横屿之战示意图

多人，另外加上分散在宁德、福清境内的倭寇一万多人，彼此呼应，力量不可忽视。

戚继光拜会了福建巡抚游震得，把作战计划告诉对方。游震得素

闻戚继光的大名，对其十分佩服。他对打仗不大懂行，听说要打横屿，十分吃惊，说："横屿有什么可打的，上面不就八九十人吗？"戚继光向游震得解释半天，他才明白过来，表示全力支持戚继光，让其放开手脚抗倭，只要开口，他就着手安排。戚继光很感动。

军队休整几天后，戚继光开始动员收复横屿。忽然探马来报：前方不远有个张湾镇，镇上有许多奸民，经常和倭寇勾结。他们听说戚家军要收复横屿，知道饶不过他们，便组织起来，打算与我们决一死战。

长期的战斗实践中，戚继光十分清楚"上兵伐谋"的道理。对于敌人，用计谋打败他们，尽量避免自己的损失，是最上等的策略。对于这些奸民，他认为不应该攻打，而应该收抚。

第二天，张湾镇的主要街道都贴上了告示。四周围满了人，议论纷纷。不识字的凑上去，问写的什么。原来这是一张"安民榜"，上面的大意是"凡是与倭寇勾结的人，其罪都免，再不追究。并希望他们能以民族利益为重，不与官兵作对"。那些与倭寇勾结的人都不想与戚家军为敌，但不知戚继光说话算不算数，是否真的不再追究他们。于是决定先派一个人去试探试探，如果真的不受追究，他们决定从此再不与倭寇为伍；如果有假，是戚继光的圈套，他们就联合起来，和戚家军作对。

一个叫李十板的人被派去见戚继光。一见面，就双膝跪倒，诉说了自己的罪行，并表示从此悔过自新。戚继光扶起他，说："与倭寇为敌，大家都活不下去。有些人和倭寇为伍，只是混口饭吃。没事，我不怪罪你。你回去告诉其他人，说我戚继光说话算数，只要你们悔过自新，绝不与你们为难。"李十板十分感动，回去告诉了那些人。那些人心中有愧，自动解除了武装，有些人还愿意帮戚继光杀倭寇，李十板自己就成了戚家军的向导，出了许多计谋。戚继光不费一刀一枪，瓦解了两千多人，表现了战略战术的日益成熟。

戚继光带着李十板和一些卫兵，到海边勘探地形。他问了许多情况，如岛上有多少倭寇，倭寇的据点如何分布，兵力布置等，李十板一一做了回答，戚继光对岛上情况有了初步的了解。

他又找来一些有经验的渔民，询问了潮汐规律和气候、风向变化等情况。对这一带的情况有了深入的了解，破敌的计策也形成了。

戚继光又一次拜见游震得，刚好汪道昆也在那儿。汪道昆是胡宗宪的同乡，浙江抗倭时与戚继光交往甚密，这次重逢，非常高兴。

戚继光大事在身，寒暄几句后，开门见山地说："巡抚大人，我需要十万斤稻草，你能替我解决吗？"

"你要那么多稻草干啥？"游震得不解地问。

戚继光上前，冲他耳语几句，游震得的脸上露出微笑。一旁的汪道昆不解地问："什么事这么隐秘？"

戚继光哈哈大笑，把计划告诉了他，汪道昆连连点头："好计，好计！"

戚继光周密部署，一切按计而行。士兵们原地休息，等待作战命令。

八月初八是小潮的日子。戚家军从张湾镇出发至关田渡，原地严阵待命。戚继光把手下军官叫来，指着对面海岛说："这次战斗，敌人早有防备，必是场恶战。并且我们趁落潮时登岛，如果不能消灭敌人，潮起时，战船也过不去，那时后果就不堪设想了，所以今天是破釜沉舟，背水一战。当然，这个行动很冒险，需要坚强的意志，需要很大的胆魄，如果诸位没有信心，这个险就不必冒了。"

众将听了，十分激动，纷纷说："我们千山万水来到这里，为了什么？我们能在这个时候胆怯吗？"

戚继光故意说："有这样的胆子当然好，可我就怕大家心有余而力不足。"

众将群情激奋，争先表示愿意以实际行动证明戚家军的威名。

戚继光见士气如此高昂，暗自欢喜。他接着说："好！那么我们准备进攻。我为你们擂鼓助威。"并且晓谕全军："潮水涨落，分秒必争。只许勇往直前，不准犹疑回顾，违令者斩!"

戚继光的儿子戚耿平任先锋官，首先带领队伍出发。行至麒麟山下的官门嘴山口时，戚耿平想知道父亲所在的中军是否跟上来，就回头朝张湾方向回望。跟在后面的将士以为先锋有令传达，不觉脚下一顿。戚继光发觉，立即询问是什么原因停步不前，中军回寺良说：是戚先锋回顾所致。戚继光大怒，命人将戚耿平绑至马前，斥责道："你身为先锋，带头违令，如何叫三军将士服从军令。"

于是下令按军法就地问斩。身边部将纷纷说情，都无济于事。结果，戚耿平在大路边被斩首示众。

后来戚家军扫平了横屿倭巢，又南下福清（今福建福清）继续追剿倭寇。一次战斗间隙，戚继光登上连江吼虎山（今属福建闽侯），想起爱子被斩于宁德张湾村头，不禁伤心泪下。后人在他曾立足思念爱子的地方建起一座六角凉亭，取名"思儿亭"。而宁德张湾百姓则在当年戚耿平被斩的地方立"恩泽坛"石碑，以永远纪念戚继光斩子的大义之举和戚氏父子剿倭保民的恩泽。

随后，潮退了，露出浅滩。远望横屿，隐隐可见倭寇的旗帜和堡垒。进攻的鼓声响了，戚继光和十几个壮小伙，脱了外衣，使劲擂鼓，鼓声隆隆，传出老远。每个士兵都背一捆稻草，摆成"鸳鸯阵"，在咚咚的鼓声中前进。遇到烂泥就铺草垫路，即使这样还是不好走，泥太软，一不小心便会掉到泥里去，士兵们只好在草上爬着走。鼓声一停，他们就休息一下，鼓声再起时，继续前进。

逐渐接近岸边。倭寇们早有准备，沿山麓布成阵势，还有大批倭寇在巢穴的木城边守卫，戒备森严。戚家军将士很清楚，这次是背水一战，只能进，不能退。吴惟忠部最先上岸，他们的任务是攻打木城。登岸之后，人人奋勇，向敌人杀去。陈子銮、童子明的部队也上了岸，他们向南冲杀。陈大成军队也上来，直向敌军冲去。岛上一片混战，天空被硝烟和尘土弥漫，喊杀声和战鼓声掩盖了大海的涛声。

担任断绝敌军后路的王如龙见主力部队已登岛，看见明军和倭寇相持不下，心里焦急，立即率部随后赶到，投入战斗。明军声势大振，合力猛攻。倭寇阵势乱了。

吴惟忠部点火焚烧栅栏，岛上冲起一道道浓烟。倭巢着火，倭寇人心浮动。众将见吴惟忠部已经得手，便从四面合围，向中心突破，很快控制全岛各处要道。倭寇见大势已去，到处乱窜，企图逃命。戚家军乘胜追击，共消灭倭寇二千六百余人，夺回被掠百姓三千多人。不到一天时间，戚家军收复了被倭寇占领长达三年之久的横屿。消息传出，福建人民欣欣鼓舞，倭寇胆战心惊。

农历八月十五，戚家军凯旋进入宁德县城。百姓们张灯结彩，既为欢庆胜利，又为庆祝中秋佳节。这晚，天空如碧，明月皎洁如银。戚继光为庆贺胜利，与将士们共同赏月。可惜军中无酒，戚继光就口授《凯歌》一曲，命令士兵传唱。戚家军将士慷慨激昂，打着拍子，

再援福建，戚家军威震敌胆

同唱《凯歌》：

> 万人一心兮，泰山可撼。
>
> 惟忠与义兮，气冲斗牛。
>
> 主将亲我兮，胜如父母。
>
> 干犯军法兮，身不自由。
>
> 号令明兮，赏罚信。
>
> 赴水火兮，敢迟留？

声音豪迈雄壮，响彻天空。众将士在欢快中度过了中秋节。

在此次战役中，戚继光"纡筹策而允合于机宜，冒矢石而深入险阻"，再次展现了他既有拼杀之勇，又有运筹之谋。

"戚老虎"名震四方

按照胡宗宪的指示，戚家军本应在横屿战后返回浙江，但戚家军在横屿战场上英勇杀寇、所向披靡的雄姿使参战的福建官民叹为观止。他们都想凭借戚家军的力量快速平息福建的倭寇，于是极力挽留戚继光。

监军王春泽是福建人氏，也希望自己的家乡早日太平；另一监军汪道昆在义乌做过知县，便以老知县的身份劝说士兵，戚家军中的义乌兵感激他的德政，也愿意继续留在福建；再加上汪道昆与胡宗宪是徽州同乡，且有一定的交情，便写信给胡宗宪请求让戚继光继续在闽剿倭。信中说："将军戚者，在浙则浙重，在闽则闽重……"胡宗宪应允了汪道昆的请求。于是戚继光留在了福建，并迅速筹措补给，积极备战。

在宁德度过中秋节后的第二天，戚家军向南进发。大军经过罗源、连江，到达福清县城。福清县内有倭寇近万人，盘踞在县城以东的上薛、西林、木岭、葛塘、新塘、闻读、牛田等处，巢穴络绎三十余里，声势逼人，福清一带百姓惶惶不可终日。

当他们得知明军向福清方向推进后，便与通倭的山贼结合，将主力驻扎于牛田 (今福建福清东南龙田一带)，并在杞店、上薛、西林木岭、葛塘、新塘、闻读等地建立分巢。于是倭巢"形如弈布，势若长蛇，络绎三十余里"，这些巢穴处于半岛与大陆的连接处，东为福清湾，东南为海，南为兴化湾，只有北面和西面与陆路相通。占据此地，倭寇既可以相互声援，抄袭明军侧后。一旦战败，还可以从海路逃跑。而杞店之倭还把通往西、北的道路挖成堑壕，与沟汊相通，以阻止明军进攻，这就给明军的进攻带来了很大的困难。

戚家军到达福清，百姓奔走相告。戚家军刚进福建，就在宁德打了个大胜仗，百姓们早有耳闻。现在戚家军开了过来，老百姓觉得有盼头了。

牛田在福清县城东南三十里，是倭寇在福建最大的巢穴。牛田一带地势异常复杂，再加上参加作战的军队成分混杂，既有戚继光的戚家军，又有浙江军队、福建军队，以及从外地调来的客军，还有福建地方的乡勇，作战过程中，非但不易相互配合，还有可能出现相互争功的情况，这些因素对于作战是十分不利的。

但是牛田是福清县内最大的倭巢，离海很近。如果拿下牛田，便可以切断倭寇的入海口，形成关门打狗的局势，也可以给别处的倭寇以威慑力量。考虑到这些，戚继光决定首先攻打牛田。

福清县也有驻军，戚继光把当地驻军的军官，还有自己手下的将领都请来，一同商量对敌之策。最后，戚继光与众将歃血为盟，宣誓说："凡在打仗时观望不出力的、抢夺财宝的、争夺功劳的、嫉妒有功者，都与此血酒相同。"说完一同饮下。

戚继光派人出去扬言："我军远来，先要休整一番，等待时机，不会着急打仗的。"倭寇们听到这话，放松了警惕。

戚继光暗中部署军队。戚家军承担主攻牛田的任务，当地守军承担配合、牵制的任务。戚家军兵分三路：一路由都司戴冲霄率领，从仓下进攻；一路由戚继光带领，由锦屏山进攻；另一路一部分埋伏在林木岭，防止倭寇偷袭，一部分守住田原岭、上迳等处，切断倭寇归路。

当夜二更时分，戚家军暗中出兵，士兵们轻装前进，禁止发出声音。他们悄然行军，一路过去，只有狗叫了几声，百姓们一点也不知道有支大军正路过他们的村子。

接近杞店贼巢，杀死十多名哨兵，将倭巢团团围住。倭寇正睡大觉，毫无防备。王如龙用肩托着朱钰、金科，两人爬进寨门，把门打开，戚家军一拥而入。有的倭寇还没从梦里醒来，就成了刀下鬼。倭寇们狼狈逃窜，有的只穿条裤衩，有的提着裤子，十分滑稽。士兵们到处冲杀，倭寇纷纷投降。这是个小巢穴，战斗很快便结束了。

抗倭名将 戚继光

戚继光把队伍带到锦屏山，安营住宿。忽然探子来报：倭寇知我军一夜未睡，趁我军正在休息，前来偷袭。戚继光立即命令哨官赵记、孙延贤、勇士朱钰等带领几百弓箭手、火器手，埋伏在倭寇必经之路上。

五更时候，果然有一队倭寇过来。骑兵在前，步兵在后，大约有七百人。一进入埋伏圈，戚家军的弓箭、鸟铳一齐发射，倭寇死伤很多。戚继光率大军前来掩杀。倭寇又遭惨败。

戚继光指挥军队，乘胜直捣牛田。王如龙中路猛攻，一路连端上薛、闻读等地倭巢，直逼牛田。牛田倭寇闻讯，列阵出营，准备厮杀。戚家军大部队很快杀到，战斗迅速展开，杀声震天，倭寇纷纷败退。这时，戴冲霄部队从仓下赶来，堵住倭寇去路。倭寇孤注一掷，拼力杀向戴冲霄部队，试图杀条血路，逃入海中。戚家军没给敌人任何可乘之机，倭寇成了笼中困兽，明军获得了巨大的胜利。可惜由于扼守田原岭等处的另一路兵麻痹大意，使西林、木岭的倭寇突围逃走，以致没能够将敌人全部歼灭。

但是，胜利是巨大的，这一役除了争取了几千名胁从分子（大都是明朝的海盗、流氓）投诚外，还杀死敌人六百八十名，夺获器仗三百六十九件，救回被掳男女九百五十四人。经过这次战斗，倭寇的凶焰大受打击，福清境内暂告安宁。

戚家军几乎战斗了一整天，战斗结束，天色已晚，遂在锦屏山下营。第二天，释放被敌人俘虏的男妇、察看受伤人员和验过功级之后，部队以金鼓为前导，缴获的倭寇兵器和倭寇的首级排列其后，队伍整齐，金鼓齐鸣，凯旋入城。巡抚游震得亲自率布政司和按察司的官员到郊外迎接。部队到演武场列好倭器和倭级，游震得亲自观看和行赏。

这时场内旌旗蔽空,士民迎贺。他们说,多年盘踞的倭寇,一日之间扫荡干净,这都是戚将军的功劳。遂命画师为戚继光画肖像,建立祠堂,供奉起来。戚继光则说:"上有总督掌握全面,中有护军运筹调度,下有地方接济粮饷,冲锋陷阵的有士兵,我在中间任职,靠的就是他们,不要赞誉我而伤害了士卒的心。我世世代代受国家的恩养,即使是出了一点力,也不足以报答国家的恩德,又有何功可言?怎敢受祭祀?"厚赏之后,戚继光送走了画师。从这里可以看出戚继光是何等的谦虚。在当时的情况下,作为一个将领能够做到这点实在是难能可贵的。这种有功不伐的品格,也正是他能够成为名将的原因之一。

这一仗打得十分漂亮,前后只用了十几个小时,歼灭敌人六百多,自己却无一阵亡。这在战争史上恐怕也是少有的。究其原因主要有两条:

一是部署得当。对于分散于各个据点的敌人,戚继光不是用自己的兵力同时去进攻他们,而是首先攻击敌人的右翼;对右翼的敌人也是采取各个击破的办法来加以消灭。这就使总兵力上并不占优势的明军,在具体的战场上则占绝对的优势,从而能稳操胜券。

在部署上,还有一点就是考虑得十分周到。整个部署既考虑到进攻,又考虑到防守和防敌逃窜。这个部署如全能落实,不仅使自己立于不败之地,而且能够全歼敌人。遗憾的是担任堵截的福建军队,没有真正担起自己的责任,疏于戒备,让敌人跑掉。

二是指挥高明。这一战役主要是三次战斗:奇袭、伏击和乘胜追击,一气呵成。"兵者,诡道也。"如果戚继光不是按照这个原则办事,当福清人民哭着请求进军时说了实话,那就不会有奇袭。如果得不到敌人要偷袭的情报,或者得到情报而没有高明的对策,就不会有对偷袭敌人的伏击。如果只是伏击而不能当机立断，扩大战果，就不会有后来的乘胜追击。戚继光在瞬息万变的情况下，抓住稍纵即逝的战机，追击敌人，扩大战果，终于取得全胜。所有这一切都反映出戚继光指挥的高明，实在是了不起。

当戚家军高唱凯歌，敲着战鼓，抬着战利品，热热闹闹地向县城进发时，沿途百姓夹道欢迎，有的把平时家里都很少吃的好东西塞给士兵，士兵深受感动。

离城还有几里，就看见前方以福建巡抚游震得为首出城迎接的人群，他们敲锣打鼓，把戚家军迎入城中。这一天，成了福清人民的节日，也是戚家军的节日。

福清人民十分感激戚家军，他们纷纷写文章、写诗歌颂英勇的军队。戚继光的美名也在福建传扬出去。

林墩之捷

逃往惠安的倭寇因为那里野无所掠，缺乏粮食，无险可守，加上其胁从多是福清人，不愿远出，特别是他们感到戚家军远道而来，不可能留在福建，遂又窜回兴化 (今福建莆田)，盘踞在林墩 (今莆田东南黄石镇的林墩)。

林墩四周河渠环绕，附近几公里内密布着纵横交错的中小河流。水路交通十分方便，但陆路行军则多有不便。它东面是兴化湾，非用水师不便接近；北面靠木兰溪，只有经过宁海桥 (今莆田东南黄石镇的桥兜)，才能与外界相通；南面只有一条通黄石的大道；西北也只有一条须跨过若干沟渠的小路通向兴化府城。离开这些道路，陆路难以接近林墩。倭寇窜踞林墩后，除把所有胁从派出侦察明军情况外，巢内尚有狡黠的倭寇四千多人。他们利用这个易守难攻的有利地形，列栅固守，并拆除通往兴化府小路上的桥梁，加强南北大路的防守。

牛田战后，戚继光的部队驻在福清，派出侦察人员，了解牛田漏网之敌的行踪。九月十二日，得知敌在林墩后，立即率军启程，急行军七十里宿营于烽头、江口 (莆田东北江口)，离敌三十里下营。戚继光考虑到敌人是惊弓之鸟，如果得知大军南下，有可能北走宁海桥，再次窜入内地，如果真是那样就很难捕捉到敌人，因此应以迅雷不及掩耳之势进击敌人。遂确定了如下部署：把总张谏、叶大正、金科、曹南金等兵一千六百人，以中军王辅、百户张元勋辅助，于十三日到达涵头 (今莆田东涵江)，十四日拂晓前秘密进到宁海桥，堵住敌人可能窜入内地的通路；并闻战鼓声即沿大路向林墩进攻，配合主力夹击敌人。

亲督把总吴惟忠、胡大受、陈大成、陈子銮、王如龙、童子明等约四千人，经兴化迂回到林墩以南，沿黄石大路向林墩前进，并于十四日拂晓发起攻击，与北路军协同夹击据守林墩之敌。

戚继光所率领的部队主力于十三日晨从江口出发，为隐蔽自己的意图，没有直接奔兴化或林墩，而是偃旗息鼓从间道绕道到囊山寺 (今莆田东北江口镇西偏北囊山寺)，再到兴化府城。当时有人主张部队驻在城外，戚继光认为，敌人的奸细较多，如果进入城内住宿，敌人会认为我军不会马上进攻，如果在城外野宿，易于暴露自己的进攻意图。

于是部队整队入城至演武场。当时参政翁时器正在兴化，也到演武场迎接。他以戚继光远道而来，不便催促进兵，只是问戚继光："将军作何打算?"戚继光回答说："追穷寇和打刚来的倭寇不一样。刚来的倭寇人多势众，打时不能急迫，要做好准备，堂堂正正地对付他，使其嚣张的气焰不能得逞。而对付惊弓之鸟，慢一点他就跑了，追逐的态势自然不同。所谓的'拙速'，所谓的迅雷不及掩耳，就是今天的形势。"这时天色已晚，同样是为了隐蔽自己意图，对于人马所需的一切，都等明天再说。

这天，戚继光非常忙碌，他穿戴整齐，拜会名流，出席宴会，不像恶战在前的样子。别人问起抗倭的事，他就说几句表面上的话，很少提日后打算，要不就是几句"不忙，不忙"。人们都以为戚家军要在此长驻，等待时机。这正是戚继光的高明之处，这种做法使倭寇放松了警惕。

这天半夜，正在百姓家睡觉的士兵忽然被一阵铃声惊醒。受过严格训练的士兵知道，这是集合的铃声，他们很快起身，吃过饭，到武场集合。一会儿，第二遍铃响，士兵们已集合完毕，准备出发。

战马摘了铃铛，蹄子用草或布包上；士兵穿着轻便衣裳，把武器捆结实，以免发出声音。这么大的队伍悄悄出了城。人们都在熟睡，谁也没料到部队已经开始行动。倭寇更是一无所知。

这时明月当空，可以看出好远。戚继光怕被敌人哨兵发现，计划失败，令士兵原地休息。月亮落下去，天黑了起来，部队继续行军。

林墩倭巢，四周水沟纵横交错，地形极为复杂，只有两条路可走。一条为正路，名叫黄石大道；另一条为西洪小路，中间有一座小桥，叫宁海桥。戚继光计划从黄石大道进攻。快接近倭巢时，意外的事发生了，向导不见了。戚继光意识到坏了，向导投敌了。

这时才发现队伍已走进西洪小路，四周都是有淤泥的水渠，路很窄，很难走。戚继光大为气愤，催促士兵赶快行军。路途更加艰难，东方发白时，才逼近倭巢，而这时倭寇早已发觉，战机早已错过。

戚继光下令进攻，战斗开始，倭寇利用有利地形打得十分顽强。戚家军连夜行军，体力消耗大，再加上地形不利，攻打好久也没攻下。在战斗中，屡立战功的哨官周能壮烈牺牲了。

正进攻间，后队突然乱起来。原来倭寇熟悉地形，绕到戚家军背后进攻。敌军气势汹汹，戚家军有些抵挡不住，纷纷后退。戚继光飞身上去，挡住士兵们的退路，大喊一声"再后退者，斩！"哨长刘武依旧后退，戚继光手起剑落，把他杀了，"再后退者如他下场！"形势还是不妙，士兵们还是后退，戚继光十分气愤，连杀十四名士卒，"大丈夫为国捐躯，宁死阵前，不死阵后，怎能这么没骨气！"队伍这才稍稍稳定，士兵们振作精神，拼死反击。双方短兵相接，展开肉搏战，倭寇有些招架不住了，开始溃败。戚家军士气更加高涨，奋力追杀。倭寇们四散而逃，落水淹死的不计其数。倭巢很快攻下，戚继光指挥军队追杀，追到黄石一带，收兵而回。这一仗取得了很大的胜利，救出被掠百姓两千一百多人。

这次作战全歼了敌人，获得了很大的胜利，究其原因主要有这样两条：

一是因形措胜，处理得当。因形措胜是作战的一个根本原则，戚继光处理得十分得当。他根据林墩所处的河网地形，在兵力部署上采取沿大路进军、南北夹击的打法。这样一则进军方便，兵力可以充分展开，一则使敌人腹背受敌，既分散其兵力，又使其难以逃脱。

二是奇袭与强攻相结合。在具体打法上，戚继光力求用奇袭歼灭敌人，因此他采取了多项措施，隐蔽自己的企图，以达到出其不意的效果。但当奇袭没有取得应有的效果时，又转而用强攻，"死战以败之"，即使付出一定的代价也在所不惜，从而获得胜利。在取得决定性胜利之后，对残敌穷追不舍，终于彻底歼灭了敌人。

此次作战也有引以为鉴之处，这就是进军匆忙，对地形了解不够，

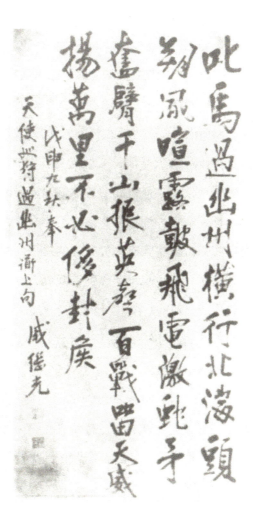

戚继光手迹

因而上了通倭向导的当。由于上向导的当，戚继光事先设想的兵力部署落了空，给这次作战带来了很大的困难，甚至一度陷入危局。虽然由于戚继光的机智指挥转危为胜，但付出了前所未有的代价，阵亡六

十九人之多。

戚家军出城时，城里居民没有察觉，直到捷报传来，大家才知道戚家军已经出兵，并且打了胜仗。老百姓扶老携幼，出城十里迎接。

牛田和林墩两次胜仗，共歼敌三千名左右。凯旋进城时，百姓出城远迎，送上的彩旗和慰问品塞满了街道。戚继光拒绝对他个人的祝贺，说："士兵们伤亡，我怎么忍心接受庆贺！"他亲自看望伤兵，安慰他们好好养伤。士兵们望着这个平易近人的主帅，眼里充满了泪水。他安排专门人员，做好阵亡将士的抚恤工作。

安葬士兵的大墓前，戚继光身着素衣，神情庄重。他眼中含泪，声音呜咽地说："众位兄弟，你们远来自浙江，为了抗倭大计，和我一起南征北战。你们之中有多少英雄好汉，为杀倭寇耗尽了力，流尽了血。我们戚家军为有你们这样的汉子而骄傲，戚家军的将士忘不了你们，这里百姓也忘不了你们。我以万分崇敬的心情，以手中这杯薄酒，告慰弟兄们的亡灵。"他跪了下去，拜了三拜。后面的军兵跪了下去，百姓也跪了下去，许多人已经泣不成声了。戚继光端起一杯酒，洒在墓前的土地上。

十月初一日，戚家军班师回浙。初三，到福清城。戚继光染病，咳嗽，谢客在衙署休养，令福清县备马把受伤的士兵送往省城，分三拨送完，达数百人。初五，东营（今福清东南龙田东东营）地方报告，有倭船一艘约三百余人，在葛塘地方登岸并屯驻。

戚继光立即部署剿除，部队前行十里，得报又一艘倭船约三百人已寇牛田，离明军甚近。戚家军遂立即对其发起攻击，全歼了这股倭寇，斩首一百五十余级，包括他们的头子双剑潭。战后戚家军再入福清城。实际这两艘倭船只不过是倭寇的先头部队，倭寇陆续到来。而这时戚继光的部队一个月内四次作战，伤病较多，且士兵思归。他本想整顿一下队伍，歼灭来犯之敌。但除去伤病之后，只剩三千人，而陆续接到报告登陆的倭寇已有万余。

汪道昆在福清的西楼宴请戚继光，想再鼓舞士气，进攻倭寇，但他也感到战士太疲劳了，有些难色，问戚继光该怎么办。戚继光说："我率领不过六千的士兵，转战千里，一月四捷，现在伤病居半，筋力已竭。倭船已有数十艘到达，新倭超过万人。驱疲兵以当新寇，无异于驱群羊以搏猛虎。从现在军情来看，只有补充数千新兵，才能歼灭来犯之倭。我想现在回到浙江请兵，明年春天再来剿灭此倭。您现在只有实行坚壁清野来等待了。"

汪道昆听到这些，有些难色。戚继光看出来了，就接着说："总督胡公与公是同乡，平素又看重公的才干，而且公又是义乌老知县，义乌民众对公的德政仍怀感激之情。公再次向胡公请兵，不会有什么困难。我把现在这些士兵晋升为头目，让他们招募相识的强壮者，可迅速得到两万人，那时几个月内就可平定这些倭寇。现在要尽快班师，以安慰士兵回归之心，以使他们将来愿意重返此地。我不怕死，愿追随公殉国。"

汪道昆对戚继光这番话深表同意和赞成。他三次举杯向戚继光敬酒，三次向戚继光下拜。这在明以文制武的机制下，恐怕是少见的。戚继光深深被打动了。他拿出了一对精致的宝剑，自己留一把，把另一把赠送给汪道昆，以此共同砥砺灭倭。其实在此之前，二人书信往来频繁，相矢要担负起消灭倭寇的重任，成了志同道合的朋友。

十五日，汪道昆去省城。十六日，戚继光率军从福清出发回浙。当地百姓哭着拦在路上，请求戚家军不要走。戚继光只好安慰父老说：

再援福建，戚家军威震敌胆

"不要害怕，我不久还会再来。"

十七日，戚继光到了省城，受到百姓、乡绅以及文武官员的热烈欢迎。诸官员同戚继光登上平远台，为他摆上庆功酒，又鉴于戚继光功高不伐，遂由汪道昆写了功名勒于平远台上。铭曰："乃建元戎，显允戚公，万夫之雄；……昔也寇虐，民有沟壑，邑无聚落。王师至止，保我妇子，家室伊始，炎方既同，赫赫元戎，奏尔肤功。"

据传当天在宴会上，戚继光喝醉了，至今在福州的于山上仍有作为纪念的醉石。在于山上，还有20世纪30年代郁达夫歌颂戚继光的《满江红》，词曰：

> 三百年来，我华夏，威风久歇。
>
> 有几个，如公成就，丰功伟烈。
>
> 拔剑光寒倭寇胆，拔云手指天心月。
>
> 至于今，遗饼纪征东，民怀切。
>
> 会稽耻，终当雪；
>
> 楚三户，教秦灭。
>
> 愿英灵永保，金瓯无缺。
>
> 台畔班师酹醉石，亭边思子悲啼血。
>
> 向长空，洒泪酹千杯，蓬莱阙。

十一月初一，戚继光从福州出发返浙江。汪道昆随着也出发去见胡宗宪。但胡宗宪在南京户科给事中陆凤仪弹劾下于十一月七日被逮入京。戚继光率军到金华时听到这一消息后，他浮想联翩，心灰意冷。他想起是由于胡宗宪的推荐，他才任宁绍台参将；是胡宗宪在他被撤职之后，最为困难的时期，给予他信任，令他率领主客兵战台州，取得一个个胜利；是胡宗宪不信谗言，事事给予他支持；是胡宗宪支持他募兵义乌，建立了一支战无不胜的军队；是胡宗宪推荐他为台金严参将，使他获得了著名的台州大捷；又是胡宗宪上疏朝廷，留他在浙江，准备提他为副总兵。他多么希望胡宗宪再给他支持，使他募兵后重返福建前线，大歼倭寇。

他把胡宗宪视为知己，所以他想："胡公北辕，浙无知己，计必不行，颇悔初念，欲际新中丞未至，乞病东还。"他不想干了，打算以病为由，乞求解甲归田。这时汪道昆在建宁（今福建建瓯）也得到了胡宗宪被逮至京的消息，写信给戚继光说："臣子荷国厚恩，无以有己。胡公往，即不得尽如夙所期，顾恶忍坐视闽赤子之荼毒？浙之行，义不可止也。"

戚继光手捧汪道昆的书信，感动地洒下热泪。他说："南明公不忍负闽赤子，予可负知己乎!"他重新振作起来。这时朝廷革去了浙直总督不设，而以赵炳然为浙江巡抚。赵炳然不肯让浙兵入闽。戚继光和汪道昆多方奔走，还是戚继光的老朋友、当时任台金严兵备金事赵大河给了他们帮助，赵大河对戚继光说："只有把我带的兵分给你，才能办成此事。"这样才使戚继光和汪道昆原先的打算变成现实。

对于横屿、牛田、林墩等的战功，明廷直到嘉靖四十二年（1563年）六月才查勘完毕，"升戚继光署都督金事"。

再援福建，戚家军威震敌胆

 平海卫大战告捷

戚继光率部队回到浙江后，游震得上奏御倭三事，其一为："浙江温处与福宁州接壤，实倭夷出没之地，而一时将官莫贤于参将戚继光，宜进继光为副总兵兼守其地，而于福宁州添设守备一员，隶继光节制，仍令募兵三千，以备战守。"于是明廷于十二月，任命戚继光为副总兵，分守温州、处州、福宁、福州、兴化地方。

福建倭寇得知戚家军已回浙江，奔走相庆："戚老虎已经走了，我们还有什么可怕的。"这时，大批倭寇分成四伙：一伙停泊在宁德的云淡门；一伙驻屯兴化的江口诸村；一伙流劫同安、南安商县，并围攻福清；一伙自漳州窜扰沼安。福建沿海地区，无不惨遇荼毒。

嘉靖四十一年（1562年）冬，倭寇六千人包围了兴化府。福建巡抚游震得再次向朝廷告急，请求援兵。朝廷考虑到戚家军刚刚班师，需要休整，便派广东总兵刘显率兵增援。刘显准备不足，只带七百人来。兵力太少，人马疲乏，刘显不敢轻举妄动，把军队驻扎在离兴化三十里的江口桥。明军逗留不前，军中虚实很快被倭寇探知。

刘显想和城内取得联系，派八个士兵前去送信，不幸士兵路上碰

见倭寇，被杀掉了，信也落入了倭寇手中。狡猾的倭寇让人换上士兵的服装，带上伪造的书信，进了兴化城，说刘显打算今晚率兵进城，希望城里不要敲警报，不要点火，不要发出声音，以免惊动敌人。守城的军官比较糊涂，信以为真，便解除了戒备，等待刘显军队进城。

夜深了。那几个混进城的奸细冲上城头，杀死了守城的军兵，把大门打开。外面埋伏的倭寇蜂拥而入。城中军队还什么都不知道，街上一片混乱，还以为是刘显的部队进城来了。倭寇迅速占领城中各要地，不久控制整个兴化城。坚守一个月的兴化城就这样被击破。

倭寇盘踞兴化城两个多月，屠杀百姓，强奸妇女，无恶不作，犯下滔天罪行。到第二年二月二十一日，才自动退出。他们又在崎头构建巢穴，都指挥欧阳深率兵追剿，中了敌人埋伏，壮烈牺牲。倭寇又乘势攻占平海卫 (在蒲田县东九十里)。

消息传到北京，朝野一片震惊。自从倭寇大规模扰闽浙以来，府城被攻陷，这还是第一次；明军视敌如虎，不敢进攻，让倭寇在城内横行两个多月，这也太有失天朝大国的风度了。皇帝大怒，下诏罢免福建巡抚游震得，改由因父丧去官的谭纶担任，总督福建军务，统一指挥福建抗倭斗争。又提拔俞大猷为福建总兵，协助谭纶扫荡倭寇。又下令戚继光火速支援福建。

新任福建总兵官俞大猷于嘉靖四十二年 (1563 年) 二月间赶到福建，招收漳州农民武装六千人，在平海卫附近和刘显会师。俞军驻秀山，刘军驻明山，距贼营三四里路。两军画地凿沟，以待戚家军。

戚继光回浙后，就向朝廷上《议处兵马钱粮疏》，请求招募新兵，配备粮饷器械。朝廷鉴于福建倭患严重，立即同意了戚继光的请求。兴化府陷落后，戚继光于嘉靖四十二年 (1563 年) 二月再次到义乌募兵，十六天内得壮士万余人。三月初立刻与兵部副使汪道昆率兵面下福建，一路上边行军边训练。

嘉靖四十二年（1563年）四月中旬，戚继光抵达福清后即致信催促新任巡抚谭纶赶往前线，统领三军，避免联合作战中发生政令不一，贻误战机的事情。

盘踞平海卫的倭寇五六千人，见戚家军大军压境，十分恐慌，急忙逃往海岛。七日夜，狂风大作，倭寇乘船逃跑，遭到许朝光部队的袭击，一部分倭寇乘黑夜脱逃，另一部分逃到渚林南面的许家村，依靠地势，打算死守。十日，戚家军在东停（兴化府城东南）扎营。戚继光当天就到平海卫前线视察，回营后立刻拜访俞大猷、刘显，和他们取得联系。

五月十一日，在家处理丧事的新任福建巡抚谭纶，日夜赶到渚林，立刻召集戚继光、俞大猷、刘显，共同商量抗倭之策。戚继光主动提出："俞将军、刘将军在此已拒敌数月，这次主攻，应当由我担任。"谭纶同意了。作战计划定下来，戚继光中路进军，正面进攻，刘显军为左路，俞大猷军为右路，三路军相互配合。另外，军中悬赏冲锋银两万两，奖励立功的将士。

五月十二日，深夜四更天，戚家军以哨总胡守仁为前锋，戚继光督后队，悄然行军。走到五党山一侧时，下令原地休息，等待月落，到黎明时进攻。月亮西移，天渐渐暗下去，再到后来，雾上来了，并且越来越浓。戚继光自语道："天助我也。"下令行军，在大雾掩护下，逼近倭巢，而后四面包抄，将倭寇围了起来。这时敌人尚未察觉。

忽然一阵震天的鼓声响起，进攻开始了。戚家军垮过壕沟，砍破栅栏，奋勇直前，向倭营猛攻。倭寇们被鼓声震醒，迷迷糊糊起来，戚家军就已经冲了进去。有一百多倭寇骑兵比较利索，骑着马挥着倭刀冲了出来，还没靠近明军，就被鸟铳兵打得狼狈不堪，十几个倭寇滚落马下，有的战马受到惊吓，四处乱窜。倭寇吹起角螺号，命令步兵出战。戚家军发起冲击，双方展开肉搏战。近距离作战是戚家军的特长，他们组成"鸳鸯阵"，与倭寇展开搏斗，十二个人像个整体，持狼筅的、持长矛的、持盾的各得其用，长短配合，很容易杀死敌人。敌人的弓箭和长枪，盾牌可以挡住，敌人冲过来，狼筅可以抵挡；进攻更便利，狼筅就是很好的杀敌武器，长枪长，可以刺中远处的敌人，刺不中时，持短兵刃的可以冲上去。这种"鸳鸯阵"弄得敌人十分头痛，节节败退。

正恶战间，右边俞大猷部，左边刘显部一齐杀到，三路合围，倭寇更是只有招架之功，没有还手之力。他们逃到许家村大巢里，准备死守。

明军追到许家村大巢，将其团团围住，在四面放火。最后，倭巢被攻破，倭寇们有的被烧死，有的被杀死，也有狼狈逃命坠崖而死的，几乎全军覆没。明军收复了平海卫。第二天，大军凯旋进入兴化。这是继横屿、牛田、林墩三大战役后的又一次巨大的胜利。共歼敌两千二百多人，救出被掳百姓二千三百八十名。

这时，有一股倭寇盘踞在闽北政和、寿宁一带，想南下和平海卫倭寇合流，窜至宁德、连江境内，戚继光率兵北上迎击，又全歼这股倭寇，救出被掳百姓三千多人。

平海卫大战的捷报到达北京，明世宗非常高兴，特地举行了一次隆重的告谢郊庙的典礼。为什么皇帝会对这次的胜利表示出这么大的重视呢？原来，明朝自以为是天朝大国，对日本一些小国是瞧不起的。

再援福建，戚家军威震敌胆

但堂堂大国疆土，却被倭寇任意骚扰，居然还攻入兴化府城，并且那么大的福建，竟无人敢对倭寇用兵，眼睁睁地看他们烧杀抢劫，然后从容退出府城。这真是明政府的一大耻辱。这次胜利给明政府挽回许多面子。另一个原因是这次胜利收复了广大地区，也挫伤了倭寇的嚣张气焰。所以明政府才特别重视。

在这次战斗中，戚继光率领的戚家军担任中路军充当主力，起到中流砥柱的作用。而作为戚家军主帅的戚继光更是劳深百倍，功及千秋。谭纶上疏评平海卫大捷时说："(戚继光)鞠躬尽瘁，用兵如神……岂止当今之虎臣，实为振古之名将。"朝廷也因此为戚继光连升官职，并可荫子为原卫所正千户。

 以寡敌众开先河

经过平海卫以及连江、宁德等一系列战役，在嘉靖四十一年（1562年）冬到达福建的倭寇万余人已基本被消灭，倭寇受到了沉重的打击，但是倭寇入侵福建地区的隐患依然存在，而且许多地区仍有小股倭寇在流窜，因而福建的形势并不容乐观，更不能掉以轻心，于是在谭纶的支持下，戚继光着手对福建地区的沿海防御系统进行整顿，以保证福建全境和人民的安全。

福建原有的防卫系统已朽败不堪，无法担当防御倭寇的大任。此次戚继光重新调整，以戚家军作为镇守福建的主力，仅以原福建地区的防卫兵作为配合力量。鉴于戚家军的官兵几乎全是浙江人，守卫福建有诸多不便，又考虑到将士的思乡之情和倭患有所缓和等因素，戚继光将戚家军一万多人分成两班，每班六千四百人，轮换守卫福建。他把六千四百人分成八营，在福建南、中、北三路设防，每路驻两营。南路驻漳州、泉州，负责福建南部地区的防卫工作；中路设于福清，主管福建中部地区的防守；北路驻福宁 (今福建霞浦)，负责福建北部地区的防守工作；剩余两营由戚继光统率，作为机动兵，防备紧急情况并联络救援于各路。

水路方面，除海上防御外，又增修战船九十二艘分给各水寨，以增强水寨的战斗能力。这样，继浙江之后，戚继光在福建地区也建立了从南到北连绵不断的海防防御工事，极大地壮大了福建地区的海防力量。

夜已深了，戚家军帅帐内，灯火依旧通明。卫士们手执刀枪，四周巡逻，保卫主帅的安全。帐内，一盏灯笼下，有一个大的案几，上面堆满了东西，有军事地图，有战报，有各地来的公文，还有些书信。案几边有张大椅，戚继光坐在上面。他正盯着一张地图看，手边的一个文告明白地写着："倭寇在福清、泉州、漳州、兴化等地登陆，共战舰六十八艘，人数两万左右。"原来，平海卫之战后，倭寇们遭到很大的打击，但并没遭到致命的创伤。不久，那些回国的倭寇，利用带去的珠宝财物，引诱来更多新倭寇，倭寇势力大增。

戚继光陷入深深的思索之中。他的部下连年征战，几乎没有休息的时间。战士又不是钢铁做的，能不累吗？他曾问过手下士兵："最想干什么？"他们说："最想打完仗好好睡几天。"戚继光心里清楚，即使是这么简单的要求，他也没有真正满足过。士兵们连年奔波，苦苦征战，往往行军到哪里，只要不打仗，倒头就睡，有时就睡在雨里，睡在泥里，士兵们确实也没睡过几天安稳觉。戚继光看在眼里，觉得对不住士兵，可为了抗倭大计，他又能怎么办？

他手边还有许多告急文书，"泉州告急，请予援助！""漳州发现大批倭寇！""兴化告急！"，等等。戚继光还记得，那时是多么着急，那时怎么苦苦思索，后来估计敌人已经分兵，便分派陈大成、王如龙、胡守仁、金科等得力干将去剿匪。也忘不了送行的场面。他们虽是上下级关系，但情同手足，这是在多次战斗中形成的情谊，特别真挚。他们很少不在一起作战，而这次，却没有戚继光的随行。远征前，依依惜别，他们说："大帅，你放心，我们一定能扫平倭寇，咱们戚家军个个都是好样的！"戚继光送走他们，却怎么也放心不下，他派出联络官，带去他的命令，带去他的慰问，带回他们的消息，带回他们的问询。

当然，这些部下没有让戚继光失望，没给戚家军抹黑。他手边就有许多他们的捷报。一个月内，水军陆军都高唱凯歌，捷报十二次，消灭倭寇三千人。戚继光是多么高兴，戚家军在他的指挥下，屡战屡胜，现在没有他现场指挥，戚家军照样打胜仗。这说明手下的将领都已成熟，他练将的目的达到了。

戚继光眉头紧皱，他在担忧什么呢？他时常挑灯到深夜，因为许多事都不能不让他操心。他想起那次泉州战役时，派人向广东求援，以共剿倭寇，而广东方面以种种理由，拒绝出兵。戚继光能不着急吗？

他知道，他们怕削弱自己的势力。这样的事出现过好几次，因为这，战斗更加艰难，许多本该早就结束的战斗拖了好久，造成不必要的伤亡。还有，比如调运粮草物资等事上，许多地方官不予支持，使戚家军的战斗力受到了一定的影响。

这些事上，戚继光是无可奈何的。从官秩上讲，他虽然在平海卫战后从都督佥事晋升为都督同知，但职位不过是个副总兵，他还没有这样大的权力，使他的命令在他所防守的闽浙部分地区内通行无阻。

戚家军抗倭用的炮

手边还有一个报告，说军中瘟疫横行，一千多名士兵已病倒。戚继光时常去探望他们，这些士兵，远离家乡，水土不服，又有疾病缠身，该多么痛苦！戚继光能做的，就是拿出尽可能多的药，尽可能多的关心去安慰他们。

戚家军因战斗伤亡，疾病困扰，长期作战，战斗力急剧下降。现在可以打仗的只有五千人，是来时的一半。这还不是他最着急的，他最着急的是，倭寇不再分散行动，正在秘密集结，估计不久就要有重大行动。戚继光很清楚：倭寇聚集起来，绝不下一万，攻城略地，后果会十分严重。他能调动的只有五千人，数量上就处于劣势，所以单凭自己的部队是不行的，应调动别的部队。调动别的部队应该有相应的权力，他的副总兵职位是没有这种职权的。苦苦思索之后，他下定决心，向朝廷要权力。

他给谭纶写了封信，说明了眼下的困难和要权的必然性，请求谭纶支持他。随后又给朝廷去了奏折，请求政府给他统一指挥浙江福建军务的职权，并把管理、调度的权力交给他。谭纶也上奏折，推荐戚继光，希望能委以重任，让他施展千里之才。

军情危急的局面下，谭纶的奏折很快有了效果。嘉靖四十二年（1563 年）冬天，戚继光被任命为福建总兵官，镇守福建全省及浙江金华、温州二府地方，兼顾水陆军事务。

不出戚继光所料，十一月二十一日，倭寇聚集二万多人，围攻仙游县城。仙游县官陈大有，还有典史陈贤、白岭巡检司巡检殷功等官员率领全城百姓，拼死守卫。

兵贵神速，戚继光亲自督阵，戚家军兵发仙游。同时，谭纶也率兵赶来。二人把军队驻扎在离仙游二十余里的俞潭铺和沙园一带。戚继光调的另外几支队伍还没来，只有戚继光和谭纶的军队六千人，敌我力量悬殊，不宜决战。

中军帐中，戚继光和谭纶正在商量对敌之策。谭纶说："兵不厌诈，敌众我寡，不能让敌人看出我们的虚实。咱们应实行扰兵之计，派小股人马骚扰他们，令他们坐卧不宁，造成假象，迷惑他们。"

"这是好计，可这股扰兵必须勇敢善战，否则有去无回，还算什么扰兵。"戚继光说。

"这样吧，咱们挑选五百勇士，让他们暗中接近倭巢，寻机骚扰。"

"好，就这么办吧。"戚继光沉思一下，说，"我们应尽量分散敌

抗倭名将

戚继光

人的兵力，所以想让前来的胡守仁和蒋伯清的部队抢先占领附近的铁山。他们依据险要地势，和倭寇相持，可分去敌人许多兵力。"

谭纶点头称是，说："福宁一带的倭寇又在蠢蠢欲动，如果趁我们防守空虚，攻打省城怎么办？"

"咱们调兵一支，让监军汪道昆率领，返回福州防守，就没事了。"戚继光说。

"如果进攻仙游，兴华、闽江、闽北的倭寇来增援怎么办？咱们必须派兵守住要道，才能切断倭寇之间的联系，这样就可以专心对付仙游的倭寇了。"谭纶说。

于是谭纶下令，调动各路军队把守要塞。一路追剿闽北的倭寇，以防止他们深入。一路防守闽江、兴化，防止倭寇偷渡。这样，围攻仙游的倭寇成了一支孤军。

第二天，戚继光到仙游城附近观察敌情。他站在一座小山上，向敌营望去。倭寇营地铺天盖地，漫山遍野，把仙游城围了个严严实实。倭寇正拼命攻城，疯了一样，下来一批，又上一批，十分凶猛。城头士兵勉强应战。戚继光早得到战报：城中火药短缺，少数守城官兵胆怯、动摇，形势十分危急。

巡视回来，戚继光立刻派遣自己的亲兵一百八十人，趁黑夜轮流往城里送火药；另外派兵一支，进城协助共同防守。他又下令，军队前移，驻扎到离倭寇更近的石马。石马一带遍地丛林，戚继光四处安排人马摇旌旗，擂战鼓。丛林之中，看不清虚实，只听到战鼓声声，只见旌旗飘飘，似有千军万马，倭寇们惶惶不安。他又故意调动军队，使敌人更加迷惑。倭寇素知戚家军的厉害，戚家军不主动出击，他们探不清虚实，也不敢轻举妄动。这些疑兵之计，使倭寇不敢再四处抢劫，给守仙游城的官兵也减轻了许多压力。

仙游城已经被围一个月了，几乎天天都有战斗，双方伤亡很大。

十二月二十日，倭寇发起猛烈的进攻。他们抬着竹牌、木梯等攻城工具，直逼城下。城上军民奋不顾身，坚决抵抗。倭寇见城上防守严密，便集中全力攻打城西北的水关，那里的防守比较弱。倭寇砍倒木栅栏，冲破土城墙，蜂拥爬城。守城勇士陈二、林志宽眼见倭寇快要爬上城墙，冲上去挥刀砍杀，不幸被鸟铳打死。一时间，一部分倭寇已经爬上城头，后面的倭寇凭着木梯也源源不断地爬上来。如果不及时把这股倭寇赶下去，仙游很快会陷落。勇士刘君芳、吴育、丘世修等拼死守住自己的阵地，和敌人展开血战。特别是刘君芳，身体已负伤多处，鲜血染红了战袍，不知是敌人的血还是自己的血。他奋勇冲锋，一连砍倒好几个倭寇，吓得倭寇不敢再往上爬，纷纷沿梯后退。刘君芳最后终因流血过多，牺牲在城墙上。勇士李以仁等拼死冲到城外，焚烧敌人的竹牌、木梯，敌人阵势大乱。戚家军乘机在石马大放鸟铳，擂战鼓，大声叫喊，倭寇以为大军来到，不敢再战，退回营地。仙游暂时得到解救。

谭纶下令，全境兵马都由戚继光统一指挥。让他尽快部署战事，全面反攻，以彻底歼灭倭寇，解仙游之围。

当时围攻仙游的倭寇结为四巢，分别盘踞在仙游的东、南、西、北四门外面。戚继光决定先并力进攻南巢，然后再乘胜扫荡其他三巢之敌。整个兵力，作如下的布置：以守备王如龙率部为中左路，代理守备胡守仁率部为中右路，两军共取南巢。把总陈濠率部为右翼，取贼东巢。游击李超率部为左翼，取贼西巢。把总金科等率部为大营正兵，专备策应。指挥吕崇舟（《年谱》作吕崇周）、副总兵金文秀领标兵一支同都司郭成部下苗兵四百张疑兵于铁山，以牵制北巢之贼。代理把总傅应嘉统本部兵取道西岭，从背面抄击西巢倭寇。

嘉靖四十三年（1564年）一月八日，大军分道出发。王如龙、李超部开至新岭扎营，胡守仁部开至天光岭扎营，陈濠部开至水沟扎营。这天夜里大雨不停，路上没有一个行人。第二天黎明，大雾弥漫，对面不见人，各路军队自营地出发，摸索前进。

这天，仙游城下，战斗正紧。倭寇推着八座"吕公车"，缓缓前进。吕公车是一种十分厉害的攻城工具，高出城墙一丈多，可以容纳一百多人。车子的前面、左面、右面都包了几层东西，有竹片、有木片、有棉毡，既不怕刀枪，也不怕火器。几百倭寇在吕公车的掩护下，离城墙越来越近。城上士兵不停地放火铳、放箭，可一点用也没有。车子靠近城墙，高处立刻放下梯子，搭在城墙上，倭寇沿梯子而下，转眼之间，城上多了许多倭寇，到处猛冲。倭寇不断地拥上城头，仙游城危在旦夕。

正在紧要关头，戚家军如神兵天降，从东西两边及时杀到。城上军民精神一振，奋勇争先，与倭寇展开肉搏战。

攻城倭寇见势不妙，停止攻城，向戚家军冲去。中左路王如龙直冲倭寇南巢，中右路密切配合，一起猛攻。敌人支持不住，退回巢穴，坚守不出。戚家军砍断栅栏，杀个缺口，冲了进去。一边冲杀，一边放火，倭巢成了一片火海。死伤无数，戚家军已明令不准争割首级，只管继续杀敌。残敌支持不住，向东巢逃窜。

胡守仁率兵掩杀，和陈濠兵一同夹击东巢。东巢建在仙游大道上，狡猾的倭寇在这一带处处设伏。童子明率军杀到虎啸潭时，不幸中了埋伏，全军覆没。童子明部的失利并没有影响到这边的战斗，其他各部英勇杀敌，不久攻破东巢。

与此同时，王如龙取下南巢后，乘胜直取西巢。西巢势力较弱，很快被攻破。东西两巢的倭寇突围出去，和北巢合兵一处，企图垂死挣扎。

倭寇们惊魂未定，忽见南方杀来大队人马。正中"戚"字大旗和"帅"字大旗迎风招展，旗下有一威风凛凛的将军，骑一乌骓马，他就是戚继光。两旁将士盔明甲亮，威风八面。倭寇最怕戚家军，更怕"戚老虎"，今日见戚继光亲自来，早已吓得胆战心惊。戚继光手中马鞭一指："金科，冲！"金科听到命令，立即率手下勇士，向倭寇阵营冲去。倭寇再无斗志，四散而逃。

戚继光端坐马上，哨兵来报，西巢也已攻破。他望着破败的战场，死尸一片，火光一片，心中不免感慨。他看看士兵们，因为恶战，现在还在激动不已。戚继光下令："回城！"明军吹起胜利的号角，整队入城，受到城中百姓热烈的欢迎。

仙游之捷是以戚家军为主力的明军在继平海卫之捷以后所取得的又一次重要胜利。过去，戚继光剿平倭寇，往往以众取胜，一战成功；而此次却是以寡敌众，获致全胜。计划的周密，行动的准确，节制的精明，在戚继光所指挥的历次战斗中是十分突出的。这次胜利，充分体现了戚继光的军事指挥艺术和戚家军英勇善战的精神，成为戚继光抗倭史中的一个范例。谭纶上疏为仙游之捷的官兵请功赏时也用这样的话，"用寡击众，一呼而辄解重围，以正为奇，三战而悉收全捷。……盖自东南用兵以来，军威未有如此之震，军功未有若此之奇者"，给了这次战役极高的评价。

随后，戚继光又亲率大军追剿南遁之倭。嘉靖四十三年（1564 年）

二月，大败倭寇于同安县的王仓坪，不久又破倭于漳浦县的蔡丕岭。两次共斩敌三百多级，缴获敌仗九百多件，解救被掳民众三千多人。残倭继续南窜，进入广东界内。自此，"倭寇不敢复窥八闽"，福建倭患渐轻。

为防止倭寇在春汛期间再次大规模侵扰福建省，戚继光又对福建的海防作了新的部署。此次部署以水陆并防为指导。在陆路上，自北朝南，将军队部署在福建省的五个重要沿海城市，即福宁（今霞浦）、连江、福州、泉州、漳州；水路上以水兵分驻五个重要水寨：烽火门、小埕寨、南日寨、浯屿寨、铜山。五个陆上城市和五个水寨构成陆、海两道防线。水寨负责海上拦截、打击来犯和逃亡之倭，一旦海上倭寇登陆，陆兵则将其歼灭。这样福建的海防更加巩固了。

福建倭寇被荡平后，当地百姓无不欢欣鼓舞，称戚继光为再生父母，有词为证：

石马冈，塞草黄，岛夷如蚁戈如霜。孤城岌岌祸巨量，将军赫然怒，洒泪誓戒行。伊余有事在边疆，愿与百雉俱存亡。朔风动地吹沙场，卷甲宵驰石马冈。

战南城，捣连营，蠢尔倭奴方打城。将军从天下，军声如雷轰。招摇焯耀，稀摩震惊，三面崩溃，万姓欢迎。谁不曰，吁嗟乎，戚父生我。

再援福建，戚家军威震敌胆

实现倭患平定的愿望

吴平，福建诏安县梅岭人。早年投靠倭寇，充当内奸，在广东潮州地区烧杀抢劫。后来，他又纠集了一大批无业流民、海盗，自成一支，最后发展到匪众万人，战船百艘，与潮州倭寇相互照应，横行福建、广东边界达五六年，成为霸居一方的大汉奸、大海盗。

嘉靖四十三年（1564年）夏，福建残倭逃往广东潮州一带，与广东倭寇结合起来，当时潮州有倭寇两万余人，与吴平相为犄角，在闽广交界处盘踞长达五六年之久，使广东潮州地区的倭患异常严重。

这年夏天，广东总兵俞大猷、参将汤克宽等领兵消灭了侵扰潮、惠一带的倭寇两万余人，吴平陷于孤立。秋天，吴平接受了俞大猷的招抚，俞大猷将其遣送回原籍安置。

十一月，吴平回到了诏安梅岭。表面上接受了招抚，可暗地里却招揽海盗流亡之徒，聚众万余，并不断地练兵造船，修造战船达百余艘，企图东山再起。戚继光得知这种情况，决定先下手剿灭吴平。

嘉靖四十四年（1564年）二月，戚继光给老战友俞大猷去信，相商两面夹击、水陆并进，以彻底消灭吴平。

为做好围歼吴平的思想准备，戚继光深入将士之中，鼓舞士气。一天，他到漳州巡视部队。士兵围住他，有的问："现在倭寇都消灭了，是不是可以放几天假了？"有的问："当兵就是为打仗，现在不打仗了，我们去干什么？"

　　一个叫艾虎的说："谁说不打仗了，海盗头子吴平横行不法，我们怎能不打仗呢？"

　　戚继光吃了一惊，没想到士兵中还有这么深谋远虑的人。他问道："你叫什么名字？"

　　艾虎听了，以为自己说错话了，有些慌，但还是说出了自己的名字。戚继光说："艾虎，好，说得好，我们确实还要打吴平。"听了将领的称赞，艾虎才放下心来。

　　这时，戚继光语气沉重起来，说："各位弟兄，大家都是浙江人，远离家乡跟我南征北战，我感激不已。大家天天奔波，实在太辛苦了。现在倭寇基本消灭，应该给大家放假，家里有困难的，可以回去，孝敬父母，照顾妻子儿女，这才是人之常情。可是，天下并没太平。梅岭的吴平网罗败类万人，到处抢劫。如果不消灭他，他会勾结倭寇，不几年，倭寇又卷土重来，到那时，我们还要打仗，说不定比现在还辛苦。所以我们要一鼓作气，全歼敌人，这才是上策。我们还要继续打仗，还要打吴平。"士兵们听了，纷纷点头，表示愿随主帅，尽全力消灭吴平。

　　吴平得知消息，提前将家属、财物等转移到船上。戚继光抓紧部署军队。他命傅应嘉率水师开至梅岭外海。陆兵由戚继光带领，兵发梅岭。梅岭是吴平的一个根据地，他打算坚守，但他的部下不争气，组织性不强，战斗力也不行。在水陆两军的夹击下，吴平逃离梅岭。

再援福建，戚家军威震敌胆

由于春汛快到了，为防倭患，戚继光只派水师傅应嘉追剿。四月，傅应嘉与汤克宽合力击吴平于大潭澳，缴贼船二十余艘。月底，傅应嘉率师回闽。

六月，吴平率众驾船百余艘窜回福建，并大肆掠夺闽南沿海。梅司傅应嘉、把总朱玑和协总王豪统领战船四十六艘泊于玄钟 (今福建沼安东南梅岭镇悬钟) 等处防备吴平。吴平为报复明军，围攻玄钟，朱玑、王豪被俘，战船也被掠去十三艘。傅应嘉只好退回铜山 (今福建东山东北)。吴平乘胜回广东并占领南澳岛，在岛上筑土堡、木城，立木栅据守，不时四处劫掠。

水师两总被俘，十三艘战舰被掠，事态异常严重，在朝廷眼里吴平已绝非一股的海盗，而是集"山贼"、海盗于一身且与倭寇狼狈为奸的逆民贼子。所以朝廷便责令福建、广东的巡抚、总兵并力夹剿吴平。

南澳岛在广东饶平南的大海中，地处闽粤交界处，是倭寇由闽入粤的咽喉，东西长四十余里，南北最宽处二十里。岛上森林茂密，四周有深澳、隆澳、云澳等重要港湾，可以停泊船只，吴平的大本营设在深澳。深澳地势尤为险要，入港处水道狭窄，小船只能鱼贯而入，若敌固守此港只需少量兵力即可，且可达到"一夫当关，万夫莫开"的功效。南澳所处的地理位置，无论是航渡还是登陆，都困难重重。

七月中旬，戚继光率部万余人、战船三百余艘，到达漳州。不久戚继光再次致信俞大猷，迅速率军队前往南澳，两军会合。但广东方面尚未准备就绪，无法如期赶到，请求延期。于是，戚继光决定单独行动。

八月初一，为鼓舞士气，戚继光在月港 (今福建龙眼) 誓师。同时再次征集渔船五百艘，储备粮食三千余石，以供长久之计。

八月十五日，戚家军水军进抵南澳，击退挑衅敌船，并将其船五艘击沉，敌军舰船全部退回港内，死守港口。戚家军以渔舟载石沉塞港口，令敌船无法出港逃窜；戚家军的兵船环列在深澳港对面烈猎屿、宰猪、竹栖及大沙等澳水域，从海上完全封锁了南澳岛，敌人成了瓮中之鳖。

九月十六日，戚继光率陆兵至饶平柘林。柘林是南澳通往福建内陆和广东北部的跳板，为防止吴平部由柘林逃窜，戚继光要求漳州知府调集乡兵防守柘林以北，饶平知县调集乡兵防守柘林以南。

戚继光又亲自乘小船出海，察看南澳地形，决定以南澳龙眼沙作为登陆点。龙眼沙位于南澳西，距敌巢深澳三十里，这里不仅地势平坦，防守也不甚严。而且占领龙眼沙后，可以迅速在此建立阵地，然而再向前推进，就能将敌人一步步逼向绝路。

回去后，戚继光对渡海、登陆进行了周密的部署。此次部署，戚继光不但对兵船的航渡序列、登陆前的准备、登陆时的战斗队形等做了翔实的安排，甚至把各种可能发生的情况都考虑到了，如战船的坚固程度、武器的安全系数等。他把军队分为左、中、右三路，每路都有冲锋正兵和接应奇兵。另外设立"老营"，以督后阵。各路兵分乘船只，按照编好的次序出发。事情的发展都在戚继光的预料和掌握之中。

九月二十二日，一连几十天的飓风戛然而止。天刚亮，戚继光亲自督促士兵浮舟渡海，在龙眼沙登岸。部队一边登陆，一边搭建木栅城，作为阵地。一切都进展得十分顺利，海滩地带全被戚家军控制，滩头阵地到第二天已完全建好，而且也已得到巩固。

二十三日，吴平以两千余人设伏诱战，戚家军出兵迎战，结果吴平军一触即败，溃不成军，死伤数百人。

二十五日，吴平亲率大军反攻。戚继光一面派兵迎击，一面令人散发檄文，劝告胁从分子放下武器，既往不咎，敌人军心动摇，戚家军趁势奋力猛攻，大获全胜。吴平率众落荒逃回老巢，再也不敢主动出战。正是这一天，俞大猷统领参将汤克宽、镇抚许朝光分乘舰船三百余艘白海门兼程赶到，明军声势大震，而敌则是失魂落魄，固守巢穴。戚、俞会师后，立即对作战部署重新做了安排，俞大猷负责水师，戚继光统领陆军，水陆并进。

接着又是一连几日的飓风，无法出兵作战。十月十四日飓风停息，大军决定第二日出击。

十五日天微明时，戚家军就开始行动了。战船载着陆兵渡海，在龙眼沙登岸成功。登岸地点山深林密，处处有吴平设置的障碍物。戚家军保持高度的警惕性，一面伐林开路，因地结营；一面严待以待，防备偷袭。大队人马陆续登陆，海滩一带被戚家军控制，老营一登岸，就修了木栅栏城。第二天，冲锋兵也修好木栅栏城。滩头阵地很快就建立而且巩固下来。

十月月末，又是几天飓风，海中卷起山一般的巨浪，大军无法出击。二十七日，风平浪静，兵士们都在积极做进攻准备。第二天早晨，戚继光率领陆军，俞大猷率领水军，合力向南澳岛展开猛烈的攻势。陆军首先登陆，以雷霆之势直取吴平老巢，左路军攻打敌人身后，右路军攻敌东边。贼寇们四散而逃，贼巢、贼船都被烧毁。吴平带领八百人坐小船四十艘，死里逃生。

吴平残部狼狈向潮州、饶平地区流窜，沿途受到当地人民一系列沉重打击。不久，逃到雷州 (今雷州市)、廉州 (今合浦县) 一带，又被傅应嘉和汤克宽部队击败。吴平走投无路，投海自杀。

嘉靖四十五年（1566年）春天，戚继光奉命监管潮州、惠州二府及神威营（在江西南部）戎务，这样戚继光管辖的地区包括浙江的金、温和福建的福、兴、漳、泉、延、建、邵武、福宁，广州的惠、潮二府以及江西的南（安）、赣（州）二府。他负责防守的地区更大了，任务也更重了。

新的任务给他带来了新的困难，但是戚继光并没有畏缩。这年冬天，他向明世宗上疏，针对广东地方存在的种种弊端，提出许多建议，看来他是想大干一场

吴平死后的一年多时间内，浙江、福建、广东等省戚家军防守的地区里，除零星小股的流倭偶然骚扰外，再也不像以前那样有大股倭寇猖狂入侵了。到这时候，东南沿海各地倭寇，经过沿海军民十几年的艰苦奋战，以及戚继光、俞大猷等抗倭将领的共同努力，基本上平息了。

戚继光二十四岁走上山东抗倭战场，就立下了"封侯非我意，但愿海波平"的宏图大志。历经十四年的艰苦转战，他的足迹踏遍了山东、浙江、福建、广东四省沿海。他率领戚家军，屡战屡胜，令倭寇闻名丧胆。十四年之后，在中国的疆土上，倭寇终于销声匿迹，戚继光的宏愿实现了。

这年，戚继光三十八岁，已是一个威严持重的将帅。他把目光移向了中国北方，期待在那里大展宏图。

第五章

接受北调，为国家鞠躬尽瘁

隆庆元年（1567年），戚继光离开战斗了十几年的南方，遵从皇帝的命令，来到北方御虏前线。他首先提出了御虏方略，然后又克服种种困难，落实他的御虏方略，使北部边防得到了前所未有的巩固。

翻开人生新篇章

明朝在嘉靖时期，不仅东南沿海的形势紧张，就是北方边境的形势，也经常处在紧张的状态中。

我国历史上的鞑靼，即东蒙古；另一支蒙古人住在鞑靼的西面，叫瓦剌，即西蒙古，位于今天的内蒙古地区。到15世纪末，鞑靼的有名首领达延汗，用武力统一了东蒙古各部。由于他们当时主要过着游牧生活，许多必需品都仰给于塞内，所以迫切需要和汉人通商。在达延汗统治期间，鞑靼和明朝保持了长期的朝贡隶属关系与和平贸易关系。不过也有一些蒙古大封建主如火筛等，不受达延汗约束，屡扰汉族居民，杀掠人畜。

明世宗嘉靖二十二年 (1543 年)，达延汗逝世，东蒙古全境分为几十个独立领地。达延汗长子的子孙继承可汗 (明朝人称作"小王子")位，统率左翼；第三子的后裔统率右翼。当时在隘担诸部中，势力最强的是右翼中的俺答 (即阿勒坦汗)，他拥有十多万骑兵，领地在今呼和浩特一带，靠近长城。俺答汗曾屡次要求和明朝互市，明政府以蒙古诸封建主忽和忽战、反复无常为理由，一再拒绝了他的要求。于是鞑靼的骑兵，便不断进攻明朝。

嘉靖二十九年（1550 年），鞑靼部落首领俺答汗率军进犯北京，由于明朝的卫所军朽不能战，大批军队龟缩在城内固守，不敢出战，听凭鞑靼骑兵在京畿一带大肆抢掠，然后将城外的民房和商店全部烧毁，从容北撤，这就是"庚戌之变"。

嘉靖四十一年（1562 年），历史上有名的昏官严嵩被罢免官职。不久，昏庸的明世宗在嘉靖四十五年（1567 年）年初也死去。新即位的明穆宗朱载垕改国号为隆庆，他还比较开明，意识到国家所处的危险处境，决心采取策施改变这种不利局面。加强北方防御力量是很重要的问题。他采纳了给事中吴事来的建议，打算把在南方抗倭斗争中屡建奇功的谭纶、俞大猷、戚继光调到北方，以训练边防军，抵御鞑靼骑兵。

![明穆宗画像]
明穆宗画像

调令传到南方，南方政府都不大愿意。谭纶、戚继光、俞大猷都是名震东南的名将，如果一齐调走，势必会削弱南方的军事力量。他们纷纷上书，请求朝廷不要将他们一齐调走。

明穆宗答应了他们的请求，决定只调谭纶一人。谭纶上任之后，目睹北方防务的松弛。长城年久失修，处处破烂不堪，几乎失去了防御功能。各地军营年久失修，非常破。士兵们纪律松弛，许多都是老弱残兵。这样的条件，这样的军队，怎能防御鞑靼铁骑？谭纶深深意识到，北方的军队太差了，和戚家军、俞家军根本没法比。要使北方防务坚固，必须有一支强大的军队，所以当前最重要的就是训练军队。

在训练中，他发现了更多的困难，靠他自己一人很难克服。他想起了好友戚继光才华出众，擅长练兵，把他调来，肯定会帮自己的大忙。他立刻上书朝廷，请求调戚继光到北方，帮助练兵。朝廷答应他的请求，立刻下了调令。

北方蓟州（今河北蓟县）一带，是戚继光年轻时数度戍守之地，他对这一带情势是非常熟悉的。后来他虽然调往浙江，十余年来驰骋在东南御倭战场上，可是心中却一直没有忘记北方。他总是向往于"革车二千，练骁万余，甲兵效万""兴十万之师""出塞千里"，打一场大仗，做出轰轰烈烈的事业来。如今，他的夙愿终于得酬，正如俞大猷所说，即将到北方来"与千古之豪杰争品色"了，可以想见，他该是多么的高兴啊！

戚继光要去北方的消息传开后，戚家军将士和当地百姓都十分难过，人们都舍不得这么好的将领。镇守广东的好友俞大猷听说后，因不能亲自送行，派专人星夜赶路给戚继光送来贺信。信中鼓励他说："大丈夫在世，要与一代豪杰竞风流，在东南就可以了；要与千古豪杰竞风流，应到北方！"

戚继光何尝不是这么想的。多少年来，他一直梦想成为一个千古风流的大将，指挥兵车几千，铁骑上万，甲兵几十万，在西北大漠上纵横驰骋，一声号令万众应，一次长击直驱几千里，那该是多么雄浑的气概，多么壮观的场面！历史上许多名将，如卫青、霍去病等，哪个不是率部几十万，纵横西北大漠，留下千古美名。戚继光从小就立下志向，以这些名将为楷模，成为千古风流的大将。十几年来，他驰骋在东南抗倭战场上，大小数百战，打出很大的威风。但他心中老觉得缺点什么，作为一个大将，却从未统兵十万，长驱千里，打几场真正的大仗。这次调往北方，可以实现多年的宏愿了，他心里十分激动。

隆庆元年 (1567 年) 的十二月，戚继光要与朝夕相处的将士们和乡亲们告别，启程北上了。临行前，他在祭奠抗倭战斗中牺牲的将士的悼词中表达了自己的志向："从今以后，如果朝廷能够听从我的御敌谋划，我将以功报国；如果和我的打算相反，我也将为国献身，决不辜负了你们。希望你们勇敢的灵魂跟随我一同北上，共同保卫北部的边疆。"

他的好友汪道昆，送了他一程又一程。戚继光含泪回首，说："汪兄，留步吧。"汪道昆拉住他的手，勉励他说："大丈夫当名垂青史，希望你能干出一番大事业。"望着这位宽厚的长者，戚继光使劲点了点头。

从此，他个人的历史揭开了新的一页。在这以后，展现在他眼前的，将不再是惊涛骇浪、楼船帆影的海上风光，而是黄沙盖地、荒草雄关的塞外景色。戚继光在东南十多年的御倭生活正式结束了，往后十多年在北方的驻守生活正式开始。

上书论新战术

早在浙江、福建抗倭时，戚继光对北方形势就很关注，常和好友汪道昆一块谈论。戚继光深谋远虑，汪道昆也很有远见，因此他们很容易找到共同话题，一谈就是半天。"北虏""南倭"一直是明朝的两大问题，他们在抗倭同时，对"北虏"问题也十分关注。

"北方不同于南方，北方黄沙盖地，大漠雄关，可以打大仗。不像这里，河湖遍布，道路狭窄，只能打小仗。要是有一天，能到北方打场大仗，指挥雄兵十万，纵横驰骋击败蒙古铁骑，那才叫千古风流！"汪道昆说。

"可是，鞑靼铁骑是很厉害的。这么多年了，'北虏'还是一个问题，北方边境还是不安全。如果有一天能到北方征战，也不能小瞧了鞑靼骑兵。成吉思汗的铁骑横扫中亚，威名千古。虽然如今的气势不如从前，但也不能小瞧，蒙古骑兵的战斗力是很强的。"戚继光说。

汪道昆说："我并不小瞧他们，但我相信，如果我们有支十万人的军队，定能大败鞑靼。"

"和鞑靼骑兵作战，很难啊！你想一想，北方那么多军队，那么多军营，边境还不是常被抢劫。即使碰上，我们军队也常常打败仗。为什么呢？第一，北方的游牧部族，一来往往就是十多万。边地绵延数千里，备广则力分，防不胜防；而鞑靼却可集中军力，专攻一路，长驱直进，破坚而入。第二，俺答控弦铁骑，卷甲长驱，疾如飘风，去来无阻，不易抵挡。第三，明军作战恃仗火器，但塞外北风高厉，尘土蔽天，明军处在下风，火器不易奏效。第四，鞑靼骑兵往来飘忽，何时来攻，不易捉摸。第五，北方各镇，号令不一，声气不通，各镇将领又皆人各一心，不顾大局，此疆彼界，画地为防，无法配合。

除这五种困难外，还有两件使明军将领感到棘手的难处：一是北方没有可用的兵，禁兵十分骄惰，募兵多属乌合，各地征调之兵，远道而来，困顿疲蔽，分到各镇戍守之兵，粮饷又多不济，这些问题，长年得不到解决；二是北方某些军事重镇离京师很近，一旦有警，朝议汹汹，处处掣肘，成事不足，败事有余，使将领无法专成。"

以上这些都使得戚继光对于接受这次调动不能不感到踌躇和忧虑，甚至发出"负钺而行"的感慨。但是，戚继光并不是畏葸怕事的人，他对于如何克服蓟州防务的各种困难，早就胸有成竹了。

汪道昆连连称是，问道："如果你去北方防守，你怎么防御鞑靼铁骑呢？"

戚继光笑笑，说："假如朝廷准许我便宜行事，并给我充足的粮饷，那么，我首先就要仿照过去在东南沿海一带的做法，自行在边疆诸县招募十万军队，训练三年，编成一支车、骑、步三者皆备的精锐部队；然后主动出击于塞外，以战车拒敌，以步兵应敌，敌军退却则以骑兵驰逐，给敌军一次沉重的打击，以张军威，扭转北方防御的形势。"

很明显，问题不在于戚继光能不能克服困难，而在于明政府是不是准许他便宜行事。

汪道昆赞许地点点头。

嘉靖四十五年（1567年），戚继光来到北京，等候朝廷任命。他有着伟大抱负，希望引起政府的重视，使他有施展才华的机会。不久以后，他向朝廷上《请兵破虏四事疏》，提出对北方军事的看法。

他首先希望政府能给他一定权力，让他训练一支十万人的大军。他保证把十万军队训练好，打几个大仗，使鞑靼骑兵不敢轻易南下骚扰。然后把十万兵分到北方各军事重镇，再让他们带动别的士兵训练，使北方守军全部成为虎狼之师。如果不给十万，给五万也行；五万不给，三万也行；如果仍像过去似的，给他不到一万兵，说什么也是难有作为的。

其次提出了士兵的来源，他希望政府给予考虑。由于边兵、京兵战斗力不强，所以要进行招募。一般的募兵都是无业游民，管理严了，就逃跑，不利于管理。他提出最好按照义务募兵的方式。由地方官分别招募当地农民。一来便于管理教育，二来可以防止逃跑。招募的兵最初可以分散在地方上训练，等到有了成效后，再调到靠近北京的地方，集中训练，然后把这些军队分配到九边去（明朝在东起

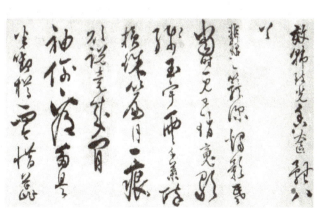

明代汪道昆草书《和张南湖诗卷》

鸭绿江，西到嘉峪关上万里的长城线上，设置辽东、蓟州、宣府、大同、太原、榆林、宁夏、固原、甘肃九个军事重镇，合称九边)，以练九边之兵，九边之兵必成劲旅。如果把这支军队和京营军队混编，京营军队也可以成为劲旅。为使更好、更快地把兵练好，他建议把久经战斗考验的浙江兵调一万人来，作为骨干，以带动新兵。

军队所需的巨额粮饷，他建议从练兵的省份拨发，这样既可免去军中缺粮之患，又可免去途中周转费用。军中所需的各种器械，也不必一一仰仗于工部，可令各省份分别制造。如广东善制藤牌，就做藤牌；福建刀好，就造刀；浙江鸟铳精良，则造鸟铳；战车、百子铳则就近由山东、山西、河南等省制造。造成后押送到各营地。如果造得不合适就向有关人员照价赔偿。

最后，他还希望朝廷授权负责募兵、练兵的地方官，让他们放手去做，非有大过，别人不能随便指摘或任意阻挠。当赏者赏，当罚者罚。

这些建议，绝不是泛泛之谈。如果能够实现，边关防务会有很大的起色。而政府内部许多保守的官员对这个南方官充满敌意，对他议论不休，纷纷进谗言。结果戚继光被任命为神机营副将，管理京营的军兵。这对于立志改变北方局势的戚继光来说，无疑是壮志未酬，他心情自然苦恼。

为实现自己练兵防边的主张和引起朝廷大员的注意，戚继光一有机会就向人宣传、呼吁。为此，他还特地写了一篇《请兵辩论》的文章。在这篇文章里，他再一次强调练兵十万的重要意义，以及车、骑、步三军配合作战的新战术思想。兵部读了这篇文章，感叹戚继光是个有远见卓识的军事将领，由于建议涉及面太大，最终不了了之。

理想和现实之间总是存在着巨大的差距，戚继光到北京以后，朝廷没有让他负责士兵的训练，而是将他任命为京师神机营的副将。神机营作为禁军待遇优厚，很多人绞尽脑汁想在其中谋取一份美差，但这对渴望建功立业的戚继光来说，无所事事却让他痛苦不已。

隆庆二年（1568年），新任蓟辽总督谭纶把戚继光调到蓟镇，请求朝廷给他加以总理蓟辽保定等处练兵总兵官的职衔，凡是受谭纶节制的，也都受戚继光节制，想使戚继光成为继他之后的第二号人物。但是在具体的落实过程中，朝廷却以戚继光为蓟镇总兵，而蓟镇总兵是无权节制同他平级的昌平、保定总兵的，这对戚继光来说是件很不愉快的事情。

更让戚继光头疼的是由于蓟镇靠近京师，自己的一举一动稍有不慎就会遭到种种非议，甚至是掣肘，即使在自己的蓟镇内也不可能有便宜行事的权力。心情郁闷的他曾写道：

> 伏轼长嘶动石门，时艰满目几销魂。
>
> 非干冀北空群久，羁鞅年来苦渐繁。

他以"伏轼长嘶"的战马来比喻自己当时的处境。他还写道：

> 万壑千山到此宽，边城极目望长安。
>
> 平生自许捐躯易，遥制从来报国难。
>
> 尚有二毛知往事，偶闻百舌送春寒。
>
> 庙堂只恐开边衅，疏草空教午夜看。

一年来的经历使戚继光感到报国的艰难，背后的谗言、冷箭更使他心寒。尽管自己的进谏未被采纳，尽管自己原来的报国设想都没有实现，他依然矢志不渝，尽自己的最大努力，抱着谨慎、务实的态度，

接受北调，为国家鞠躬尽瘁

在力所能及的范围内，为改善北部边疆的防御贡献着自己微薄的力量。

修长城，练边兵

明朝将蒙古的残余势力逐出中原以后，曾经多次大规模出击塞外，但是大都以失败而告终，特别是明朝始终没有建立起强大的骑兵力量，在塞外平沙千里、地广人稀的地方进行作战，面对"逐利如鸟集，困败如云散"的蒙古骑兵，无法摆脱战场上的被动局面。

明代自仁宣时代以后，在防御政策上转攻为守，与蒙古的军事分界线大致沿燕山山脉、太行山山脉往西延伸。在这条防御线上，大将徐达在明朝初年曾经构筑过大量的堡寨，形成一道以城寨为基础的据点式防线。"土木之变"发生以后，明朝的实力衰弱，被迫筑"边墙"进行防御。所谓的"边墙"，就是长城。因为秦始皇筑长城，名声很不好听，明代讳言"长城"，而改称"边墙"。边墙的修建在一定程度上加强了沿边的军事防御力量，但是仓促间修建的边墙在结构上存在缺陷，没有修建敌台，再加上修得低薄，时间一长，很多地方出现坍塌，无法有效地阻遏蒙古骑兵对内地的侵袭。

戚继光对这个问题非常关注，既然自己训练十万大军主动出击塞外的设想已经落空，又想拒敌于国门之外，修筑完善的沿边防御工事就成为退而求其次的选择。

戚继光自到蓟州镇后，半年内曾两次上疏给明政府，一再强调练兵的重要。这两次上疏一为《定庙谟以图安攘疏》，一为《七原六失四弊疏》。特别是在后一疏里，他用具体的事实说明蓟州之兵虽多亦少的原因有七，兵将不练之失有六，妨碍练兵成效的弊端有四；接着他便根据蓟州一带的特殊地理条件，提出车、骑、步三军"因形战守"的计划，最后他又着重指出，问题的症结"不在边鄙，而在朝廷；不在文武疆吏，而在议论掣肘"，所以他请求政府采取他的建议，允许他专责教练，及期而用，不要从中沮格。

他首先想到的是建立车兵。他的好友俞大猷很有这方面的经验，岑港战役后，他被罚到大同戴罪立功，创建兵车营，并以兵车百辆，

抗倭名将俞大猷塑像

步兵、骑兵三千，在安银堡挫败十万蒙古铁骑，一时成为车战名家。他常向戚继光谈起车战的好处。戚继光同样认为车战是有很多好处的，他这样写道："敌人以数万之众，气势如山崩地裂，直取我军。如果

我有车营，车上有火器，可以终日发射火器。也不用挖什么战壕，把车连起来就是一座营房，要行就行，要停就停，十分方便。"戚继光决定先建立车营。

建车营的目的还不只这些，他想创建一支车兵、骑兵、步兵三军联合作战的大军。他认为今后作战，应当车、骑、兵三军配合。车兵为正兵，战斗时可代替甲胄，抵御敌军的冲击；步兵以车为掩护，可出击保卫战车；骑兵平常在车营保护之下，必要时包抄突袭。平原广阔的地方用车战，半险半易的地方用马战，山高水深的地方用步兵。骑兵靠车兵保护，车兵依靠骑兵冲锋。如果敌人忽然进攻，应先以骑兵列阵出击游击埋伏的敌人；敌人败退时，再用骑兵追击。宿营时，车就是营垒。

戚继光想把边防守军训练成这样的部队。但从军营巡视回来，戚继光感到深深的失望。蓟州守军并不少，成分比较复杂：有外地调来的士兵，有京城来的禁军，还有当地招募的军兵。不论什么兵，都存在相同的弊病，那就是纪律松弛，战斗力不强。巡视中，他发现许多士兵连最基本的号令都不知道。有的兵见他到来，依旧我行我素，好像没有看到他这个长官。许多人漫无军纪，甚至聚在一块赌博。他们练武，喜欢练没有用的花架子，对杀敌本领却不感兴趣。靠这样一支队伍，是很难完成防御任务的。他决定再次上疏，请求政府允许他练兵。谭纶也上疏支持戚继光，关心边事的执政大臣张居正也看重戚继光，练兵的事，终于得到明政府的批准。

嘉靖四十六年（1568年）冬天，戚继光把蓟州镇的全部防区划分为十二路，每路设一将领，上面又设协守（和主将同守一城称为协守）东路副总兵和协守西路副总兵，分管东西各路军队。此外，又设立七座车营，分别驻扎在建昌、遵化、石匣、密云、三屯、昌平等地，并配以骑兵、步兵，进行混合训练。另一方面，派他的部下胡守仁到浙江招募鸟铳手三千，来蓟州听用。戚继光想趁练兵做一番事业。

然而事情并不顺利，原先他总理四处练兵事务时，驻在蓟州，而蓟州还有一个总兵，一个地方，两个统帅，办事互相牵制，戚继光十分别扭。后来那个总兵被调走，但他的主张却依然得不到各地的大力支持。戚继光无法放手工作，只好对蓟州现有的兵力加以训练，另外把更多的精力放到修筑防御工事这件事上来。

大同、宣府一带的长城，在翁万达、杨博时任总督时曾经修过，建起许多烽火台，较好地发挥了防御功能。蓟州地区的长城虽也修过，但没建过墩台，修的边墙又低又薄，天长日久，大都倒了，再也不能发挥阻击蒙古骑兵的功能。于是戚继光向谭纶提出修边墙、筑墩台的建议。谭纶对戚继光深有了解，深知戚继光是有战略眼光的，他表示支持他的建设，希望他周密勘察，然后再正式上报朝廷。

有了谭纶的支持，事情就比较好办了。他亲自带领人马勘察地形，调查研究。

空心敌台的修筑是明代边防工事的首创，在原先的边墙上也筑有一些砖石小台，但是这些小台并不能给士兵提供战时屏蔽，如果敌人占领附近的制高点，守台的士兵就完全暴露在敌人的矢石下。并且台与台之间距离过大，当敌人集中兵力进攻某一台时，相邻的小台无法提供支援，容易给敌人的突破造成可乘之机。

当时的明军主要依靠火器进行作战，小台没有地方储存军火，极大地削弱了明军的火力优势。再加上北方恶劣的自然条件，守台士兵暴露在风雪之下，战斗生活条件都非常艰苦，士兵厌战情绪浓厚，叛

接受北调，为国家鞠躬尽瘁

逃事件屡屡发生。

1568 年五月，戚继光把拟定修筑边墙的方案上呈朝廷。他设计的空心敌台完全克服了上述问题。敌台骑墙而立，台高五丈，共分三层。台基下与墙平，在墙外侧突出一丈四五尺左右，可以对攀爬边墙的敌人进行侧后射击。中层虚空，可以容纳百人的器械、军火和提供食宿。

四周开设箭窗，其数量随敌台大小而异，一般每层前后各开三箭窗，左右各开两箭窗，较大的敌台每面开四或五个箭窗，可以对进犯之敌发射火器和弓箭。上部为台顶，多数敌台台顶中央筑有楼橹，供守城士兵遮风避雨，也有的台顶铺漫成平台，供燃烟举火以报警，充当烽火台的作用。台顶四周也有垛口，可以俯射敌人。

这些敌台的建筑用材和构筑技术都很讲究，所用的材料都是条石、标准砖、白灰和三合土。一般采用拱券式结构，用砖墙和砖砌筒拱承重，构筑成相瓦连通的券室，有的用木柱和木楼板承重，外侧包以厚重的砖墙，既坚固耐久又防火。台间距在三十步到五十步之间，战时可以相互进行火力支援，对进犯之敌形成立体交叉火力。每台百总一名，专管调度。台头、副二名专管台内军器辎重。五台一把总，十台一千总，层层节制。

敌军来攻时，空心敌台举烽火报警，同时作为坚固的防御支撑点，居高临下，充分发挥了火器的优势，对敌射击，使敌人不能靠近边墙，为大量明军的集结和支援赢得宝贵的时间。即使敌人突破边墙，守军也可以依托敌台，长期坚守，阻滞敌人对边墙进行扩展攻击，保持防线的稳定，避免出现一点突破，全线崩溃的局面。守台士兵还可乘隙攻击突入边墙内敌军的侧翼和后方，对抢掠后撤退的敌军进行封堵和拦截。使敌人即使突破访墙，也不敢轻易地深入内地。

蓟州防线连绵两千里，一处出错则等于前功尽弃。戚继光建议修筑敌台三千座，整个修筑工程全部由戍守士兵承担，既可减轻国家财政负担和农民的徭役，又可锻炼边军吃苦耐劳的品质。

戚继光的建议得到批准，不过明政府把应修的敌台数目从三千座减到一千多座。嘉靖四十七年（1569年）春天起，戚继光调动军队，开始了艰巨的筑台、修墙工程。

北方戍边士卒没有经过严格训练，突然承担繁重的修建边墙的任务，很不情愿。许多人满腹牢骚，暗骂戚继光："边墙再坚固，敌台再高大，也抵挡不住蒙古兵的进攻，何苦劳民伤财。"戚继光听了这些议论，解释说："过去的城墙太低太薄，敌台也是砖石小台，相互之间联络不灵，无法储备粮草器械，士兵暴露在墙上，敌人射箭，我们无处藏身。这样的城墙形同虚设，根本就不能防御蒙古兵，所以边墙非修不可。"不管他怎么解释，私下议论仍然不断。

正在这时，去浙江招兵的胡守仁带领三千浙江兵赶到。部队驻扎在蓟州城外，等候戚继光的点验。

第二天天刚亮，紧急的集合军号吹响了。士兵们长途跋涉，十分疲劳，还在酣睡之中。但一听军号，迅速起身，在很短时间内，营房前多了一块整齐的兵阵。胡守仁讲了些话，大军向点验场出发。

边兵久闻戚继光治军有方，但到底是什么样还没见过，便想趁此机会看看。他们拖拖沓沓，好长时间才集合完毕，稀稀拉拉地进入指定区域。

天有不测风云。刚才还是晴空万里、朝阳似火。不一会儿，天空乌云密布、大风猛刮，一场大雨即将到来。部将请求改日检验，戚继光笑道："继续检验。这正是天赐良机，让这些边兵看看我治军的威

接受北调，为国家鞠躬尽瘁

严。"这时雨已下大，如同瓢泼。戚继光手执令旗，冒雨向将台走去。

大雨淋得士兵们睁不开眼，全身都湿了。熟知戚继光脾气的浙江兵看到主帅冒雨站在指挥台上，环顾受阅将士，个个精神抖擞，岿然不动。边兵们十分狼狈，但看到戚继光和浙江兵的样子，都不敢动了。戚继光高声说道："当兵是干什么的？是杀贼保民的，是打仗卫国的。军队之所以成为军队，最重要的是有铁的纪律。没有铁的纪律，那就不叫军队。铁的纪律是怎样形成的，就是平常养成的……"戚继光声如洪钟，似乎压住了雨声。

点验一直到下午，雨也一直下个不停。浙江兵一直军容严整，直立如林。这下可苦了边兵，一个个十分狼狈，这才知道戚继光军法如此严格。从此以后，边兵中再无人敢以身试法，轻易违犯军令了。军队风气也逐渐好了起来。

戚继光精心组织指挥，建造边墙的工作进展得十分顺利。为了因形设险，戚继光亲自沿边防线进行实地勘察，以便确定台基。三月的塞外，天气仍然非常恶劣，崇山峻岭，层峦叠嶂，都不能使疾病缠身的戚继光停下来。这时戚继光的弟弟戚继美也奉命来蓟镇戍守，戚继光向他交代了空心敌台的建筑方法，戚继美首先在大水谷 (今北京密云西北) 筑完七座敌台，为以后敌台的建造树立了榜样。

修建边墙与敌台是件十分艰苦的事，戚继光曾在《蓟门述》中写道：

> 塞垣将校殊堪伤，闻之凄楚彻肝肠。
> 于今满眼遍痍疮，谁为穷边独沾裳。

传说，有十二名河南籍士兵的妻子见丈夫几年未归，结伴寻夫。不料她们的丈夫早已在修筑边墙的过程中献出了生命。正好戚继光巡视路过，见十二名妇女悲痛万分，下马好言相慰，解释修边墙的意义，并给每人发一笔优厚的抚恤金。十二名寡妇深明大义，献出抚恤金，作为修边墙费用，并留下来，继承丈夫遗志，参加修边墙，终于筑起了一座敌楼。人们为了纪念她们，称这座敌楼为"寡妇楼"。

为了保证施工质量，戚继光在建筑敌台的过程中推行了评比奖赏的办法，质量上上等的赏银五十两，上等的赏银四十两，中等的赏银二十五两。这项措施极大地调动了广大筑台士兵的积极性，使得敌台的坚固和精巧程度大大地超出了原来的预定计划。

隆庆六年（1572 年），第一期修筑空心敌台的工程基本完工，蓟镇共修筑空心敌台一千二百零六座，而花费只是民间修筑花费的十分之一，既少花钱又多办了事，朝廷对此非常满意。戚继光趁机上书请求再增筑敌台二百座，得到了朝廷的批准。万历九年（1581 年），工程全部竣工，蓟镇共修空心敌台一千一百九十四座，昌镇共修二百五十四座。从此在蓟北大地上巍然屹立着一千四百余座敌台，相互联络，蔚为壮观。即使在四百余年后的今天，也依然大部分保存完好。

经过戚继光的督理，空心敌台的创建使得明长城防御体系逐渐加强。除此之外，戚继光还对边墙做了以下几个方面的改造，进一步从整体上完善了它的防御功能。

首先是对原来薄弱墙体的加固。薄的地方进行加厚，低的地方进行了加高，一般达到高七至八米，厚六米。对没有的地方进行补建，地理位置特别重要，敌人经常前来攻打的地方建立重墙。除了特别陡峭的山脊、人马无法通行的地方外，沿着蓟镇的北边一千七百六十五里的边防线，戚继光组织修建了一千四百七十四里的边墙，没有给蒙古骑兵的侵袭留下任何的可乘之机。

其次是改造边墙上的防御设施，扩大射击面，减少射击死角。原来用平砖修建的垛口改为用尖砖建造，使原来内外平直的垛口变为三角形，开阔了士兵的视野。敌人进攻到边墙的下面，如果守墙的士兵从垛口探出身去射击，就会失去边墙的掩护，造成伤亡。为此戚继光在垛墙下面建造悬眼，既可以看到躲在墙下的敌人，又减少了部队的伤亡。在墙的内侧每隔一定的距离建一道带有登城台阶的小门，便于明军的增援部队到达后迅速登城投入战斗。

戚继光还增设了障墙。障墙每堵高 2 米，宽 1.5 米，墙上设有瞭望孔和射击孔。每排障墙一般都有十几堵，它将长城上的两侧垛口之间封闭了一半多，成为一排排的掩体。进犯者一旦攻上长城，守城士兵可以凭借障墙作为掩护，节节抵抗，撤到敌楼内。也可凭借障墙向前推进，向进犯之敌发动攻击。

再次是完善边墙的附属设施。长城作为完善的防御工事并不是只有一道孤零零的城墙，它还带有一系列的附属设施，它们同长城一起共同构成完善的防御体系。戚继光在边墙外结合当地的实际情况进行工程建设。在地势险要的地方，就把边墙外的山坡铲削得更加陡峭，使敌人在接近边墙以前又增加了一重困难。如果当地地势平坦，就在边墙外挖壕沟和大量的"品"形分布的陷马坑，限制蒙古骑兵的行动，防止他们乘机冲上边墙。

最后是建立完善的预警系统。戚继光一向注意了解和侦察敌情。他认为，自古以来，善于守边的名将，都不过是重视烽火，修建防御工事，加强探听消息。如今的蓟镇，有墙有坡，足以固守。只担心侦探不明，如果能够事先得到准确的情报，就可以迅速集结兵力，在预设地点给来犯之敌以痛击，避免敌人集结重兵集团突然攻击薄弱的沿边守军的情况出现。为此，戚继光不仅派出了大量的侦察明哨和暗哨，还建立了报警的墩台。

明哨，又称"尖哨"。明哨士兵经过化装后深入到朵颜三卫等表面上隶属于明朝的羁縻卫所，从他们那里探听相邻蒙古部落的动向。由于朵颜三卫的上层经常勾引蒙古部落内犯，所以派遣侦察人员深入到那里，就可以尽早地探知鞑靼部落是否内犯的准确消息。

暗哨，又称"尖夜"。暗哨士兵到蒙古部落犯边时必经的孔道埋伏，昼夜瞭望，发现敌情，立刻点炮报警。

墩台，又称"烽火台"。在蓟镇的各个防区都建有数量不等的墩台，全镇共五百六十九座。这些墩台从边墙向外延伸，直到穷乡僻壤，在和暗哨能够取得联系的范围之内。暗哨观察敌人入犯的情况，立刻根据敌情和预先约定好的通联方式，放炮、升旗或者明火报警，附近的墩台得到消息之后，立刻以同样的方式发出警报，墩墩相接，一直传到边墙，附近的明军迅速对此做出反应，做好接敌准备。同时肩负有烽火台作用的空心敌台继续进行这一接力棒式的信息传递，直到总督那里。

此外，戚继光还修建了一系列的营城、关城、塞城。墙外的墩台、陡坡、壕沟、陷马坑，边墙本身和空心敌台，再加上边墙内的兵营，所有这些共同构成了一道完整的预警、防御工程体系。边墙作为防御工事的作用是非常明显的，但是如果仅仅依靠这些工事，还是无法有效抵挡蒙古骑兵的进攻。

"夫地形者，兵之助也"，拥有坚固完善的防御工事，只是为自己创造了良好的地理条件。而有利的地理条件并不是战胜敌人的充分条件，要想真正使长城变为铜墙铁壁，关键是拥有一只能攻善守的精锐

接受北调，为国家鞠躬尽瘁

之师，"守固以筑台为策，而战必以练兵为先"，戚继光对此早有认识，所以在修建边墙的同时，他就已经着手对原来的边防部队进行军事整训了。

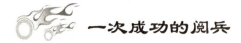 **一次成功的阅兵**

敌台修筑完工后，戚继光在每座敌台上配置了固定的台军，又著《哨守条约》，令各台官兵传习，时刻提防边警。同时，还规定了传烽之法：凡有敌台之处，即以敌台充传烽墩台；无敌台之处，则以原墩充之。大约每墩相隔一二里，每墩设守军五名。如有敌情，传烽为号。为了便于守台军士记忆，又把各种敌情信号编成了通俗顺口的《传烽歌》，让守军背诵记熟。这样，一有警报，三个时辰之内就可传遍蓟州防线了。

戚继光对边兵进行了整顿，创立了车营，修整和配备了许多精锐武器，积储了钱粮，淘汰了一批不中用的将官，创立了车兵、步兵、骑兵联合作战的新战术。

此外，戚继光还增加了蓟州镇的兵力，浙兵从三千增到九千，续增至两万。过去蓟州镇军队中那种苟且偷安的习气，经过大力整顿，也有了转变。蓟州镇明军的战斗力，大大地加强了。

在戚继光的精心整治下，蓟州边军的面貌为之一新，战斗力大大提高。他非常希望有机会统率所练的十六万大军，依靠长城防线，狠狠打击蒙古骑兵，大长边军威风。遗憾的是，这几年边境比较安静，蒙古铁骑从未大规模侵袭过。他的另一个遗憾是，分布在漫长防线上的十六万大军，还从未集中起来进行总训练。

隆庆六年（1572年）冬，兵部派几个官员到各地视察军事防务。到蓟州来的是兵部右侍郎——戚继光的好朋友和老同事汪道昆。本来，按兵部的意见，这次巡视蓟州镇的目的主要是为检查驻防军钱粮的积储、开支情况的，但戚继光却乘这个机会请求兵部让他将部下将士集中起来进行一次大检阅、大演习。检阅的地点择定在汤泉（在今河北省遵化市北)。因为这里是蓟州镇的中心，汤泉前面又有一片可容几十万人的开阔的平地，正是一个阅兵的好地方。

戚继光不希望这次检阅和通常一样只是虚应故事，他想通过检阅，使各路将士能够掌握大军协同作战的要领，因此在阅兵之前，他按照正式作战的要求做了周密的部署，下达了详细、明确的命令，并且事先请求汪道昆等免去将领们的一切参谒俗套。

大检阅得到了明政府的同意。大学士张居正还特地为此致书戚继光，加以鼓励。不久，汪道昆和蓟辽总督刘应节（谭纶升任兵部尚书，在京掌部事)、顺天巡抚杨兆等大小官员来到了汤泉。

十月二十二日，是大阅兵、大演练的日子。清晨五时，边墙南侧的汤泉，方圆数十里，旌旗飘舞，战鼓隆隆，十多万大军排成各种阵势，犹如一条条巨龙卧在一马平川上。

戚继光陪同汪道昆兴致勃勃地登上阅兵台。戚继光放眼远望，十多万大军，漫山遍野，车兵、步兵、骑兵都阵容整齐，盔甲鲜明，十分雄壮。他心情十分激动，他的指挥车兵上千、铁骑上万、甲兵十几万的夙愿，今天终于得以实现。

为了使演习更加接近于实战，戚继光专门派出了假扮蒙古骑兵的部队 (以后简称蓝军)。十月二十二日早晨，一柱柱烽烟相继冲上云霄，发现敌情。根据烽烟的来向判断，敌人将会在鲇鱼关至马兰谷一带进犯。按照平常训练的要求，在没有接到上级命令的情况下，附近的所有明军部队纷纷向预定地点集结，然后以每天一百五十里的速度向待机地域驰援。

蓝军集中兵力猛攻边墙，边墙被突破后，还没等蓝军向纵深发动攻击，明军的增援部队已经赶到，正是明军完善的预警系统发挥了作用，为明军增援部队赢得了宝贵的时间。戚继光在这次演习中把新组建的车营作为主力，在两军相距不到十里时，车营放慢了前进的速度，在行进状态中转入战斗队形，持重待机。

当敌军距离在一里左右时，明军仍然保持缄默；敌军已经冲到距离车营五六十步的距离，明军阵地突然烟雾弥漫，各种火器一起开火，枪炮齐鸣。蓝军冲在前面的骑兵纷纷落马，人喊马嘶，一片混乱，冲锋的势头被明军的强大火力完全遏制。蓝军屡次冲锋未果，明军的阵地前横七竖八地躺满了中弹哀号的蓝军骑兵。蓝军被迫转入防御，在附近扎下营寨。

戚继光没有给敌人任何喘息的机会，他迅速调动部队，以自己所率的两营车兵为中路，密云的两车营在左，遵化的两车营在右，开始向敌人发动反攻。一时间，战场上炮声隆隆，轻快的战车在明军的驱使下，不断变换战斗队形，校正射击方向，向敌军倾泻的大量铅子，像暴风雨一样横扫战场，打得蓝军人仰马翻。步兵在火力的掩护下，从车营内杀出，以灵活的鸳鸯队形猛扑敌阵。

蓝军经受不住这样的打击，纷纷落荒而逃。戚继光见时机已经成熟，命令骑兵迅速出击，战场上蹄声动地。蓝军残部试图通过边墙返回塞外，遭到守卫空心敌台明军的迎头痛击，被随后追击而来的骑兵迅速合围，全部歼灭。

演习期间，为了防止敌人乘机偷袭，戚继光调集未参加演习的部队严加防守，直到演习完毕，才准许这些部队返回各自的驻地，由此可见戚继光的部署之周密。

实战演练完，汪道昆极为叹服："佩服，佩服！你真是用兵如神啊！"戚继光领着他，顺着边墙，巡视了好多敌台和营房。新修的边墙比过去坚固多了。边墙顺着山形，像一条巨龙，十分宏伟。汪道昆又赞叹一番。

他们又来到教场，汪道昆检阅了车、骑、步三军的武艺。被检阅的将士，个个精神抖擞，技艺熟练。他又查对了各营士兵数额，检查了粮草器械，都井然有序，丝毫不差，检阅的官员十分满意。

演习结果证明，自戚继光上任以来，他的各项工作已经初见成效，明军的战斗力得到了大幅度的提升，如果蒙古骑兵来犯，明军完全有能力将其驱逐出境，北边的防御从来没有这样巩固过。对于戚继光来说，一心想训练十万大军的他，自上任以来还从没有真正地指挥过这么多的军队，这次演习了却了他心中的一桩夙愿，也极大地鼓舞了戚继光的信心，他在演习后的酒宴上即兴赋诗一首，反映了他当时的高兴心情。

> 使者临关日拥旌，天威咫尺壮神皋。

接受北调，为国家鞠躬尽瘁

指挥乍结车骑阵，战守还凭虎豹韬。

万阁凌霄金作垒，五兵飞雪玉为刀。

年来愧博君王宠，幸有边愁识二毛。

负责阅视的汪道昆对这次演习也非常满意，他写了《燕山勒功铭》来赞扬戚继光的贡献："当多口之秋，任非常之事，卒之建万世之利，事半而功倍于古人，不战而伐房谋。"这次演习对正在这时遣使入贡的朵颜等卫来说，产生了巨大的威慑作用。

这次大演习、大检阅，前后进行了二十来天，参加的士兵在十万以上，参加的将官不下千人。这是戚继光镇守蓟州几年来的一个总结。检阅的规模是空前的，成绩也是空前的。戚继光自己也十分振奋，说："南征北战二十余年，还没见过十万的军队。以前都是分兵作战，很少集中起来。现在集结起来，才知道雄兵十万的气势和威力。"

屡克北虏又立奇功

戚继光镇守蓟州时期，明朝边防力量有所增强。当时的执政大臣高拱、张居正等，积极整顿边防，重用像戚继光这样富有军事经验的将领。同时又在这个基础上，对鞑靼采取平和政策。隆庆五年（1571

年）年初，明政府和俺答汗达成协议，封俺答汗为顺义王，在大同、宣府等地设立互市。从此，俺答汗禁止他的部下到边境骚扰，从宣州、大同到甘肃的边境，和平了二十几年。

不过当时鞑靼还有一支在图们札萨克图汗（明朝人称他土蛮）的统治下，常攻打明朝的辽东及蓟州地区。蒙古大封建主朵颜部首领董狐狸和他的侄子长昂，有时向明朝称臣纳贡，有时又和明军发生战争。

早在隆庆三年（1569 年）十二月，董狐狸和长昂率兵驻扎在河北会州，打算进攻董家口、榆木岭、青山口等处。

戚继光得到警报，这是他到蓟州后的第一次战斗，决心旗开得胜，挫败敌军的锐气。他亲自率兵，兵发青山口。刚到那里，先锋部队就和敌兵打了一仗，火器手把敌军打得落花流水。董狐狸引兵出青山口应战，还没动手，就被吓跑了。这是镇守后的第一仗，虽算不上大仗，但在蓟州屡遭蒙古骑兵骚扰，部队在士气不高，战斗力不强的情况下，首战告捷，大大鼓舞了士气。

明神宗万历元年（1573 年），是戚继光到北方的第七个年头。这年二月，董狐狸又发动大军，攻占河北喜峰口，向明政府勒索大量钱财。明政府拒绝了他的请求，他十分气恼，于是，在一个夜里，偷袭并占领了拿子口。戚继光出击，一举将其打退。一个月之后，董狐狸又联合插汉儿，驻军于桃林、界岭，计划偷袭蓟州。戚继光率兵出击，他们败得更惨，董狐狸还差点被生擒。此后两年间，董狐狸不敢再轻举妄动。

万历三年（1575 年）正月，长昂又和董狐狸逼长秃（长昂的叔父、董狐狸的弟弟）率兵进攻董家口。戚继光闻讯，指挥将士从榆木、董家二关出战，南北夹击，长秃大败。敌军狼狈逃窜，戚继光率军追击

接受北调，为国家鞠躬尽瘁

一百五十里，活捉长秃。

董狐狸因弟弟被俘，不得已率部下头领及亲族三百人，到喜峰口关下，请罪求降。戚继光和蓟辽总督刘应节商定，为了边境安宁，接受他们投降。四月十三日，戚继光到了喜峰口，安抚了前来请降的董狐狸等人。董狐狸归还了抢走的百姓和财物，还带领族人向戚继光叩头请罪，发誓再不骚扰边境。戚继光当场释放长秃，并允许他们部落到边墙一些关口进行通商互市。从此，蓟州在戚继光镇守期间，一直和朵颜部保持很好的关系，维持了双方的和平局面。

俞大猷率兵抗倭

万历七年（1579 年）十月，鞑靼小王子部下的伯彦、苏把亥、银灯等率兵五万多，从范儿营、锦川一带进攻辽东。辽东总兵李成梁向朝廷求援。辽东战事一直很频繁。此前，戚继光就多次上疏，请求援辽。

十一月，戚继光率军到达山海关。山海关是个重要关塞，东靠大海，西连群山。戚继光站在大军前，望着祖国大好河山，回想三十几年的南征北战，心中十分感慨。他摸摸胸前的长须，"五十二岁，老了，还能为国征战几年啊！"突然探马来报："鞑靼兵向山海关狗儿河方向运动。"戚继光的思绪被打断，一下子回到了现实。他果断下令：

"准备迎战!"

敌军伯彦部正在行军,迎面来了一支明军,厮杀一阵,明军回头就跑。敌军不知是计,随后紧追,追着追着,不见了明军的踪影。伯彦十分气恼,下令"继续进攻!"正行军时,突然一声巨响,前面骑兵被炸得人仰马翻。敌军惊恐万状,四处张望,也不知火从哪里来,好像是从地里炸开的,他们从未见过这种武器,以为是老天惩罚他们,万分恐慌,再也不敢前进。原来这是戚继光派人制造的一种秘密武器,叫"自犯钢轮火",类似现在的地雷,埋在地下,敌人踩上,就会发生爆炸。这武器从未使用过,今天用来对付鞑靼骑兵,效果非常好。

这时,戚继光指挥骑兵杀出,伯彦军仓皇而逃。明军随后追击,在石河墩形成三面合围的局面,伯彦见败局已定,率残部夺路而逃,明军大获全胜,戚继光圆满完成援辽任务。

由于戚继光镇守蓟州的成绩,加官"太子太保"。援辽告捷后,又加官"少保"。这是明朝武将的最高荣誉,戚继光被称为"戚少保",就是由此而来。

转眼之间,戚继光到北方已十多年了。蓟州在戚继光坐镇之前,经常受到鞑靼骑兵的袭击,明政府为此增设昌平镇,派大将镇守,以便和蓟州遥相呼应,但仍旧无法保障这一地区的安宁。十七年间,蓟州镇因此连续撤换了十员大将,直到戚继光上任,这种局面才得到根本的改变。经过戚继光的努力经营,这一带边防十分巩固。每次朝廷大臣前来检阅,都说蓟州军容最好,边塞出现了太平景象,京城的安全得到保证。面对取得的这些成绩,两鬓苍苍的戚继光感到无限的安慰。

每当空闲的时候,戚继光就和在南方时一样,喜欢逛逛山水,

接受北调,为国家鞠躬尽瘁

吟吟诗。有一次，他登上盘山 (在蓟州西北二十五里) 山顶，举目四望，只见天高云低，群峰伏首，夕阳将尽，草木已衰，不禁写下这样的诗句：

霜角一声草木衰，云头对起石门开；

朔风虏酒不成醉，落叶归鸦无数来。

但使玄戈销杀气，未妨白发老边才；

勒名峰上吾谁与？故李将军舞剑台。

——《登盘山绝顶》

万历十年（1582 年）初冬，戚继光将他历年所写的诗文集成五卷，即《横槊稿》三卷、《愚愚稿》二卷，合称《止止堂集》。这部书在戚继光生前就已印刷发行，此后又有多种刻本，一直流传到今天。

第六章

英雄的晚年生活

万历十年（1582年）六月，一代名相张居正病逝。不久，这位改革家就遭到了攻击，一向受张居正重视的戚继光也受到了牵连。万历十一年（1583年）二月，戚继光被调往广东。在广东的日子里，除整顿军队之外，戚继光还整理了他写的兵书和文集，总结了自己一生练兵的经验。虽然那时候他才五十多岁，但由于政治上的打击和多年劳累所得疾病的折磨，他已无心再在宦海中遨游。在反张居正之风愈刮愈烈的情况下，他被罢官。回到故乡的戚继光，在贫病交加中与世长辞。

谪调广东

——人情到老方知味，世态无端尚有天

戚继光在北上之初，自己原先设想的各种方案并没有得到朝廷的认可。但是他毫不气馁，从大处着眼，小处着手，通过不懈的努力，逐渐改变了自己所处的环境，不仅将懒散成习的边兵训练成为一支精锐的节制之师，而且非常善于适应环境，善于处理人际关系，建立起非常良好的上下级关系，这在当时的历史条件下是尤其可贵的，为他施展自己的抱负搭建了舞台。

他的直接上司谭纶是他多年的老朋友，二人共同在东南沿海进行过抗倭斗争，他们的友谊就是在抗倭的战场上建立起来的，后来又一起北调。二人有共同的爱国志向和报国情怀，对边防问题的认识也颇多一致，这就为两人的良好合作打下了基础。谭纶对戚继光的工作不仅全力支持，而且多次保护过戚继光。巡抚刘应节是他的老乡，他的另一位朋友汪道昆任兵部侍郎。他们都在不同程度上支持过戚继光。

特别值得一提的是，戚继光得到了内阁首辅徐阶、高珙和张居正

的支持和倚重，特别是张居正，对戚继光可谓关爱有加，他不仅多次给戚继光写信提醒他应注意的问题，而且还把那些同戚继光意见相左的官僚调往别处，为戚继光在蓟北的军事改革扫清了障碍。

当然，戚继光之所以能够得到这种支持和青睐，也与他本人具有卓越军事才能有关。正如谈迁在《国榷》中所说："非戚将军附江陵（张居正）也，江陵自重将军耳。"扶持一位才能卓著的将领防守北边，对于在政治上积极进取、试图有所作为的张居正来说，也是自己施展抱负的需要。他需要戚继光这样的将领来保卫国防。

戚继光的下级东路协守副总兵胡守仁、西路协守副总兵李超，都是他的老部下，跟随他出生入死多年，忠心耿耿。他的弟弟戚继美也曾经一度在他的身边，带头执行他颁布的各项命令，在修筑空心敌台的过程中，正是戚继美领兵率先建立了七座敌台，为沿边敌台的修建树立了榜样。这种良好的上下级关系，使得戚继光的军事改革能够得到顺利推行，他的各种想法都能得到实现。

但是随着时间的推移，物是人非，他的老部下李超和胡守仁相继调走，弟弟戚继美也调任金山游击将军，老朋友汪道昆也于万历三年（1575 年）离职回乡。万历四年（1576 年），土蛮部落乘雨夜窜入明朝边地进行抢掠。参将苑宗儒和名将汤克宽在出边追击时遇伏战死，沿边守军在这次边境战斗中的失利给戚继光带来夺俸的处分，也给那些想整倒他的人提供了话柄，甚至在皇帝给戚继光处分后，兵科都给事中裴应章还认为戚继光应该坐受重罪。

胜败乃兵家常事，有人却揪住此点不放，并想在这事上大作文章，整垮戚继光，使得忠心报国的戚继光遭受到沉重的心理创伤。他在南方抗倭时感染的老毛病再次复发，万历五年（1577 年）春，戚继光终于病倒了。面对复杂的局面，他在诗中写道：

> 燕越烽烟二十春，一朝病集未闲身。
>
> 忽来窗外黄梅雨，又送新愁到耳频。

该诗反映出戚继光对人事困扰的苦闷和忧郁。多年的征战生活给自己的身心健康带来极大的伤害，偶尔的失利又换来如此的结果，疾病的困扰和心情的郁闷使他产生了隐退的想法。他在另一首诗中写道：

> 风尘已老塞门臣，欲向君王乞此身。
>
> 一夜零霜侵短鬓，明朝不是镜中人。

他在疾病愁苦中上疏朝廷，请求朝廷准许他回家养病，但是没有得到朝廷的批准。就在他苦闷彷徨之际，更大的打击接踵而来。万历五年（1577年）四月，他的好友，时任兵部尚书的谭纶不幸病逝。戚继光深知自己深受谭纶的帮助和提携，如果没有谭纶的上下照应，自己可能早已死于流言蜚语之下。眼下正在自己受到恶毒攻击，急需帮助的时刻，好友却撒手人寰，怎不令人悲痛！

与他同感的还有他的好友俞大猷，俞大猷无法承受好友去世的打击，以年老有病为由，辞官回乡。万历七年（1579年）回到故乡，不幸病逝。遥想当年，三人以"安社稷、济苍生"相互勉励，今日却空余戚继光一人，这使得他分外感伤，即使节日的欢乐，也无法使他的心情变得轻松起来。他在万历八年（1580年）的除夕之夜写下了这样的诗句：

> 南北征途莫问年，但教意气每翩翩。
>
> 人情到老方知味，世态无端尚有天。
>
> 蕉梦菁残仍泽国，梁炊未熟已桑田。
>
> 边书不至昏钟起，犹抱丹忱付篆烟。

回想自己年轻时所立的"封侯非我意，但愿海波平"的志向，自己只有更加努力，才能对得起去世的老友，尽管自己面临着困境，他仍然怀着一颗报国之心，尽着自己最大的努力。万历五年（1577年）以后，他又接连进行了一系列的国防工程建设，特别是他修建的喜峰口城楼群，有三道瓮城，四道关门，在中国古代城池史上，占有极其重要的地位。

万历七年（1579年），土蛮的五万骑兵再次进攻辽东，戚继光率部支援，与辽东名将李成梁配合作战，将敌人击退。万历八年（1580年），土蛮再次兴兵十万人犯锦州等地，戚继光再次率兵支援，戚继光不仅把自己的防区守卫得非常严密，而且还具备较强的整体协同观念，积极支援其他的防区。

就在戚继光努力御边的同时，一场突如其来的政治漩涡却将他卷了进去。万历十年（1582年）六月，一向对戚继光多有关爱的内阁首辅张居正病逝。张居正的病逝引起当时政治局势的严重动荡，因为他在任期间所推行的改革触犯了朝中一些权贵的利益，尸骨未寒的他即遭到了这些人的反攻倒算。他们给张居正加上一长串的罪名，到后来甚至发展到抄家的地步，连张居正的儿子张敬修也被逼得自杀。

正所谓：成也萧何，败也萧何。张居正的逝世不仅使戚继光失去了一位能够支持自己工作的老上级，更为致命的是那些人把怨气撒到了所有和张居正有关联的人身上，深受张居正提携而又手握重兵的戚继光也成为他们的眼中钉、肉中刺，必欲除之而后快。

这时戚继光一手提拔起来的将领陈文治，落井下石，企图利用当时清算张居正的风潮替代戚继光的职位，到处散播流言蜚语。京城有人甚至把当初张居正和戚继光正常联系的工作信件冠以勾结联络、意图谋反的罪名。形势的发展对戚继光非常不利。就在这时，兵科都给事中张鼎思建议把戚继光调往南方，先前对戚继光的告老请求不允的朝廷此次一反常态，欣然应允。万历十一年（1583 年）戚继光被调任广东总兵官。

这次政治风潮不仅使戚继光受到打击，他的亲属和老部下也因此而受到连累。刚刚升任贵州总兵官的戚继美被罢官，戚继光的老部下胡守仁也被冠以罪名，遭弹劾去职。尽管此次事变使戚继光遭受了沉重的打击，但是他被调往远离政治漩涡的岭南，却使他暂时躲过了那场危机。

戚继光打点行装，准备南下。蓟北百姓对戚继光恋恋不舍，在老百姓的心目中，戚继光不仅是战功赫赫的将军，而且是和平的象征，只要有戚继光在，时刻觊觎他们财富的蒙古骑兵就始终不敢越长城一步。如今，这位对敌人有强大威慑力的将军就要离他们远去，以后的日子谁又能想象呢？

驻地的百姓流着泪送别戚继光，久久不愿离去，有的甚至一直把他送出蓟州境外。

　　　　辕门遗爱满汇燕，不见胡尘十六年。

　　　　谁把旌麾移岭表？黄童白叟哭天边。

诗人陈第的这首诗就是当时百姓送别戚继光情境的真实写照。

 **壮心不已**

——日月不知双鬓改，乾坤尚许此身留

离开蓟北后，戚继光一路南下。途中，戚继光曾回家乡山东蓬莱探望。自从受命南下浙江抗倭，他已经二十多年没有回过故乡了。他放舟蓬莱阁下，面对着故乡的青山绿水，回顾自己的征战生涯，感慨万千，他在《放舟蓬莱阁下》诗中写道：

　　三十年来续旧游，山川无语自悠悠。

　　沧波浩荡浮轻舸，紫石峻嶒出画楼。

　　日月不知双鬓改，乾坤尚许此身留。

　　从今复起乡关梦，一片云飞天际头。

故乡以宽广的胸怀，抚慰着远方游子的伤痕。故乡虽好，戚继光却身负调令，在流火的七月里，他再度踏上南下的征程。中秋佳节，他在杭州的西湖上，与赋闲在家的好友汪道昆操舟赋诗，互相安慰。话别老友后，他继续南下，翻越梅岭，面对着逶迤的五岭山脉，在他头脑中萦绕不去的仍然是他战斗保卫过的蓟北塞外。他在《度梅岭》

的诗中写道：

> 北去南未已白头，逢人莫话旧时愁。

> 空余瘐岭关前月，犹照渔阳塞外秋。

而此时的塞外，由于戚继光的离去，又重新陷入了动荡不安，久已臣服的朵颜等三卫在戚继光离去的同年六月又再次来犯，造成明朝人员的伤亡和财产的损失。戚继光主持修建的防御工事仍在，却不能发挥应有的作用，这不能不说是一种悲哀。

戚继光到达广东后，广东方面的情况更令他寒心。戚继光还在南方的时候倭患就早已平息，广东承平日久，军队管理混乱，贪污腐化现象严重。对别人来说，在这种地方任总兵官真是个好差事，但对于一心报国的戚继光来说，眼看北边的威胁日益严重，自己却待在这个地方无所事事，报国无门的焦虑不是普通人所能理解的。

戚继光的可贵之处就在于即使自己的心情再郁闷，在实际工作中也毫不消沉。

> 江潭犹抱孤臣节，身世何须渔父谋。

> 一片丹心风浪里，心怀击楫敢忘忧!

在军事训练方面他依然如故，首先从自己身边的标兵开始进行部队的整饬工作，整饬这些懒散成习的兵比训练一支新军还要困难许多倍，因为新军在招募时可以择优录用，然后加以严格的训练，只要持之以恒，就不会形成各种恶劣的习气。而当他面对这样一支拖拉懒散的部队时，自己的任务就不仅仅是训练他们，提高他们的战斗力，而是要同这支部队的各种不良风气进行斗争。凭着自己多年的练兵、带兵经验，戚继光硬是把身边的标兵整饬成一支模范部队。

万历十二年（1584 年）四月，他还巡视了广东沿海的惠州、潮州、肇州、庆州等地方的战备情况。虽然倭寇已经平息，但他仍然保持着高度警惕。他深知，只有时刻握有一支能征善战的部队，才能对各种可能的威胁有效遏制，才能避免重蹈当年倭寇大举来犯时无兵可用的覆辙。他原想在巡视完毕后，对广东全省的沿海防务重新整饬，但是忘我工作，以致旧病复发，戚继光不得不在当地的小金山修养。

修养期间，戚继光也是身闲心不闲，"杖黎徙倚蕉窗下，几度从容检内篇"。他对自己多年笔耕的结果进行了重新整理。万历十二年（1584年）九月，他重新对《纪效新书》进行了整理，把它由原先的十八卷本整理成十四卷本，新版的《纪效新书》不仅仅是原先十八卷本的缩略本，总结了原先东南沿海抗倭的军事成果，保留了《守哨篇》和《舟师篇》，而且还把他在蓟镇练兵、筑城的经验增补进去，新加了《练将篇》和《胆气篇》，该书可以看作是戚继光毕生军事经验的总结。他融十八卷本《纪效新书》与《练兵实纪》为一炉，使他的军事思想又达到了一个新的高度。

整理完毕后，戚继光把他交给布政司刊刻，然后分给自己手下的大小将领，让他们以此作为训练士兵的教程。十四卷本《纪效新书》的刊刻发行是戚继光在广东任总兵官期间对后人所做的最大贡献。

另外在广东期间，迫于政治环境，戚继光对《止止堂集》进行了重新整理。当时对张居正的清算之风甚嚣尘上，他们对已经被降职南调的戚继光仍然不肯放过，为了不授人以权柄，戚继光对该书中涉及政治的部分进行了删节，删去的内容几乎占到全书内容的一半。这位习惯于沙场征战的老将，对当时的政治斗争却深感无奈。

 **告老还乡**

——花发旧林春自足，醉来清夜月谈尘

万历十二年（1584 年）十一月，朝廷罢免了戚继光所任的广东总兵官一职，让他告老还乡。对此，戚继光是非常感激的。在离开广东返回故乡之际，他在《别粤中诸公》诗中表达了当时的心情。

　　　　瘴海氛多晓亦寒，维舟更识主恩宽。

　　　　放怀到处青山外，幽梦那知白日残。

　　　　别酒闻歌还障袂，除书拭目听弹冠。

　　　　人间薏苡容身易，天汉风波把舵难。

深受儒家文化影响的他，即使在罢官回乡的路上，仍然不时地想到那苍凉雄浑的塞北。在途经梅岭时，他又写下了这样的诗句：

　　　　五岭山头月半湾，照人今古去来还。

　　　　清袍芒履途中味，白简朱缨天上班。

　　　　烟水情多鸥意惬，长林风静鸟声闲。

　　　　依稀已觉黄粱熟，却把梅关当玉关。

过梅关后，戚继光折向东北，绕道来到汪道昆的家乡安徽歙县，汪道昆还为戚继光起晚号"盂诸"。戚继光在此地逗留了近一个月后继续北返。

天有不测风云，走到半路的戚继光得到了弟弟戚继美去世的消息。在这之前，戚继美的夫人李氏已经病逝，灵柩还没有入土。戚继光闻听噩耗传来，兼程赶回。

万历十三年（1585年）十月，戚继光回到故乡蓬莱。当他迈进家门时，弟弟和弟媳的灵柩都停在堂上，戚继光面对着自己的侄子戚寿国大哭不已。罢官去职对他来说都算不了什么，失去手足才真正让他痛心不已。弟弟的死对年事已高的戚继光是一个非常沉重的打击。

戚继光晚年热衷于地方的公益事业，他捐资重新修葺了蓬莱阁，还修建了家庙。家庙建成后，他亲自写了一篇很长的祭文对自己的一生进行了总结和概括，算作是对列祖列宗的汇报。

戚继光在任期间，在生活用度方面一向十分节俭，所得奖赏，多分与士卒。因此当他结束三十多年的为官生涯返回故乡时，自己所积累的几千卷书籍是他唯一的财富。回家后他热心地方事

戚继光纪念馆

业，罢官之后没有薪俸，他的原配夫人王氏却在此时同他反目，卷走了他的全部积蓄，以至于他连生病抓药的钱都出不起。

万历十五年（1587年）三月，戚继光游览东海奇松，作赋一首以明志。这是戚继光一生中写的最后一首诗：

> 蓬莱畔，奇尔松！苍鳞黛鬣身虬龙。
>
> 风雨时时吟不歇，炎天凄切寒无冬。
>
> 问之何代谁植此？精神命脉羌如彼！
>
> 初不避山林，原不竞朝市。
>
> 久随冷淡缘，静任盈虚理。
>
> 寿已千龄外，恍然一瞬里。
>
> 松有闻，尘嚣两耳具纷纭；
>
> 松有见，转眼荣瘁亦堪叹！
>
> 松若有心情，能忘利与名。
>
> 人非松，松非人，古来那具千年身？
>
> 龙争共虎斗，转眼即成陈。
>
> 松兮人兮奈尔何！摇笔且放奇松歌。

戚继光晚年的遭遇，引起了许多人的不平。万历十五年（1587年）九月，河南道御史傅光宅鉴于戚继光卓越的军事指挥才能，上书朝廷，建议重新起用他，结果却遭到朝中当权派的严词拒绝，不但建议未被采纳，还被予以夺俸两个月的处分。

万历十五年（1588年）十二月十九日，戚继光突然发病，第二天鸡叫的时候，这位征战一生的老将军终于闭上了双眼。在贫病交加和无奈中走完了自己六十年坎坷的生命历程。戚继光死后，受当时政治环境的影响，朝廷连反应都没有，他的功劳也多被抹杀，直到崇祯年

英雄的晚年生活

间，才对他死后所遭受的不公正待遇给予平反。

流芳百世

——百战著勋名，千秋隆祀典

戚继光死后，他的军事学说仍然对当时的军事活动有深刻的影响，明朝政府中的有识之士曾经对戚继光的军事著作多次刊布，目的就是为了指导当时的战争实践，希望借助戚继光的军事经验挽回明朝倾颓之势。

全国各地尤其是南方各地也多是按照戚继光的思想训练军队，在其后的援朝抗日战争中，南方将士在战争中做出了杰出贡献。当时的参战军队和参战将领，很多是戚继光的老部下。他们在战争中的英勇表现，与当年戚继光严格的军事训练是分不开的。

戚继光的军事思想都是根据他自身的战争实践经验总结出来的，反过来又经受了战争实践的检验，所以他遗留下的《练兵实纪》、《纪效新书》十八卷本和《练兵实纪》十四卷本等三部兵书以及其他军事方面的相关文献引起了广泛的关注，在当时就很受人们的推崇。

明末总督洪承畴曾经给予戚继光高度评价，认为他是中国古代兵学史上继孙武之后的第一人。这种评价并不过分，孙武所解决的是军队的使用问题，而戚继光则解决了军队的建设问题，军队建设是军队使用的基础，二者的地位同样重要。

历明而清，对戚继光的评价并没有随着时间的推移而有所降低。清人沈兆沄在《兵武闻见录·序》中说："唯戚继光《纪效新书》《练兵实纪》，士大夫尤奉为圭臬。"所以如此，是因为戚继光的著述全是对实践经验的总结，咸丰年间，曾国藩对戚继光军事思想非常推崇，他在编练湘军的过程中，从士兵挑选、编制体制、训练方法等诸多方面都深受戚继光的影响。

戚继光之墓

19世纪60年代以后，随着西方新式火器的大量传入，中国开始采用西方的军事操典对部队进行训练。虽然戚继光军事思想中的很多东西都已经不再适应近现代军事潮流的需要，但戚继光对军队建设的重视，他的"操练遗意"仍然值得取法。

在浙、闽沿海一带，百姓为感激当年戚继光驱逐倭寇，把与戚继光或"戚家军"有关的街、路、村、井等，以戚继光的名字命名。如福建宁德樟湾村有戚公井，是嘉靖四十一年（1562年），戚继光率军攻打横屿倭寇前后驻军樟湾时，为不与民争水，打井以供人畜饮用，后被称为戚公井。在福建莆田黄石镇也有一口戚公井。

以戚继光命名的路有浙江椒江市区的戚继光路，浙江余姚市临山镇有以戚继光命名的戚家村，此外还有戚继光桥、戚继光公园、戚家山等。浙闽地区有些习俗是和戚家军抗倭有密切关系的。一般的火把都是举着的，但在福建宁德，人们农历八月十五制的火把很长，是扛着的。为什么会有这样的习俗呢？这与戚继光抗倭是分不开的。在嘉靖年间，戚家军为消灭以横屿为巢的倭寇，夜间要走很远的路，短短的火把点一会儿就得更换，所以就把火把扎长，火把一长就只好扛着走了。横屿大捷使深受倭寇之苦的宁德人民获得了新生，他们感激戚继光，每到农历八月十五就扛着戚家军式的火把作为纪念。这种习俗一直流传至今。

在浙江台州地区有这样的习俗，清明节不是一天，而是"清明长长节，过到端午息"。这与戚继光抗倭有密切的关系。台州人民为了反击侵略者，好多青年男子投身于戚家军。清明节来临，戚家军时刻准备消灭进犯的敌人，不可能让士兵都回家去扫墓，但祭祀祖宗是件大事，是必须要做的。于是戚继光就让战士到清明节轮流回家扫墓，这样扫墓就从清明节开始一直拖到端午节。这种做法后来就成了一种习俗延续下去。备受倭患之苦的东南沿海民众，对解除他们痛苦的戚继光有无限的感激之情，祠、庙等建筑就是他们这种感情的一种表示。

福建省福州市的于山顶建有戚公祠。嘉靖四十一年（1562年），戚继光率军援闽抗倭，获得横屿、牛田和林墩大捷后，班师回浙。福建官绅在福州于山平远台设宴为戚继光践行，汪道昆为其勒石记功。后来人们在于远台建戚公祠。祠旁有醉石和醉石亭，相传为戚继光在宴会上醉酒处。

福建省莆田黄石镇有林墩戚公祠。牛田大捷后，戚继光率军追敌，在莆田林墩彻底消灭了进犯福建的倭寇。莆田、黄石的民众为纪念此次战功在林墩建祠奉祀戚继光。祠内有戚继光亲笔书写的"还我山河"四个大字的木匾，林墩戚公祠规模较大，雄伟壮观。

此外，还有浙江省慈溪市雁门乡王家村的下梅林庙，浙江省余姚市林山镇的临山少保祠，浙江省温岭市新河镇的戚武毅公祠，福建省仙游县的仙游崇勋祠等。

在北方，戚继光离开后，过去每隔几年就要遭受一次蒙古铁骑蹂躏的百姓，为感激戚继光也建祠纪念。人们希望后来人以戚继光精神来保卫人民，反抗侵略者。1939年，蓟县政府在人民的强烈要求下，在关公、岳飞合祀殿里设立的名将牌位中就有戚继光，每年春、秋两次祭祀。

在戚继光的故乡蓬莱共有两座戚氏牌坊。"父子总督坊"和"母子节孝坊"。"父子总督坊"是为表彰戚继光和他的父亲的功绩而建，"母子节孝坊"是为了褒扬戚继光的祖母和他的父亲而立，同建于嘉靖四十四年（1565年）。两座牌坊都是四柱三间五楼，云檐多脊石雕坊，由花岗岩雕刻而成，高9.5米，宽8.3米，巍峨挺拔，气势雄伟。

崇祯八年（1635年），崇祯帝接受翁宗伯的提议，为戚继光建表功祠，赐额"表功"，表功祠上有这样一副对联：

百战著勋功

千秋隆祀典

这是对戚继光为巩固大明江山所立不朽功勋的肯定和褒奖，也是对戚继光一生的高度总结和概括。

第七章

留给后人的财富

戚继光是一位了不起的军事家。不仅仅是因为他打了很多的胜仗，更重要的是他的军事思想光彩夺目。谈军事思想离不开军事思想的载体军事著作。据统计，戚继光的著作现存的只有五部，即《纪效新书》（十八卷本）、《练兵实纪》、《纪效新书》（十四卷本）、《止止堂集》和《戚少保奏议》。他的军事思想有两个明显的特点：一是兵儒融合更突出；二是实际操作性更强。这也是其军事思想影响深远的原因。

《纪效新书》

《纪效新书》是戚继光在抗击倭寇时写出的第一部军事著作。现存十八卷，卷首一卷。卷首由两篇《公移》和《纪效或问》组成，正文依次为《束伍篇》《操令篇》《阵令篇》《谕兵篇》《法禁篇》《比较篇》《行营篇》《操练篇》《出征篇》《长兵篇》《牌筅篇》《短兵篇》《射法篇》《拳经篇》《诸器篇》《旌旗篇》《守哨篇》《水兵篇》。

从以上的篇名可以看出，它是以训练为主的一部兵书。卷首两篇《公移》，一篇是《任临观请创立兵营公移》，开头就说"呈为处练陆兵以便图报事"，提出兵要练的问题；一篇是《新任台金严请任事公移》，戚继光请"专任责成，殚瘁心力，大振海防军伍"，要求给他便宜行事的权力。《纪效或问》则总括地谈练兵的理论问题，从军事思想角度来看，这是全书最精辟、理论色彩最浓的部分。他针对明朝练兵存在的弊端，结合东南沿海兵员情况和敌情，提出应该练什么，怎么练，才能练出能征善战的节制之师。

留给后人的财富

正文对挑选什么人当兵，挑选之后怎样编成队伍，这支队伍怎样进行号令、武艺、营阵的训练、考核，怎样行军、作战、扎营，以及怎样遵守战场纪律等都有论述。也就是说，从把一个个老百姓挑选出来，组成军队，到把这支军队训练成能征善战的节制之师的各个环节，都进行了具体详细的阐述。对金鼓、弓箭、各种冷兵器、火器、舰船的性能、制造、使用技艺，以及城镇的防守、墩台侦察报警，水军的训练、作战等也都做了叙述。可以说《纪效新书》从军队建设到攻守战法无不俱载，但主要是讲军队的组建和训练问题。

《纪效新书》是中国第一部训练专著，正如戚继光所说："数年间，予承乏浙东，乃知孙武之法，纲领精微莫加矣，第于下手详细节目，则无一及焉。犹禅家所谓上乘之教也，下学者何由以措？于是乃集所练士卒条目，自选畎亩民丁，以至号令、战法、行营、武艺、守哨、水战，一一择其实用有效者，分别教练先后次第之，各为军事一卷，以诲诸三军俾习焉。"训练向来为人们所注重。孙子把军队是不是训练作为战争胜负的条件之一，但练什么，怎么练，他没有阐述，他以后的军事家们也没有具体阐述。由此可见《纪效新书》的开创性和它在学术上的重大意义。

《纪效新书》不仅在学术上有重大意义，而且有巨大的实用价值。戚继光在《纪效新书自叙》中讲："夫曰'纪效'，所以明非口耳空言；曰'新书'，所以明其出于法而不泥于法，合时措之宜也。"也就是说，它不是空口说瞎话，是戚继光用来训练军队的具体条款。戚继光自嘉靖三十五年（1556年）提出练兵的问题，第二年冬开始正式训练胡宗宪调给他的三千人，到了嘉靖三十八年（1559年）又招募义乌兵进行训练，嘉靖三十九年（1560年）才写成此书。

这部书是根据古代练兵的原理写的，但不拘泥于那些原理，而是从当时抗倭战争的实际需要出发，为解决当时军队建设中的弊病而写的。因此，在当时它具有鲜明的针对性和巨大的实际意义。而它所揭示出来的练兵的一些基本规律，则具有永久的价值。这就是为什么该书问世之后，一再刊刻，代代相传，始终为兵家所重视的原因所在。

《纪效新书》（十八卷本）版本甚多。现存的明刻本有隆庆间刻本、万历二十三年徐梦麟本和岭南书林江殿卿明雅堂刻本、万历间刻本和明刻本等六七种之多，清乾隆、嘉庆、道光、咸丰、光绪年间均有刻本，有的一个朝代就有几种刻本，还有抄本。民国年间有 1929 年、1933 年、1934 年、1935 年、1938 年等六七个刊本。近

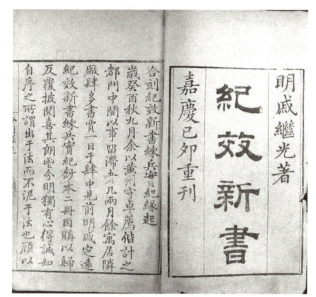

戚继光所著《纪效新书》

年也多次印刷，人民体育出版社 1988 年出版了该书的标点校刊本。中华书局于 1995 年出版了校点本。另外，《墨海金壶》等丛书也收录了此书。国外，朝鲜有安营刊本，日本有宽政九年（1797 年）、宽政十年（1798 年）和安政三年（1856 年）刻本，所以流传甚广。中华书局 2001 年又出版了校点注释本。该书以隆庆本为底本，进行了校勘，是近年来所出版的《纪效新书》中较好的一个版本。

关于这部书到底是什么时间写成的，《戚少保年谱耆编》有这样的记述："嘉靖三年（1560年）春正月，创鸳鸯阵，著《纪效新书》"。又说："集所练条目，自选伍以至号令、战法、行营、武艺、守哨、水战，皆择其实用有效者，分别先后次第之，各为一卷……名曰《纪效新书》，凡十有四卷。"这里讲得很明确，《纪效新书》是嘉靖三十九（1560年）正月戚继光汇集他训练士兵的"条目"而成书的。但有一个问题，就是卷数只有十四卷，和现存的十八卷、首卷一卷不同。戚继光还有一部《纪效新书》是十四卷，但内容与上述"年谱"所说的内容不同且为晚出（详见后）。那么"年谱"为什么说是卷呢？因为《纪效新书》刚成书卷。这点从现存的卷本《纪效新书》时确为中尚可找到痕迹。在该书卷十四的"题解"中称："此艺不甚预于兵，能有余力，则亦武门所当习，但众之不能强者，亦听其所便耳。于是以此为诸篇之末，第十四。"那么另四卷和卷首写于何时呢？卷十七当与前十四卷同时写就。其"题解"中说："守是攻之策。自古名将必先斥堠。但此三事（墩堠、守城、伏路），皆示卫所之行移，非教战士之技，不能编次诸篇之间，故为附卷。"原来在十四卷时，这卷没有列入正文，是作为"附卷"的。另外三卷和卷首约成书于嘉靖四十年（1561年）。卷首和卷十八都可以找到痕迹，如卷首提到嘉靖四十年辛酉之役，卷十八提到嘉靖四十年戚继光所造的四十四艘战船，等等。这些说明卷首和卷十八不可能成书于嘉靖四十年前。但成书于嘉靖四十年冬的《筹海图编》的参考书目有《纪效新书》，而且正文中引了卷首和卷十八的内容，这又说明卷首和卷十八在嘉靖四十年前就写成了。《筹海图编》还引了戚继光另一部著作《三台经略》。该书现已失传，不排除《筹海图编》所引的现存《纪效新书》的内容，而当时载于《三台经略》。但它是嘉靖四十年冬以前写的。

那么《纪效新书》到底何时成为现在这样的十八卷呢？美籍华人黄仁宇教授在《万历十五年·戚继光——孤独的将军》一文的注释中说："《纪效新书》初印于1562年，见《明代名人传》233页。"这里讲的"初印于1562年"，即嘉靖四十一年。如果这是指最初的十四卷和附卷是错的，现在的十八卷则是可能的。因笔者未见《明代名人传》一书，不知其根据，很难做出决断。但即使嘉靖四十一年曾刊印，那么后来戚继光肯定做过改动。

《筹海图编》纪效新卷本所引戚继光的论述涉及今书的卷首、卷一、十、十一、十五、十八各卷，但文字均与现存的《纪效新书》各卷的文字有差异（卷十八的改动是个别的），就是明证。嘉靖四十五年（1566年）春，王元美所撰《戚将军纪效新书序》中说："因出一编授余曰：'此戚将军所著《纪效新书》也。'余得而读之，卷凡六，自《束伍》以至《水兵》，篇凡十有八。"由此卷本来看，现存的十八卷《纪效新书》刊刻时间不晚于嘉靖四十五年（1566年）。

从现存的刊本来看，最早的是隆庆刊本。有的著录说，台湾的图书馆藏有"明嘉靖间东牟戚氏刊本"，实则此刊本乃隆庆年间刊本。因此《纪效新书》最早当成书于嘉靖三十九年（1560年），当时只有十四卷和附卷，后又经过补充、修改成为现在的十八卷本，其时间最迟不迟于嘉靖四十五年（1566年）。

留给后人的财富

 **《练兵实纪》**

戚继光

戚继光在军队的训练方面积累了丰富的经验，形成了成熟的军训理论和方法。他借鉴自己在南方抗倭时训练部队的办法，给部队编发了新的训练教材，这就是今天我们看到的《练兵实纪》。

《练兵实纪》全书共九卷，附杂集六卷。正集九卷依次是：练伍法、练胆气、练耳目、练手足各一卷，练阵营四卷，练将一卷。当时是一卷一本，练将的部分给将领，练兵的部分既给士兵也给将领。《练兵实纪》在很多地方借鉴了《纪效新书》的内容，随着地理条件的不同和戚继光军事经验的积累，《练兵实纪》又发展出了很多新的内容。

戚继光认识到只靠严格的纪律无法维持和约束部队，所以他在《练兵实纪》中非常注重加强对士兵的道德说教，他对士兵们讲：在你们当兵期间，即使在刮风下雨时节，袖手高坐，也少不得银米，这银米都是官府从地方百姓那里征派来的。你们在家哪个不是耕种的百姓？想一想在家种田时征调的苦楚艰难，就会认识到今日食银来之不易。又不用你耕种担作，养了一年，不过希望你在战场上取得胜利，你不肯杀贼，保障取胜，养你何用？就是军法漏网，上天也会假手于人，定不放过骗食官粮的人。

戚继光又在《练兵实纪》中大谈善恶因果循环报应之类的事情，他在对士兵的训话时说："道经佛法，说天堂地狱，说轮回报应，你们如今把我的号令当道经佛法一般听信，当轮回报应一般惧怕，人人遵守，个个敬服，这便是万人一心了。"但是戚继光绝不是一个超自然的崇拜者，在这种时候，超自然的信仰只是一种治军的手段，由于士兵的文化程度普遍较低，宗教语言是当时位于社会下层的士兵们普遍能够接受的语言，所以戚继光把它作为军事教育的辅助手段。道德的说教加上群众固有的宗教信仰，使戚继光得以最终在

戚继光所著《练兵实纪》

他的部队中建立起铁一般的纪律。

练胆气是明代军事家们提出的，首先提出这一命题的是俞大猷，他认识到练胆是练兵的前提。戚继光在此基础上对这一认识进行了深化，并且提出了系统的训练方法。《练兵实纪》中以一卷多的篇幅专门阐述了"练胆气"的问题，在"艺高人胆大"的传统认识基础上，又提出了"胆大艺更高"的新观点。

《练兵实纪》是为抵御北方蒙古骑兵所作，所以它在训练内容上涂上了北方色彩，它所讲的大都是车、步、骑诸兵种的协同作战问题。

西方的合同战术产生于第一次世界大战后期，而戚继光在《练兵实纪》中的相关论述比西方早将近二百五十年。

同以前有很大不同的是，戚继光的地位和身份已经同在南方抗倭时发生了很大的变化，那个时候他手下的士兵最多只有一万多人，而现在他手下的士兵最多的时候达十万人，如果再像过去那样治军肯定是行不通的。兵法云："治众如治寡，分数是也。"这就要求戚继光特别关注手下将领的培养和教育，这也是与《纪效新书》相比之下一个很大的区别。

鉴于沿边将领习惯于划地防守，在敌人来攻时互不救援的情况，戚继光非常注重加强对手下将领进行协同作战的教育。隆庆四年（1570年）六月二十一日，戚继光召集他手下的所有将领到他的驻地三屯营开会，等到大家都在他的书房中落座以后，戚继光问大家："各位今天坐在什么地方？"这一突如其来的问话，使他手下的将领们面面相觑，大家都搞不清楚戚继光的葫芦里卖的是什么药，戚继光说："这不是三间房子，而是一条在风雨中漂泊的破船。如果大家依然像过去那样你争我斗，自己顾自己，而不是同心协力把这条船撑到岸，早晚大家都要被水淹死。"戚继光对当时蓟镇形势的分析，使得那些自私自利的将领受到一次深刻的教育。

《练兵实纪》要求，为将者首先要正心术，对于自己的生死利害，一定要置之度外，经常考虑的应是"忠君、敬友、爱军、恶敌、强兵"。这不仅是对自己负责，也是对手下的士兵和他们的家人负责。当然，仅有"为国为民"的思想是不够的，还要学兵法，练武艺，使自己具备带兵打仗的本领，合乎优秀将领的要求。

当时军官的任命多数以世荫的形式承袭父业，戚继光本人就是以这种形式踏上他的军旅之途的。从明朝中期开始，在军事将领的选拔上还采取武举考试制度。但是这种考试重在应试者个人的武艺是否娴熟和与之相对应的笔试，其要求只不过是看应试者是否粗通文墨，考察的内容对军事指挥则毫无涉及。至于行伍出身的将领，军事素质就更是可想而知了。军官来源途径的多元化造成军官素质鱼龙混杂、良莠不齐的局面。

为了解决这个问题，戚继光采取了很多具体措施。他设立武学，入学者首先要学习《孝经》《论语》《孟子》等书，培养自己"为国为民"的思想。然后学习《百将传》，从中找出自己学习的榜样，同时注意书中的反面教训。另外，还要学习武艺和各种兵器的运用，务必达到精熟的程度。

在这个阶段的学习结束以后，还要有一个实习阶段，把他们下放到部队基层去进行锻炼。戚继光特别反对空谈韬略，他说："无论南北，凡是用兵的地方，必须将所储备的将士，分别派到行伍间去锻炼，出战时则放到战阵之中，在实战中考验，经得住考验，再分配给他一些任务，如果能完成，然后正式任用。只有这样，才能练出真正的将领。"使他们熟知地形、了解士兵和行军打仗中的各种细节问题，为以后的军事指挥打下基础。这样边教边用，在经过一个阶段的学习以后，受训者的军政素质将会得到很大的提高。

培养出优秀的将领之后，如何团结他们，使他们乐意为自己所用，戚继光在这个方面下了不少的功夫，费了不少心思。隆庆六年（1572 年），他曾率领众将在关公神像前宣誓说："如或仍前，不推心任事，不齐志协力……愿神鉴察，降与天灾、人祸、瘟疫、水火等厄，使全家立见死亡消败，绝子灭孙。"从而起到团结手下将领

留给后人的财富

的效果。

明朝时期，儒家思想渗透到各个领域，对军事思想领域也产生了深刻的影响。戚继光从幼年开始，便在父亲的影响下养成了勤于读书的好习惯。他七岁入学，又深得良师的教诲，对儒家经典进行过系统的学习。

他的后人称他"胸中澄澈如冰壶秋月，坐镇雅俗想"，融入兵家思想当中，以儒家思想来解释兵学，借助儒家语言对传统的兵学观点进行新的阐发。他的这种努力推动了中国古代军事思想的发展。

如果我们从这个角度来理解戚继光的军事思想，就会发现一个全新的视角，收到意想不到的效果。《练兵实纪·练将》的第一条内容是"正心术"。毫无疑问，这是受到了《礼记·大学》篇中"欲修其身者，先正其心"的影响。只是他对将领的"正心术"内容进行了军事界定，那就是要求将领光明正大，以实心行实事，纯忠纯孝，头脑里所想的全是如何忠君、报国、强兵之类的内容。《练将》篇中的大多数内容都是讲如何修身养性，因为按照戚继光的理解："心正而后身修，身修而后家齐，家齐而后国治，国治而后天下平。"正心术和修身是治国平天下的前提条件。

为了让目不识丁的将领能够正确领会他的讲解，戚继光还让手下的将领接受儒家经典的教育和洗礼。他规定的课程就有《论语》《孟子》《大学》《中庸》等，这些课程不仅要求将领能够背诵经典，还要体会和领悟。戚继光有时也抽时间给将领们讲解自己的学习心得，他本人对《大学》有很深的造诣，他曾著有《大学经解》一文，用儒学的观点来阐述军事问题，后该文收录在《愚愚稿》中。他的两位部将李超和胡守仁曾经这样评价《愚愚稿》："尽皆谈兵秘诀，治心做好人龟鉴。"从这里我们可以看出，戚继光军事思想的渊源和深度。

在对普通士兵的训练方面同样带有儒家色彩。他用传统的道德说教来教育手下的士卒，让他们树立忠君报国的思想。他强调练心，练孟子所说的"浩然之气"。

总之，戚继光在运用儒家思想对手下将士进行训练方面，弥补了过去兵家的不足，加深了古典军事思想的哲理性，成为当时兵儒融会的典范。

舒都荣《练兵实纪序》称"练将"篇"笼天地于纸上，挫万物于毫端"，其实通篇皆如此。

《止止堂集》

戚继光文武并举，在戎马倥偬之暇，他手不释卷，诗酒唱和，不但撰写了《纪效新书》《练兵实纪》等军事理论著作，指导战争实践，而且还留下了《止止堂集》等许多诗文篇章。当时即享有"负文武才如公者，一时鲜见其俪"之誉，郭朝宾在为《止止堂集》作序时称赞戚继光"因事抒思，搦管成章，故其文阂壮可追乎古，其声慷慨自合乎律也"。

　　有明一代，战功卓著，军事有成，而诗文并茂，文武堪称伟才者，戚继光当推第一。《钦定四库全书总日提要》称赞叹戚诗"格律颇壮""伉健，近燕赵之音"。

　　《止止堂集》包括《横槊稿》和《愚愚稿》两部分，共五卷，其中《横槊稿》三卷、《愚愚稿》二卷。据《戚少保年谱耆编》卷之十二记载，万历十年（1582 年）九月，由戚继光本人汇编而成。为何称《止止堂集》呢？"止止堂"是蓟州总理署中戚继光的三间书房的名号，亦兼作办公之用。堂名"止止"，取《周易》"大畜"卦意。"大畜"之卦，上卦为艮，下卦为乾。艮为山，为止；乾为天，为健。其卦意是"健而止"，谓刚健而不妄行，可止则止，进退有度。从《止止堂集》的内容看，无论是诗，还是誓戒、祭告、纪行、赠答等文，都是紧紧围绕其军事征战活动为核心内容而予以抒发和论述的。

　　《横槊稿》上卷主要集中戚继光现存的二百五十首诗歌。戚继光的一生经历了踌躇满志、功高遭忌、解甲归田三个不同时期，在其诗文中也呈现出三种不同的意境。

　　十九岁至四十一岁，即嘉靖二十五年（1546 年）至隆庆二年（1568 年），是他走向辉煌、逐步达到人生巅峰的时期。

　　十九岁那年，戚继光袭任父职，此后他参加武举、保卫北京、戍守蓟门、备倭山东，二十九岁时，他挥兵南援浙江、福建、广东。与倭寇八十余战，每战皆捷，"戚家军"名闻天下，他本人也以平倭受"首功"，晋升为署都督同知，领福建总兵官，并受到"世荫千户"的嘉奖，所以，这一时期他的诗歌以爱国主义为主题，以格调高昂为特点，其中最有代表性的一首为《韬钤深处》：

戚继光

小筑惭高枕，忧时旧有盟。

　　呼尊来揖客，挥尘坐谈兵。

　　云护牙签满，星含宝剑横。

　　封侯非我意，但愿海波平。

此诗通过叙事、写景、状物的手法，抒发了作者高尚远大的志向，透露着作者真挚的爱国情结以及蔑视虚功浮名与贪鄙利禄的高风亮节，可谓字字铿锵，句句激越，确有力透纸背的感人力量。

另一首代表作《船厂阻雨》：

　　春雨下危樯，烟波正渺茫。

　　好山当幕府，壮士挽天潢。

　　鸟立林边石，人归海上航。

　　驱驰还我辈，不惜鬓毛苍。

充分抒发了作者极其强烈的报国热忱、轻生重义的高尚胸怀和睥睨一切的博大气概。《过文登营》《铁马》《振衣台》《寄书》等都不愧为悲壮豪放之佳作。

戚继光在抗倭和防御蒙古部族骚扰的军事活动中，经受了生与死、血与火的考验，目睹了战乱给国家和人民造成的无尽灾难和创伤，他在诗中不仅作了如实的描述，而且倾注了由衷的同情。

《宁德平》在描述宁德城被倭寇洗劫后的情景时说：

　　孤城已复愁还剧，草合通衢杂藓痕。

　　废屋梁空无社燕，清宵月冷有悲魂。

呈现在读者眼前的是一幅萧索、悲凉、荒寂的画面。这样的情景，这样的场面怎能不使作者对普通百姓给予深深的关怀。在《元宵王万户席上》中他吟道：

忽忆穷谷之元元，不知今夕何为然。

愿得君恩如灯月，一时照耀来九天。

关塞无尘烽火息，太平有象凤毛奇。

且共将军拚一醉，高歌潦倒春风前。

百姓的生活本已十分窘迫、凄惨无奈，再遇到战争又该如何度过，因此作者希望"烽火息"，希望"太平"。为了百姓的安居，作者宁愿自己过着戎马生活，"夜夜严城度戍笳"，戍守边疆也在所不辞，这种博大的胸怀、高尚的品格，对自己要求之苛严和对百姓感情之深厚，着实让人敬仰。

这一时期，战斗杀倭是戚继光生活的主旋律，特别是挥军南下之后更是如此。戚继光还以诗歌来鼓舞士气，其中《凯歌》就是这方面的佳作。这种题材形式的诗歌不仅铿锵有力，而且通俗易懂、朗朗上口，再现了军人的豪放气概。

从隆庆二年（1568年）到万历十一年（1583年），戚继光北上镇守蓟州。

戚继光主持蓟州一线防务期间，随着战功的累积与治军名望的增高，遭庸夫奸人忌恨的事不断发生，明枪暗箭也接踵而至。幸好有张居正等人的支持和力荐，才使得他统领北镇达十六年之久。所以这一时期，他的诗歌虽以爱国主义为基本主题，但除个别篇章之外，大多沉郁悲壮，且偶杂悲笳怨笛之音，感叹人生壮志难酬之痛。

《读〈孤愤集〉》正反映了他对现实的不满，对庸夫奸人谗言的愤慨。

独夜秉青藜，往迹何历历。

有恨拂龙泉，生不与时适。

古来兴废事，掩卷三太息。

呜呼少保冤，九州目所击。

书空徒咨嗟，谁为吁天策。

不知后世人，视今何如昔？

义士莫向江南行，尸祝家家正寒食。

在诗中，戚继光由岳飞的不幸遭遇联想到自己，又由现时推及将来，心情激愤，感慨万端，充分地反映了作者对朝廷和弄权奸臣小人隐含的不满。

戚继光祠堂

这一时期，在戚继光的诗中表现得更多的是彷徨苦闷与无奈，对来自朝廷内外诬陷与诋毁的苦闷，对自己人格被侮辱和精神所受折磨的无奈；因而戚继光心灰意冷，情绪低落，犹豫动摇，甚至产生过解甲归田的消极念头。

但有时在痛苦中，又表现出老当益壮，雄心不已，念念不忘蓟北边防，期望再展宏图抱负。然而赤诚报国之志和满腔热血，最终苦苦盼来的非但不是沙场凯旋，而是告别他苦心经营十六年之久的蓟镇，再度回到他曾经抗击倭寇的广东省。

万历十一年（1583 年）春二月，戚继光改调广东镇守，都督南粤诸军事。本想在广东有所作为，无奈疾病缠身，只好乞休归田。万历十三年（1585 年），戚继光回到了阔别三十年的故乡，结束了长达三十多年的军事生涯。

回归故里后，虽远离了官场的喧嚣，不再有权力的斗争与尔虞我诈，但表面上雍容闲适的戚继光内心并不平静，仍心系国家大事，希望天下太平。

戚继光的诗作言之有物，感情真挚，扎根现实，是其真情的流露和思想的表白，洋溢着强烈的爱国激情和热忱，具有其鲜明的时代特点。

《横槊稿》中卷，主要汇集了戚继光在不同历史时期撰写的赠序、纪行、墓表、墓志铭及贺表等。

《横槊稿》下卷主要由祭告和誓词两大部分组成。其中祭告的内容有：一是祭祀阵亡将士的，如在龙山、松海、蔡陂岭抗倭战斗中阵亡的士兵；二是祭祀阵亡战友或部下的，如王万户、旧部曲游击将军陈大成、王处士、丁参将等；三是祭祀上级统帅的，如大司马中承思质王公（忬）、大司马谭公（纶）；四是祭祀业师或长辈的，如业师广文梁中谷（蚡）先生、王太夫人、陈太恭人；五是祭告神明，如海神、城隍之神、江神，六纛之神及关帝神，等等。誓词可分为誓将和誓师。

无论是祭告还是誓词，其中虽有不少唯心和迷信的成分，他却巧妙地借助上天神灵之力，以抒抗倭乃"天助"正义之战的感慨；更表达了万民同心、众志成城，慷慨赴死，而感天地、泣鬼神的英雄豪情。与此关联的活动都与其军事活动密切相关，也的确起到了鼓舞士气的作用。为后人全面、客观认识和研究戚继光提供了许多不载于其他文献的更为详尽的珍贵资料。

《止止堂集》第二部分是《愚愚稿》。在《愚愚稿》上《大学经解》中戚继光将当时的武将分为"上智""下愚"和"愚而又愚"三种人。何谓"愚而又愚"之人？戚继光解释说："谋不合，道不行，疲有限之精力，必欲维持职守，于必不可为之中，陷阱在前，斧钺不惧，今人谓为愚而又愚者。"

可见"愚而又愚"之人是不与世人同浊，为国为民恪尽职守、死而后已之人。

在讲到自己时，戚继光又说："吾将为智乎？人欲之，而吾心之知不欲也。吾将为愚乎？吾心欲之，而人不与也。逼不得已，吾宁无违吾心，其为愚乎？愚而又愚乎？宜号曰'愚愚子'。"

在戚继光眼里，自己并不能做到像"愚而又愚"之人那样，但他情愿做一个"愚而又愚"之人，所以自名为"愚愚子"，他的文稿之一取名为《愚愚稿》也出于此意。

在《愚愚稿》上下卷十，戚继光利用儒家思想武器，对如何把握"智，信、仁、勇、严"的内容，如何选拔和培养将领、教育士兵，怎样才能承担起"修身、齐家、治国、平天下"的责任等问题做了较为系统的阐述。

另外从《愚愚稿》所记载的内容看，其中许多有关边疆、军事活动的材料是一个重要方面，多为其他地方文献所不载或较少反映，它为人们了解和研究当时的许多社会政治问题提供了直接的依据。

由于戚继光所记所撰均为戚继光本人所见所闻和亲身经历，有史备证，并非臆想或无稽之谈，因而有着重要的史料价值。其中所反映的内容均与戚本人抗倭及抵御北部蒙古部族骚扰的军事活动有关，其中不乏对其军事理论思想和实践活动的反映。同时它还记录并保留了研究各地历史状况的珍贵资料，既可明其源、辨其流，又能补正史之缺，纠正史之误。

此外，戚继光撰写的墓表、墓志铭和贺表等，作为第一手资料，有其他文献无可替代的价值，为后人研究相关的人物事迹、地方历史以及戚继光本人与他们的关系，提供了较为翔实的史料。

《戚少保奏议》

《戚少保奏议》是今人张德信先生根据《重订批点类辑练兵诸书》和《戚少保年谱耆编》等编辑而成的一部戚继光文集，共六卷，其中取自《重订批点类辑练兵诸书》的有《奏疏》二卷、《条议》二卷，取自《戚少保年谱耆编》的称作《戚卷保奏议补编》的有《条议》一卷、《奏议》一卷。据董少承诏在其所撰的《戚大将军孟诸公小传》中讲：戚继光"筹国有《请兵辩》《食芹稿》《奏疏案牍》"。董承诏于天启二年（1622年）在辑《重订批点类辑练兵诸书》前四卷的内容时，根据的可能就是这三部书。戚继光的儿子戚祚国在天启初编写《戚少保年谱耆编》时，所依据的可能也是这三部书。但今天这几部书一部也看不到。今天能看到的戚继光关于"筹国"的文献只有《重订批点类辑练兵诸书》的一至四卷、《明经世文编》卷三百四十六至三百五十《戚少保文集》、《补释戚少保南北兵法要略》收录的几篇和

《戚少保年谱耆编》转录的一些内容。其中，《重订批点类辑练兵诸书》卷一至卷四所收的奏议包括了《明经世文编》和《戚少保南北兵法要略》所收的内容，而《戚少保年谱耆编》转录的内容则超出了《重订批点类辑练兵诸书》所收的内容，所以张先生又从《戚少保年谱耆编》中摘出两卷。这样，就把今天能够找到的戚继光的奏议辑成一书，便于人们阅读。

《戚少保奏议》一书的主要内容可分为三个部分：一是对当时军事行动的具体记录。隆庆元年（1567年）《上应诏陈言乞普恩赏疏》，简略地陈述了戚继光在浙闽的历次抗倭作战。这里摘录嘉靖三十八年（1559年）的一段："三十八年，倭寇数千突犯台州沿海地方，上下五六百里间，烽烟连亘。臣前后三战，斩获首级八百余名颗，地方底宁。此皆臣与前任浙江海道副使、今升两广总督谭纶所练浙兵，并无一客兵预之。其初战章安也，则有首功卢琦等，阵亡吴元伦等。再战葛埠，则有首功娄楠等，阵亡杨贵等。三战南湾，则有首功胡良瑶等，阵亡者无。"

嘉靖四十四年（1565年），《登龙眼沙号令》记载了戚继光在南澳之战时，戚家军登陆南澳的军队编成、航渡序列、登陆前的准备、注意事项等；《练全镇兵马实守实战条略》则记述了隆庆六年（1572年）蓟镇的实战大演习。这些资料都是第一手的宝贵资料。

一是关于建军方面的论述，如，练兵的重要性："守不忘战，将之任也。训练有备，兵之事也""战必以练兵为先""不惟战需练，亦必练而后能守"；如，如何招兵："求其可语节制者，莫如父子兵；可与共任者，惟良有司。夫有司分土分民，亲则父子，尊则师帅，丘庐坟墓，悉入版图，兵甲钱粮，皆可取给。盖能致其死命，而后可得其死力也"，因此采取县令与将领共同招兵和训练的办法来招兵和练兵；如，为什么要建立车步骑营："今欲使虏一战而心寒胆裂，须伐其所长。彼之长，在甲骑数万，突冲之势若山崩河决，而我亦须数万之众，堂堂正正，短器相接，血战以挫其锋，则就中非车步骑合用不可"；如，武器装备，提出"兵家之事，短不接长，必须每事长他一分，如他有弓矢之利，我以何物胜其弓矢，他有短刀之利，我以何物胜其短刀，他有万马冲突，我以何物当他冲突，使他件件不及我，般般短于我""其器械，旧可用者更新之，不堪者改设之，原未有者创造之"，等等，都是相当精辟的。

二是关于作战指导方面的论述，如，在广东御"山寇"的方略："抚剿互施，相机而动""山寇之起伏无常，军中之机宜贵速。因敌转化，其形莫窥，或抚而示之剿以夺其心，或剿而示之抚以缓其计，或致贼于榻下而与之共卧，或饵贼以馈遗而离其腹心，或特悬转化之权，或佯责有司之失"；如，在北方御"虏"方略："须驻重兵以当其长驱，而又乘边墙以防其出没，方为完策""欲使胡虏胆寒心破，一劳永逸，在我亦当以数万之众，堂堂正正，平原旷野，青天白日之下，彼以此来，我以此往，短兵相接，使虏大势败衄，我则以精骑揉之。如此一番，胡虏丧魄"；如，车步骑营协同战术："战则以车距敌，以步应敌，敌少却则以骑驰之""大都车步骑三者具备，而相须为用。

故御冲以车，卫车以步，而车以步卒为用，步卒以车为强。骑为奇兵，随时指麾，无定形也""今之用车，正为送马兵与虏见面耳。马兵得车，方敢出入伸缩，以图一逞""夫壁垒之间，马兵虽恃车为固，而缓急之际，车兵必倚马为锋"。如，如何守边"蓟边天险，所贵在守""古今名将称善守边者，不过谨烽火，远斥堠，明哨探而已"

"今乃酌量缓急，分别冲僻，不应守者，或只存瞭望之役，所当备者，乃聚全标之师""固守之术，因地称人，因人称食"。如不论地之长短缓急，唯以食之不足，去兵以就食，将以何为守也"。这些论述是戚继光军事思想重要组成部分。他的三部兵书着重讲的是治军的问题，即军队建设问题，而奏议着重讲的是战争指导问题，即军队的使用问题。由此可见其重要性了。

《戚少保奏议》是迄今能见到的收集戚继光奏疏和条议最全的文献，而且他所取材的《重订批点类辑练兵诸书》只有明刊本和手抄本，是一般人难以见到的一部兵书，所以这部戚继光著作的编辑和出版对研究和宣扬戚继光及其军事思想是至关重要的。张德信先生和中华书局做了一件大好事。

现存署名戚继光著或撰的著作还有《莅戎要略》《武经将略》《练兵实纪类钞》《登坛必究辑要》《增订武备新书》《火攻秘诀》《新编皇明戚将军将略韬略世法》等。这些书虽署名戚继光撰或著，但没有足够的证据说明它们确实出自戚继光的手笔，有的则明显是后人编纂的。

戚继光这几部著作是戚继光军事思想的载体，是戚继光一生做人、做事的纪录，也是他给我们留下的宝贵遗产。戚继光还有一些著作，可惜遗失了，如《笺牍》，现在只能看到别人给他的信件，却看不到一封他给别人的信件。但从这五部书中我们也足以看出戚继光的确是一位了不起的军事家和军事理论家，是一位品德高尚的人，为后人留下了宝贵的精神财富。

第八章

建军思想，创新实用

军队战斗力是有良好军政素质的人使用武器同敌人斗争的能力。它包括人员（将和兵）的政治质量、军事素养和武器装备、物质保障等。因此要建立一支能征善战的军队，既要练兵，更要练将，还要改善武器装备。戚继光率领明军抗倭提出要建立一支"保障生民，捍御内地"的军队。为此，他对如何训练出好的士兵，培养出好的将领，把人和武器很好地结合起来，以形成强大的战斗力，都做了前无古人的论述。

练 将

一、德、才、识、艺兼备

历代兵家都重视将帅的地位和作用。孙武说："知兵之将，生民之司命，国家安危之主也。"又说："夫将者，国之辅也，辅周则国必强，辅隙则国必弱。"

吴起说："夫总文武者，军之将也。……得之国强，去之国亡，是谓良将。"

兵书《六韬》中讲："故兵者，国之大事，存亡之道，命在于将。"当时文武还没有完全分开，大臣出外打仗就是将帅，回朝之后就是相臣，其地位和作用大体如此。后来将领的地位下降，西汉晁错说："安边境，立功名，在于良将，不可不择也。"

到了宋代欧阳修也说："用兵之要，在先择于将臣。"明代文臣和武将有明显的区分，明太祖朱元璋实行以文制武的政策，武臣的地位日趋低下，但他们依然是很重要的。

朱元璋说："克敌在兵，而制兵在将。兵无节制则将不任，将非人是兵必败。是以两军之间决成败之际，有精兵不如有良将。"

于谦说："国之所恃者兵，兵之所赖者将。将得其人，则兵无不精，兵无不精，则国威自振，而虏寇之患自平矣。"

丘浚再次把将帅提到"国之辅"的高度。他说："古今论治者，皆知相为国之辅，而不知将亦国之辅也。盖国之有将相，如人之有两手，鸟之有两翼，缺一不可。相得其人，则国体正而安，将得其人，则国势强而固。是故治忽在乎文，文之所以备，相之辅也；强弱由乎武，武之所以周，将之辅也。"他还从军事角度来阐述将领的重要性。他说，晁错所讲的器械利、卒用命、将知兵、君择将这四条，虽然都是军事中最重要的东西，但君择将更重要。"盖将得其人，则士卒用命，而器械无有不精利者矣。夫以有能之将，统用命之卒，用精利之器，则兵威震，国势强，而四夷服矣。"

戚继光则从实际情况出发来阐述将帅的重要性。他说："古者兵农未分，文武同途，其所设置责成每如此，固非今日事也。借以今日论之，万一有剧盗起，城或不守，野被荼毒，使有善将兵者一鼓歼之，出生灵于水火中，所系岂小小哉？"又说："夫为将之道，疆场安危，三军死生系焉。"在他看来，将帅依然是关系战争胜负、民众安危、军队存亡的大问题。"练兵之要在练将"，只有合格的将领才能练出合格的士兵。如果平时不注意培养将领，"期取用于一旦，则无惑乎临时多乏才之叹"。他从打仗和练兵两方面来阐述将领的重要性，虽然没有以往论述提得高，但显得更实际。

戚继光认为，练将，就是把将领训练成德、才、识、艺兼备的人。德，指思想道德品质；才，指带兵打仗的才干；识，指学识和辨析事务（敌情）的能力；艺，指军事技术。

戚继光特别强调将德，认为只能任用有将德的人，那些没有将德的人，即使有张良、陈平的智谋，也是靠不住的。一个将领最重要的品德，在戚继光看来主要有如下几个方面：

（一）心术正，有志向，做好人。心术正是为将之根本。作为一个将领就是心术要正，要有不二之心，"光明正大，以实心行实事，思思念念在于忠君、卫国、敬人、强兵、爱军、恶敌，任真任难做去，不以死生颠越易其念"；要以安民为自己的志向，"视兵马为安国保民之具……一心从民社上起念"。要以不二之心，用在事业上，昼夜为公，有一尺之长，必尽一尺之用。而那些"心术不正之人，居将位偷生谋利，避难行巧，不忠军国"，必不用命。这样的人不过是徒具其名的将领，是没有为将之心的将领。"无将心，斯无将德，将德靡而用其才，此世之所以有骄将，有逆将，有矜怠之将，有盈满之将，有快快之将，有全躯保妻子之将。安能立功植名，卫国保家，为始终完器也？"因此用将一定要用心术正的人，用无二心之人，用诚实之人。

作为一个将领不仅心术要正，还要有志向。"夫志，即心也。心之体为神明，心之用则为志向。"将领要有什么志向？在戚继光看来，就是要树立起远大抱负，做一个忠臣义士、为国为民的人。他说："凡古之忠臣义士，今之一切为国为民，如某纯心报主百死不回，如某清操自持一钱不取，如某爱士如身，如某练兵有法，凡耳目所闻见，必曰：'彼亦人耳，能如是，吾亦人也，而不能如是！'遂奋迅而起，不顾死生利害，期与之齐，岂有不成之理！此所谓立志也，此所谓为国为民的人，就是死了，也"死得其所，血食百世，是死犹生也，况口碑流传，寿与之等生"。而那些没有志向，不干事业的人，不过是行尸走肉，不音死矣。人生就是如此，有志向，干事业的人死了，但他

建军思想，创新实用

还活着；无志向，不干事的人，虽然活着，但他已经死了。所以立志对一个人，特别是对一个将领，是至关重要的。立志向上的人，在事业上不发达是有的，但不立志向上的人，没有能干出一番事业来的。

心术正的人一般来讲是可以做一个好人的。但好官易做，好人难做。这个难就难在坚持上。一个人想做好人，也做了一些好事，但往往在得不到他人的承认时，就改变了自己的观念，如自己立了功而不受奖，自己做了好事而不被人们所知道，自己廉洁反被诬为贪污，自己勤于职守而被斥逐，自己一心向上而不能如愿，遂改变自己的初衷。好人变节，坏却一生。这样是不能做好人的。要想做好人就要"笃信立学"，坚定信念，"如此做法，人知也可，不知也可。见人坏却心术，图得一时顺利者，任他快活。到头来巧伪败露，毕竟有我受用之日"。只要坚持下去定有公论。

（二）诚实廉洁，不搞虚套。用将要用诚实之人，要用干实事之人，而不能使贪、使诈。因为"彼机警多才之徒，或巧为身谋，或明习祸福，用以济私，且恃其足以资缓急，临枪鼓时，先觇利害，复能颠倒是非，必不用命。我之感化不能入，我之号令不见信，我之威严不足畏，而驾驭之道始穷矣"。而诚实之人，不会辜负委托，而且他也不敢辜负委托，可能才能差一些，但不会掩饰自己，这就便于驾驭。"才、诚、艺三者不可得兼，宁用有胆而无艺者，奉主将之命，任怨下运而血脉不滞，不苟取士卒之财，与之同其甘苦，略知文字，志惟向上，庶几千人可将矣。此所谓干实事之人也。干实事之人，临阵而不拼命者，有之；机警之人，驱以死敌，未之有也。"

廉洁是将领的本分。为将者拿着朝廷的俸禄，不耕而食，不织而衣，就是要你不剥削士兵，不贪污公款，而且要使士兵到战场上用命，建立功勋，保住官职，也理当如此。"故'廉'之一字，是分所宜守。月饷一石，又是军士应得。傥不科敛剥削，殆见感之若父母，爱之若骨肉，严刑重法受之而不怨矣。夫以月饷应得之财、将领分内之守而得军士感服之心、死报之力，何惮而不为乎？"但有的将领看到同伴肥马轻裘，一切如意，鲜不动心，而且仰仗着自己的能力，抱着未必就被发现的侥幸心理，以此纵欲隳守，大捞金钱。

俗话说得好，"若想人不知，除非己莫为"。"贪污之徒，居常固遂意欲，至于台省巡行，仇家且从告讦，暮夜敲门，惊悸失措，置酒出贿，其哀祈之状，无所不有。事或败露，忘身丧家，淹滞囹圄，毕命夏楚，往日受用，竟成梦幻，竟是羞耻、困苦、难过耳。"因此，"何不坚心忍性，苦志窒欲，粗衣粝食，亦足饱暖乎！"

要知道，利与怨是相联系的，利入怨随。也要知道，天地间没有富而不贫，盛而不衰的。谚语说得好，"朱门生饿殍，白屋出公卿"。不择手段地聚敛钱财，对自己对家人都没有好处。"且以此失士卒心，败疆场之事，身死名丧，求为匹夫而不可得，甚至奴仆戕其主，属位叛其上，乐极生悲，死于刑戮，远则祸贻子孙，唾骂万世。"

作为一个将领应该知止知足，以淡薄节俭为务，这样就会神清气爽，上上下下的事情都会干好。"古人谓：'武臣不惜死，文官不爱钱，天下太平。'是故不惜死，由不爱钱中生来；不爱钱，由无欲而充之。平居可以延伸，为将可以济事，天必笃佑，此昌盛久长之道也。"

"兵事须求实际。"这就决定了将领绝不可"以眼前迎合为能，却将临敌失机大法，置不复顾，以徼一时之幸，而冀资迁。殊不思，理欲不并举，实事虚声不同道。居常专习虚套，军务必至废坠，一遇贼来，不能战，且失守"。吃败仗是迎合、搞虚套的最大恶果，因此作为将领的品德之一就是不搞虚套。就个人来说，如果守正尽职，军中各项事务都做得很好，即使不迎合上级，触怒上级，最多也不过是罢官，比起由于搞虚套，军备废弛，吃败仗，被处死，哪个更可取？"凡有疆场之责者，遇命令、咨询，必是曰是，非曰非，某事不宜行，某事力不能行，据实以对。"断不可为取悦上级而不顾事实。

（三）谦虚谨慎，勤于职守。谦虚是一种美德，不但士君子应该具备，"为将处功伐之间，当危疑之任，非虚不能受益，非谦不能永保终誉"。什么叫谦虚？"卑以自牧，有功能忘，有劳不伐，谓之谦；取人为善，收服人心，谓之虚。"见到他人品德高尚就要效仿，见到人家有长处就要采纳，见人好处，敏己以求之，极力以行之，把对上级、对同僚尽自己的职责、有礼貌视为分内之事，把辛勤劳瘁看作自己分内应尽的职责，千万不可刚愎自用。

一个将领"一有自用之心，士情不问，人人解体，敌情不得，耳目瞀聩，忘身败。可立而待矣"。应该虚心地广询博访，集家众思，用群策，别人有一言一技之长也要吸收过来，而要忘掉自己善美之处，寻求不足，加以改正。切不可争功，只应追求尽力报国，而功名自然就会来。千万不可只存胜人的念头，嫉妒他人的才能，攘夺他的功劳。这是树怨，怨厚则祸成。

"兵中事，须勤苦在先。"勤奋是将领应具备的品德。一个将领要把自己所守的疆域时时放在心上，每件事情都要考虑到了，一件事做不完，即使忍饥受累也要把它办完。一定要做到"独处无愧神明，自思无愧此心，仰则无愧于上官，俯则无愧于僚友、众庶，登坛无愧于公座"。

（四）宽容大度，爱护士卒。作为一个将领要有容人之量。这是处理好上上下下关系的重要一环。作为偏裨的，上有主将，我从他易，他从我难；同级之间，地位差不多，你也不能让人家事事让着你；下级的士兵，懂事不多。所以处理这些事情的关键，就在于使自己心情常清净，不可先有一毫私意，不可望人逊避于我。遇有事情便瞑目细想，易地度情，常退让一步，着数常放在后手。就是别人对我十分非礼，应当报复的，也要细想是不是自己有过错，先让一着，以免事后后悔。但作为将领并不是什么都不争，事事都退让。"将道贵严，国是当守。上官虽尊，事有必争，不争则不利于下；寮寀虽亲，法有必执，不执则挠变于中。若一概以宽容、含忍处之，所谓委靡，所谓罢软，即为一人之长、一家之长，亦且不堪，况御三军而将将乎！嗟呼！事果宜民，当争则争，此为力量而非抗拒也；令果当行，何计寮寀，此为任事而非执拗也；法果当罪，何厌诛戮，此为威严而非残罔也。"作为一个将领既能宽容、含忍，又应当争则争，当罪则罪。

爱护士兵是将领必备的品德。戚继光说："夫将者，腹心也，士卒者，手足也。将诚勇，以力相敌，不过数人极矣。数十万之众，非一人可当，必赖士卒，誓同生死，奋勇爱护当锋。"士兵是对敌斗争的需要。不爱护士兵，平时随便役使他们，死亡不恤，冻馁不问，甚至苛敛其钱财等，失去士兵之心，到战场上谁还肯与你共性命？只要你有一颗爱兵的真心，爱护他们，关怀他们，不必对每个士兵都施以恩惠，同样也会得士心。"爱行恩结，力齐气奋，万人一心，何敌不克！"

（五）将道贵严，无信不立。作为将领，在军中就应该严格执行条例条令，使全军养成唯言是行，唯令是听的习惯。"宁使此身可拼，此令不敢不守；此命可拼，此节不敢不重；视死为易，视令为尊。"对违犯军令的，不管是谁，定行惩治，决不姑息迁就。但严而不刻，对于一些小过，初犯免究，二犯记录，三犯才惩治。当然对军机等重大事情，不管初犯、二犯都要严惩。

守信是对将领的又一要求。戚继光说："夫人无信不立，而军中之信，犹如冬之裘、夏之葛，不可一时缺者。"他指出，当时颁布的法令、条例，充栋累牍，集案盈几，都是治国安民的好法令，但是朝行暮辍，于治理国家毫无补益，其原因就是没有讲"信"。老百姓对那些法令习为故事，根本不在乎。因此要想使这些法令、条例不成为故事，就要着实实行。"兵中号令，更不可一字苟且。"募兵之后，编组成军，首先是正军礼，士兵要绝对听从队长的话，如不听从就要惩罚。必须在一开始就在士兵的头脑中树立起绝对服从命令的信念。然后把军队的条令、条例，如《纪效新书》等发给士兵，令他们学习，经过考试，使人人记熟，"如此，人人知我之令矣，然未必人人行我之令也。于是再约以期，挨次查其行否。怠事者，有罚。岁月之余，习久信立，人人知方，是之谓节制之师，是之谓人自为战"。可见，一项法令不是制定出来就完事了，关键是人人知令，人人行令，而要想做到这点，那就要每个环节都要督促检查，每个环节都不能苟且。事事如此，久而久之，信守法令就成了习惯。

关于将德的论述，只列了五方面的内容，戚继光在其《练兵实纪》中对于练将（包括将才、将艺）共列二十六条。这二十六条他认为最重要的是心术要正。他说："约之以一言曰：'正心术而已矣'。"而在《练兵实纪杂集》中他对将德则说"兹以三言以蔽之，曰：'勤、敬、廉。'"

总之，戚继光以心术正为核心，以爱国、保民、爱军、恶敌为其政治品质和以"勤、敬、廉"为其思想作风等的将领品德，虽然有时代和阶级的局限性，但在某些方面也揭示出了具有普遍意义的将领的品质、道德和作风。

为增强将领的军事才干，戚继光强调将领要学习兵法。"韬钤不谙，终非统驭之才。"不懂兵法就不可能成为干城之器的全才，就不能担负起将领的责任。要想懂得兵法，就得学习。他说："夫兵之有法，如医之有方，必须诵习而后得。颖敏之人因而推之，师其意，不泥其迹，乃能百战百胜，率为名将。盖未有不习一法，不识一字，不经一事，而辄能开阖变化，运用无穷者。即有之，必当经历战阵，闻见日久，否则，吾知其必不能也。"

在学习兵法方面，戚继光特别强调两点：一是针对明代不少人诋毁孙武、吴起，他提出学习兵法"必宗孙、吴"，而不能诋毁孙武和吴起。"业彼之业而诋其短，是无师矣。以无师之心，而知忠爱之道者，能之乎？"把能否尊重孙、吴提高到道德品质的高度。一是强调"师其意，不泥其迹"，用现在的话来说，就是活学活用，不能生搬硬套，搞教条。对古代兵法要反复理解它的精神实质，然后灵活地运用到实战当中去，才能百战百胜。

在学习将艺方面，戚继光还驳斥了将领以指挥作战为职责，可以不学武艺的观点。将领固然以司旗鼓，指挥作战为自己的职责。但了解敌人的阵势，自己要亲自去，如果自己没有武艺，胆子不壮，敢去干吗？将领要教士兵习武艺，怎么去教？依靠教师去教，且不说这些教师借机敲诈勒索士兵，使士兵心中愤愤不平，不愿学艺，就是教的也是不实用的"花法"，打起仗来受害就不浅了。将领应当身先士卒，这不仅指战场上，平时一切苦处都应"身先"，难道练艺就可以不"身先"吗？分别学习各种兵器的技艺是士兵的事，把长短兵器配合使用则是将领的责任。如果不精通各种兵器的技艺，怎么知道在什么情况下用什么兵器，怎能把各种兵器有机地结合在一起，充分发挥各种兵器的威力呢？因此，"欲为全才之将，凡种种武艺，皆稍习之，在俱知而不必俱精。再须专习一二种，务使精绝，庶有实用，庶可练兵"。

将领是个什么样人，历代兵家有不少论述。孙武说："将者，智、信、仁、勇、严也。"孙膑说："将者不可以不义，不义则不严，不严则不威，不威则卒弗死。故义者，兵之首也。将者不可以不仁，不仁则军不克，军不克则无功。故仁者，兵之腹也。将者不可以无德，无德则无力，无力则三军之利不得。故德者，兵之手也。将者不可以不信，不信则令不行，令不行则军不，军不抟则无名。故信者，兵之足也。"把将领的标准归结为义、仁、德、信。《六韬》提出将领应有"五材"，"所谓五材者，勇、智、仁、信、忠也。勇则不可犯，智则不可乱，仁则爱人，信则不欺，忠则无二心"。到了明代朱元璋提出："将必择有识、有谋、有仁、有勇者。有识，能察几于未形；有谋，能制胜于未动；有仁，能得士心；有勇，能摧坚破锐。兼是四者，庶可成功。"总括上述作为一个将领应具备下述九个字：智、信、仁、勇、严、义、德、忠、识。

如果我们把戚继光关于将领标准的论述同以往的论述比较一下，至少可以发现两点：一是戚继光的论述中基本包括了前人的观点，也就是说戚继光继承了前人的思想。二是戚继光的论述有他人所没有的东西，就是说戚继光发展了祖国兵学中关于将领论述的学说。

这种发展主要表现在两个方面：

一是戚继光对将领的标准阐述得相当详细，便于人们去操作。譬如"德"，戚继光就把它具体化为正心术、立志向、做好人、坚操守等条款。有了这些具体标准，就便于人们具体掌握和培养、训练将领。再如，孙子提出将领的标准之一是"仁"，什么叫"仁"？如何把握？他没有说。后来《六韬》提出"仁则爱人"，应该说具体多了，但怎么"爱人"？还显得不那么具体。戚继光在这方面就讲得相当具体了。"爱人"包括爱民、爱兵，也包括爱放下武器的敌人。就爱兵来说，首先要尊重士兵，他们"出力疆场，卫国保民，其责非轻"，理应受到尊重，不能随便地役使他们。其次，要关心和爱护他们。譬如，达士情，军士要有公私事，欲向上级报告的，应该听其当面倾诉；主将要常察士兵的饥饱、劳逸、强弱、勇怯、材技、动静之情，使之依如父母；士兵有了困苦之事要帮助解决；士兵有病了，队长要天天去看，旗总要两天去一次，百总要三天去一次，把总要五天去一次，营将要十天去一次，对于病重的，大将和主将也要带着药品亲自前去探望；士兵在战场上阵亡，要给抚恤，主将要亲自祭奠等。这比只说"爱人"二字具体得多，容易操作得多。正是由于戚继光这样爱护士兵，所以正如朱元璋说的"能得士心"。

二是戚继光阐发了前人未曾阐述过的"治心""练心"问题。孙子所讲的智、信、仁、勇、严，都是将领行为表现的问题，而没有牵涉到思想问题，后来人们提出了"德"，提出了"忠"，而且讲"忠则无二心"，对将领的要求已进入到思想领域，但没有具体阐述。戚继光对将领的要求不仅进入思想领域，如把心术要正作为将领的根本，将领要有志向等，而且具体地阐述了练心、治心（详见下）。他对将领提出了思想上的要求，要求将领从思想上成为忠臣义士，这就抓住了培养、训练将领的根本，比前人的认识深刻得多。他还特别强调了

建军思想，创新实用

"廉"。这是古人未提出至少是未强调的问题，虽然是针对当时的历史环境提出的，但有一定的普遍性。

二、读书与实践结合

戚继光不仅提出了练将应该练什么，而且也提出具体的练将方法，概括起来一是读书，一是实践。

戚继光具体地指出了应该读哪些书：一是关于思想品德修养方面的，如《孝经》《孟子》《大忠经》《论语》《大学》《中庸》等；二是关于增长军事才干方面的，如《武经七书》《百将传》等；三是关于广博学识方面的，如《春秋》《左传》《资治通鉴》等。读书要把树立正确的思想观念放在首位。"首教以立身行己，捍其外诱，明其忠义，足以塞于天地之间，而声色、货利为人害者，悉去之"。

戚继光说：或者以有志之士，山林而已，业举足以夺志，况用兵乎？殊不知用兵不以安民为心者，是功而已矣。业举不以达道为心者，是利而已矣。山林不以求志为心者，是僻而已矣。故君子之所以为学者，惟了此心尔。能了此心，则无穷，无达，无动，无静。用兵非要功也，以安民也。业举非媒利也，以达道也。山林非僻处也，以求志也。故学，心学也。以迹而歧之者，惑也。

戚继光所追求的就是这种"心"。所以他特别强调"教心""治心""练心"。他说，"善为将者治其心""以将对兵言，贵乎练心。以兵对敌言，贵乎练气"。怎样"治心""练心"？办法是读《孝经》《忠经》《论语》《孟子》，记诵其原文，不拘泥于以往的见解，不专门抠句读，而是对每一章亲身体验，认真领会，揣摩而又研究，研究而又揣摩，由隐约不清而有所得，由有所得而又隐约不清，达到有

戚继光

用言语难以形容的那种境界；接着读《百将传》，不仅要从中学习将领是怎样用兵的，如何而胜，如何而败，而且要从中学习将领的品德：谁是欺诈暴力之徒？谁是仁义之将？谁为纯臣？谁为利夫？谁为烈士？谁为逆竖？某何如而完名全节？某何如而败绩丧家？某何以非其罪？某何以罔生幸免？并且要设身处地地想一想，如果是自己在当时那种环境下该怎么办。

还要向他们讲解《大学》《中庸》，使他们知道修身养性的根本。通过这种读书、反复理解、思考和对照比较，使他们树立起高尚的志向，坚定的思想观念，"心中有定主，不为害挠，不为祸惕，无见于功，无见于罪，常惺惺矣"。"定主"是什么？就是前边讲的心术正，就是光明正大，以实心行实事，思思念念在于忠君、卫国、敬人、强兵、爱军、恶敌，任真任难做去，不以死生易其念，就是安民以为志，一心从民社上起念。

教心、治心、练心的一个方面是"心中有定主"，是"识定"。另一方面，就是"治心寇""攻心寇"。

他说："将兵治边寇唯恐不胜，至于治心寇却弗加意。功名利欲与心为敌，无异于寇。能剿外寇者却不能攻心寇，可不省欤。心为主将，气为士卒。治心则得良将，治气则得猛卒，理相须也。善将心者，以意为偏裨，忠信为甲胄，礼义为干橹，戒慎恐惧，防乎其防。人知治外寇而不知治心寇。视以礼而色寇远矣，听以礼而声寇远矣。声色之伏也无尽，当于慎独攻起，则无遁寇矣。"

"心寇"是什么？在戚继光看来就是"功名利欲"，就是"淫声"、"美色"。人应不应有"功名利欲"？应该有，但不应该追求。应该"正其谊不谋其利，明其道不计其功"，功利听其自然；应该功利与众共之

"，利与众共之，不自以为利，则独享其利也大；功与众共之，不自以为功，则独归其功也深"。欲望也应该有，立志向、卫国保民等不都是欲望吗？对于这些，他认为是将领应有之德，加以提倡。他要保存正确的欲望，去掉贪欲。

总之，在戚继光看来，一个将领应该树立的观念就是卫国保民，卫国保民是干一切事业的出发点和归宿。这个出发点实在是重要。一个将领只有从这点出发，品德才是高尚的，才能一心为公，有一尺之才尽一尺之用，也只有从这点出发才能夺取战争的胜利。因为无欲，勇敢才是真的勇敢，爱财的人必然怕死，就不可能勇敢；无欲，心情就会清静，精神就会爽快，智虑就会敏捷。有勇有智，自然能打胜仗。

"收视反听，心不外驰者，必善守；天理常存，私欲退听者，必善战。"卫国保民事业的成功，个人的功名利禄自然会有。干事不能从功名利欲出发。追逐功名利欲的人，不管是不是损人，也不管是不是害国，凡是有利的他都干，贪污受贿无所不为；凡是能为己立功的事都干，可以妄杀平民报功，可以弄虚作假。人一旦有了这种追求功名利欲之心，必然害国害民，还不是德之贼吗？而且追逐功名利禄的人也往往要吃败仗。

在战史中，因贪功而失败的战例不是很多吗？孙武说："利而诱之。"利为什么能诱敌上当，就是因为敌人贪利。戚继光说："诱虽众可使无夺，治吾之心有以闲之。"没有私心，智虑敏捷，就能辨别敌人的诱惑，而贪功就会头脑发昏，容易上当。所以戚继光认为，只有去掉了"心寇"，将领才是良将，才能既善守又善战。

怎么"治心寇"？一是把私欲消灭在萌芽状态。萌芽状态的私欲，就像刚刚起来的盗贼，势力小，一夹击就可把它消灭，等到蔓延起来就不好治了。所以"善事心者，当防未萌之欲。"二是慎独。要"以意为偏裨，忠信为甲胄，礼义为干橹，戒慎恐惧，防乎其防……视以礼而色寇远矣，听以礼而声寇远矣，声色之伏也无尽，当于慎独攻起，则无遁寇矣"。

在戚继光看来，"治心"的关键有两个方面：一是"坚心"，二是"窒欲"。二者缺一不可，二者又互为条件，坚心才能窒欲，窒欲使心更坚。从这里可以看出，戚继光是用儒家的理论来武装将领的头脑，使他们具备儒家的思想道德。

用儒家思想培养将领，明代是比较注意的。正统初年规定："幼官及武职子弟所读之书，《小学》《论语》《孟子》《大学》内一本，《武经七书》《百将传》内一本，每日总授不过二百字，有志者不拘，必须熟读。"戚继光秉承了明廷的规定，并扩而充之。在课程方面，他不仅规定《论语》《孟子》等书都要精读，而且加了《中庸》《孝经》《忠经》。在授课方面，他强调要讲解《大学》《中庸》大义，使被培养的将领"知心性之源"。这些表明，戚继光强化了对将领的儒家的思想教育。

在解决了将领思想问题的同时，还要让他们读《武经七书》《春秋》《左传》《资治通鉴》，使他们通晓用兵谋略，增加他们的学识，增长他们的才干。

读书时要进行考核。考核的办法是读书一年后，把所有的生员分成三等。以后每一个季度一考，有长进的就给予奖赏，以激励大家学习。此外还要多选熟悉各种武艺的人，作为学员的艺师或艺友，陪伴他们练习各种技艺。

但在戚继光看来，读书只是一方面，另一方面就是实践。他认为，仅仅读书，"不履夫实境，是犹瞽目者谈五色之丝"，虽然可以把丝的颜色说得真真切切，但真把有颜色的丝拿来，问是什么颜色，他依然不能回答。

因此，要把有书本知识的将官"置诸桴鼓实用之间"，到各作战部队营中，学习阵法、操法。有成效后调在一起进行考核，果然精通，则把他们放在实战部队中，"出则置诸战阵之后，将实境以试之；试之既久，小委以尝之；尝之无疑，然后可用"。

培养将领既要注意读书，也要重视实践，有书本知识的人要履实境，身在实境中的人要读书。这种全面系统地培养将领的思想是前人所不及的。

培养训练军人（包括将官和士兵），从商周就开始了。宋代和明代的武学，则是培养和训练将官的。但在漫长的历史岁月中，人们只提"选将""任将"，而没有提"练将"。戚继光提出了练将的问题，表明随着军事技术的进步，训练将领越来越受到重视，从而使练将、选将、任将构成一个完整的体系。

总之，戚继光不仅明确提出了练将的问题，而且具体地阐述了练什么和怎么练的问题。他对将领应具备的素质的阐述与前人相比有了质的飞跃，而他提出的读书和"履实境"的训练方法，揭示了培养、训练实用人才的普遍规律。这些都丰富和发展了前人培养、训练将领的思想。

 练 兵

一、选兵、编伍、授器

军队是由拿着武器的人组成的，所以要组建一支军队首先是选兵。选兵，历来为人们所重视，但不同时代的选兵的标准是不一样的。在春秋战国时代，战争频繁，需要更多的兵员，选法就是广泛招揽；而到明代，在国家统一，兵额粮饷有限的情况下，戚继光认为选兵贵在"精"。首先注重士兵的成分，只选那些乡野老实之人，所谓乡野老实之人就是指那些黑大粗壮、皮肉坚实的矿徒和农民，以及惯战之人，而切忌不可用那些城市油滑之徒和奸巧之人。之所以用乡野老实之人，是因为这些人"畏官府，畏法度""诚信易于感孚，即比较忾气易于振作"，容易把他们训练成为勇敢善战的节制之兵。其次，注重素质。不能只看体态是不是"丰伟"、会不会武艺、力量大小和是否伶俐，"而必胆为主""精神力貌兼收"，即特别注重勇敢，同时照顾到其他方面。戚继光嘉靖三十八年（1559 年）到义乌招募新兵，就是按照这两条标准选兵的。后来他果然把这些人训练成了一支精兵。

戚继光当时特别注重"胆"（勇敢），这既有针对性又抓住了问题的关键。当时明军在抗倭战争中往往十战九败，很重要的原因是士兵不敢同倭寇短兵格斗，贪生怕死，见敌即溃。战争本身就是勇敢者的事业，而当时作战主要是格斗取胜。格斗就需要有胆量，勇敢不怕死，在枪对枪、刀对刀的情况下，心惊胆战，脚软手颤，必定吃败仗。

戚继光选兵标准是独具一格的。当时谭纶、俞大猷也都注意选兵。谭纶选的是少年力强的良家子，以力举二百斤为标准；而俞大猷则主张选那些目光有神，力能举二百斤以上，年龄在二十到三十之间的人。后来徐光启的选兵标准是勇（胆、智、手、口）、力（举、挽、跐）、捷（超、走、获）、技（远、长、短、奇、骑）四字。比较起来，谭纶和俞大猷不像戚继光那样注重胆气，更多的是注重体魄和力量，而徐光启虽然注重胆气，其他方面要求又太高，胆气显得也不突出。谭、俞尽管也都练出了节制之师，但他们在当时急需解决胆气的问题上，不及戚继光；而徐光启因选兵标准太高，既没有选足他应选的士兵，也没有练成他所理想的军队。

戚继光在冷兵器为主的时代，从选兵开始就抓胆气问题，应该说是抓住了练兵问题的关键。这体现了他高超的洞察力和创造性。军队的胆气（勇敢）问题，不仅在冷兵器时代是至关重要的，在火器时代也是很重要的，就是到了今天，电子、远射程兵器广泛应用的时代也不能抹杀它应有的作用。

关于选兵的具体方法，戚继光主张从上至下一级选一级，直至士兵。营将选把总，把总选哨官，哨官选哨长，哨长选队长，队长选兵。他的好处是各级都可以选他们平素熟悉的认为能够担当这种责任的人，这是从积极方面来说的。从消极方面来讲，被选的人一旦作战时畏缩、退逃，平时惹是生非，挑选的人也要承担一份责任。这就使军队上上下下紧密连接在一起，有利于步伐统一，共同对敌。当然只有在官兵之间都比较熟悉的情况下，才能这样做。在将领刚到一地招兵的时候，这样做就有一定的困难。

编伍。选兵是建立一支军队的开始，但选好的兵，聚集在一起仍然不能称其为军队。因为这时的士兵依然是乌合之众。乌合之众是不能打仗的。秦汉时虽然有驱市民而战的说法，但到了明代，这已成了遥远的过去。不但驱市民而战不行，就是编伍搞不好，也要影响军队的战斗力。因此编伍就成了当时一个很重要的问题。

戚继光说："分数者，治兵之纲也；束伍者，分数之目也。"又说：编伍之后加以检查，对"作弊者即以重法连坐。施行一、二队以立初信。此时重信一立，以后如驱群羊，唯我号令是听，而方可言练也。此一节，于练兵已有五分工夫矣"。组织编制是治兵之纲，练兵的前提。不仅如此，还要搞好组织编制才能建立节制之师。谭纶、俞大猷、戚继光当时都十分强调"节制"。

戚继光说："舍节制必不能军。节制者何？譬如竹之有节，节节而制之，故竹虽虚，抽数丈之笋而直立不屈。"

谭纶说："凡言练兵者，非但练其艺与坐作进退之法耳。其要莫先于练心，其法莫善于节制。节制者如竹节之节，节节而制之，即人心齐一，进非幸成，退无速奔，而常立于不败之地矣。"

俞大猷说："'节制'二字，兵法之大要也。'分数分明，步伐止齐'八字，节制之条目也。'七书'千万言，十字该之矣。明此十字之义，于兵思过半矣。"

戚继光则用编伍来解决节制问题。他把招募来的士兵和军官按照营、司、官、哨、队严密组织起来，一级节制一级，级级相制。这样指挥员就能实施有效的指挥，指哪儿打哪儿。

戚继光编伍方面另一重要指导思想就是组织编制要与战斗队形相适应。军队编成之前就要考虑到阵法，"夫营阵之法，全在编派伍什队哨之际，计算之定……古人各色阵法，皆在于编伍时已定"。军队的组织编制要适应战斗队形的需要，打仗需要有什么样的战斗队形就要有与这种战斗队形相适应的编制。譬如，鸳鸯阵是抗击倭寇有效的战斗队形，那么在编制上就要以鸳鸯阵为部队的基层组织，这就是"队"。

另一方面，战斗队形的变化也要在编制的伍法中进行，如鸳鸯阵的小队，也可以变成大小三才阵和两仪阵。后来戚继光就把这概括为"一切法只在伍法中变化"。这种编制和队形相一致的最大好处是便于管理，便于训练，便于协同作战。平时一个队在一起生活、训练，使队长了解士兵，士兵也互相熟悉，打起仗来就能密切协同，形成整体战斗力。这要比打仗时临时拼凑一些互不熟悉的士兵，战斗力不知增强多少倍。

正是在这种思想指导下，戚继光编制的军队是独具一格的。他在南方抗倭时以十二人为一队，四队为一哨，四哨为一官，四官为一总，四总为一营，基本上四进制（有时增至五进制）。不仅队为鸳鸯阵，哨、官、总也是为实行一种"阵"，即一头两翼一尾阵。后来戚继光又提出了"明活法"的编制思想，即营、司、哨、旗，每一级辖个下一级单位均可。

戚继光这种军队编制和明军的传统编制是不一致的。

第一，明军的传统编制没有和战斗队形结合起来；第二，明军的传统编制基本或上是五或十进制，如十小旗为百户所，十百户所为一千户所，五千户所为一卫。当然也不是截然不同，如一小旗十一人，戚继光只加一名火兵（伙夫）变成十二人（为一队），但其他各级就不一致了。这体现了戚继光所讲的"用法而不泥于法"，体现了他的创造性。

戚继光这种军队编制不仅和明朝的传统编制不同，就是和同时代的其他军队的编制也不一样。如在南方和比他略早的王守仁、李遂的军队编制，在北方和比他略晚的孙承宗、徐光启的军队编制均有不同。可以说他是独树一帜。他的军队编制对传统军队编制改革最大，而与近代军队的编制更相似。

束伍之法为历来兵家所重视。孙子讲："治众如治寡，分数是也。"尉缭说："军中之制，五人为伍，伍相保也；十人为什，什相保也；……夫什伍相结，上下相连，无有不得之奸，无有不揭之罪。"

而王守仁则更进一步。他说："习战之方莫要于行伍，治众之法莫先于分数。"前人都把束伍同管理和训练部队联系在一起，戚继光又前进了一步，他还把束伍和作战的战斗队形联系在一起，使关于束伍的理论达到了一个新的高度。

授器军队编成了，没有武器依然不能打仗，因此必须给每个士兵配备武器。在配备武器时，戚继光讲究人和武器的完美结合。他指出不同的士兵"皆当因其材力而授习不同"的兵器，即让不同年龄、不同体格和素质的士兵使用不同的兵器。这样既能充分发挥士兵的长处，又能充分发挥武器的威力。

我们再以鸳鸯阵的武器使用为例。戚继光让年力老大的士兵使长牌，年少便捷手足未硬的使藤牌，年力健大老成的使狼筅，有杀气的好汉使长枪，等等。这种完美的结合，使人尽其才，物尽其用，从而能增强战斗力。

二、练令、练艺、练阵

练令。选好了兵，编成了队伍，配备了武器，军队已经组成，但还不能打仗，因为没有经过训练。戚继光说："训练有备，兵之事也。""战必以练兵为先。""不唯战需练，亦必练而后能守。"又说："凡司三军之上者，其责必曰'练兵'。夫此'练'字，即练丝者将生丝练熟，以织锦彩之练也。巧匠能练生丝使之熟，而将官乃不能练有知觉之民使之战，不亦愧于练丝者哉！"

军队是要打仗的，打仗无论是战还是守，都要训练。这点不仅在明代，早在春秋战国时人们就注意到了。孔夫子就讲过："以不教民战，是谓弃之。"

大军事家吴起也曾说过："用兵之法，教戒为先。一人学战教成十人，十人学战教成百人，百人学战教成千人，千人学战教成万人，万人学战教成三军。"

《司马法》中讲："故虽有明君，士不先教，不可用也。"

荀况说："然而不教诲，不调一，则入不可以守，出不可以战。教诲之，调一之，则兵劲城固，敌国不敢婴也。"

明代从朱元璋开始重视练兵。朱元璋就讲过："刃不素持，必致血指，舟不素操，必致倾溺，弓马不素习而欲攻战，未有不败者。"

到了景泰年间，于谦说："御侮之道，莫先于练兵。"

丘浚也曾说过："国家大事在戎，而国之安危、下之生死所系。当承平之时，而习战陈之法，异时有事，驱之以临战陈，冒锋镝，将可以全胜，卒可以全生，而国以由之以全安焉。"

但是到了嘉靖年间，人们似乎已经忘了这些，所以俞大猷和戚继光不得不一再强调练兵。俞大猷说："有兵而不练与无兵同，精兵而不练与弱兵同，练兵而不熟与不练同。若动调四方乌合之兵，猝然而集，猝然而驱以应敌，将士之情不协，进止分合之律不知，此则万战而万败也。"戚继光和俞大猷把练兵的重要性真是说到家了。

训练首先是练号令。戚继光说："古今名将用兵，未有无节制号令，不用金鼓旗幡而浪战百胜者。""束伍既明，即当练习吾令。"古代指挥军队靠的是旌旗金鼓，所谓"夜战多火鼓，昼战多旌旗"。擂鼓要进，鸣金要止；旗指东则东，指西则西；有令则进，有禁则止。只有这样，全军步伐一致，万众一心，共同对敌，才能夺取战争胜利。不然，几千、几万军队毫无秩序，乱成一团，必定吃败仗。那么怎样训练军队听从号令呢？戚继光采取了以下一些办法：

第一，令士兵记熟号令。他制定出旌旗金鼓号令的具体条款，刊印发给士兵。令每一队聚在一起，识字的人自己读，不识字的听识字的念诵解说，"务要记熟"，然后进行考核。如果一条记不下来，就要罚打一板；如果士兵犯了小过错，能背诵一条，就免打一板。这样就使士兵牢牢记住了这些号令。

第二，绝对执行号令。"凡操练对敌，决是字字依行。""如擂鼓该进，就是前面有水有火，若擂鼓不住，便往水里火里也要前去。如鸣金该退，就是前面有金山银山，若鸣金不止，也要依令退回。"要求要绝对执行号令，但如果没有保证绝对执行号令的措施，依然是有令不行，有禁不止。因此措施是至关重要的。

戚继光的措施很简单，就是惩治。"如违误承接号令，而不误事，止于捆打；若因而误事者，军法从事。"可见这种惩治是相当严厉的，

建军思想，创新实用

但如果不这样就不能做到绝对执行命令。那种不痛不痒地说几句下不为例的话，是不能做到令行禁止的。卫所军望敌崩溃，闻风而逃，就是因为有令不行，有禁不止。

运用旌旗、金鼓指挥部队，自古有之。孙子就说过："斗众如斗寡，形名是也。"曹操注曰："旌旗曰形，金鼓孙子这句话的意曰名。"意思就是"要指挥人数多的军队作战像指挥人数少的军队一样，这是通讯、指挥问题"。但从何入手使士兵辨识旌旗金鼓、听从指挥则没有讲。而戚继光则阐述了"下手详细节目"，具体地发挥了如何训练士兵听从旌旗金鼓的指挥，做到令行禁止。

练艺。艺，指技艺，包括使用火器的技术和使用冷兵器的武艺，总之是杀敌的本事。戚继光说："手无搏杀之方，徒驱之以刑，是鱼肉乎吾士也。"士兵不会武艺，就强迫他们上战场，那就是让敌人屠戮他们。因此，戚继光十分注意技艺训练。

他在《纪效新书》（十八卷本）中完全谈技艺就用了四卷之多的篇幅。他之所以这样做，当然是因为他对技艺的重视，但是还因为到了明代，使用各种冷兵器的武艺明显分成两个流派：一种是游荡江湖舞枪弄棒人用的武艺，另一种是战场厮杀用的武艺。

前一种武艺在民间流传很广，舞起来令人眼花缭乱，十分好看，但打起仗来不管用。戚继光把它叫作"花法"。后一种武艺舞起来并不好看，但招招式式都打在对方致命之处。戚继光把它叫"真艺"。实用而不美观，美观而不实用。但当时一些士兵在当兵前大多学过一些美观而不实用的武艺，正是为了纠正这些"花法"，戚继光不得不用大量篇幅来叙述"真艺"，对各种武艺的招式一一加以记载。

他告诫士兵："平日所习所学的号令营艺，都是照临阵的一般，及至临阵，就以平日所习者用之，则于操一日必有一日之效，一件熟便得一件之利，况二百年耶？况自幼而为武士者耶？奈今所学所习通是一个虚套，其临阵的真法、真令、真营、真艺，原无一字相合，及其临阵，又出一番新法令，却与平日耳目闻见无一相同。如此就操一千年，便有何用？"

怎样使士兵能够练到真的技艺呢？戚继光主要采取以下一些措施：

第一，启发士兵练艺的自觉性。他对士兵讲："凡武艺，不是答应官府的公事，是你来当兵防身立功、杀贼救命。你武艺高，决杀了贼，贼如何又会杀你？你武艺不如他，他决杀了你。若不学武艺，是不要性命的呆子。"就是向士兵讲明，练武艺是和他们切身利益甚至生死密切相关的。"务使人知习服器艺之乐之益，欲罢不能，非止为答应官役而为之"，从思想上激发士兵练艺的热情。

第二，教士卒。将领要向士兵讲解各种武器的性能和使用的方法（技艺）。对于武艺，还要"如法逐名教诲"，也就是说，要把真艺一招一式地教给每个士兵，使他们真正掌握这些技巧。

第三，考核赏罚。技艺练得如何，要定期考核。考核要考对敌的真本事。火器要设立靶子，冷兵器要对打。制订严格的标准，分上、中、下三等，每等又分三则。第二次考试，"进一则者赏银一分，进二则者赏银二分，超进一等赏银五分。一次原等免责，二次原等打五棍，三次原等打十棍。五次以上原等不进者，打四十棍，革退"。

不仅对被考核的士兵进行赏罚，就是士兵所在单位的各级军官，也要根据所属士兵考核成绩的好坏而受赏或受罚。其所属部伍考核总成绩被评为上下等以上的受赏，被评为中下等以下的受罚。中下等的"中军把总捆打一十，把总捆打二十，哨官捆打三十"，下上等的军官受重罚，下中等的军官降职，下下等的军官革职，支半俸。在这种严格的赏罚制度下，技艺练得好坏和上上下下每个人的切身利益都挂上钩，不仅士兵要不断提高自己的技艺，军官也要十分关心自己士兵技艺的提高，技艺水平怎能不迅速提高呢！

关于练艺，戚继光还提出长兵器要会短用，短兵器要会长用。他说："长器必短用，何则？长枪架手易老，若不知短用之法，一发不中，或中不在吃紧处，被他短兵一入，收退不及，便为长所误，即与赤手同矣。"怎么短用呢？需要手法和步法合一，一次刺不中，缓则用步法退，急则用手法缩出枪杆，使对方的兵器进不到我枪身内，他就不敢轻易进攻，我的枪即使缩到一尺，仍然可以戳人。长兵器不会短用必定为短兵器所败，短兵器不会长用必定败于长兵器。

短兵器怎么长用呢？首先要讲究执器的方法。棍、耙等不要执在头下二尺左右，而要执在头的另一端，这样棍就有六七尺长。其次要讲究打法。当敌之长枪戳来时，我用棍一格，将其枪打歪，然后就用棍内连打之法，一下打在长枪上，同时上步前进；他刺我时前进五尺，我一进又是五尺，在我连打的情况下，他的枪不得抽，即使抽，一下子也抽不出一丈之远，这样我就进入长枪之内，任我击敌了。藤牌、腰刀是短兵器中的短兵器，它们的长用之法就是配备标枪。接敌时，先掷标枪，敌必躲闪，藤牌、腰刀乘此而入，一入长兵之内，长兵器就成了废物。

长兵短用和短兵长用之说对于今天似乎没有什么意义，实则不然。这种理论给我们提供了一个思考问题的方法：一种兵器不仅要考虑它在常规情况下怎么用，而且应该考虑它在特殊情况下的用法。只有这样，才能充分发挥武器的威力。而当时戚继光提出这个问题，就说明

抗倭名将

戚继光

他有不同于一般将领的聪明和才智。

练艺的问题，明代以前的军事家提得不明确。《管子》中说："教其手以长短之利。"这可视为讲练艺的开始。到了明代，朱元璋曾对将士们讲："汝等当闲暇之日，宜练习武艺，不可谓无事，使可宴安也。"明确地提出了练艺的问题。但怎么练？他没讲。

戚继光十分重视练艺，把艺区分为"真艺"和"花法"，明确提出了练什么艺的问题，更可贵的是他解决了如何练的问题。而他练艺的措施是那样切实可行，行必有效，不仅他以前的军事家，就是与他同时的军事家也是不及的。

练阵法，指战斗队形。历代兵家作战都讲战斗队形。但随着时间的推移，在阵法上出现了两种偏差：一种由于古阵法失传，后人推演越来越烦琐，越来越不实用，如宋《武经总要》讲的"风后握奇阵图"，许洞《虎铃经》讲的"穰苴握奇营图"，明张烨推演的"太乙阵图"，等等。另一种是由于阵法不实用，有的完全否定阵法。

明正德初，陕西三边总制杨一清，曾根据当时的地形、敌情，参照古代阵法创立了一套新阵法来训练部队。他的继任者工部尚书才宽，这位进士出身、军法严明的总制，就在灵州（今宁夏灵武）边堡的墙壁上写了这样的诗句："堪笑书生无勇略，演营习阵日纷纷。"这是用来讽刺杨一清的。在他看来，只要有骁勇的将领，敌来，指挥军队作战，有进无退就行了，还用阵法干什么呢？进士出身的总制尚且如此，可见一般将领了。

戚继光以自己的实际行动否定了这两种偏向。他创制了鸳鸯阵、一头两翼一尾阵等阵法，指出"号令既习，刑赏俱知，于是列于场肆，而教以坐作进退之法，为营阵之制，以施于用"。但戚继光操练的营阵，同他练艺的主张一样，一定是战场上实用的营阵。他说："且如各色器技、营阵，杀人的勾当，岂是好看的？"必须平日所习所学的"营艺都是照临阵的一般，及至临阵，就以平日所习者用之"。他反对那些"虚套"，认为那些虚套"就操一千年，便有何用？"

历代兵家不仅用营阵，而且也都操练营阵。《吴子》中讲："圆而方之，坐而起之，行而止之，左而右之，前而后之，分而合之，结而解之。每变皆习，乃授其兵。"但这些坐作进退，分合变化，到底怎么练？他没有说，以后的一些军事家也没有具体说。在这方面戚继光的贡献主要有两点：

第一，循序渐进。他指出，在士兵个人练好武艺的基础上，"挨队操演。自一队起至四队毕，又合一哨操；四哨毕，合一营操"。这就是说个人练好，才能合一小队练；各小队练好，才能合一哨练；各哨练好，才能合一营练。这种扎扎实实、循序渐进的训练方法，至今仍有其实际意义。

第二，场操与野操结合。练营阵是不是仅在练兵场练好就行了呢？戚继光认为不能这样。他说："此操于场既熟，仍出郊野村落地方，随村落实操，临时方无差错。若操于场，不操于野，终未见实境，临时仍是不合毂。若不先操于场，辄操于野，则人无程式，众多惑乱，亦不可得如意。"戚继光在操场练兵时就力图与实境结合，譬如在操演防止和搜索敌人伏兵时，在操场上就要画上曲曲弯弯的道路，用木牌写好麦田、房屋字样，插在适当位置。但他认为这样还不够，在场操熟练的基础上还要把部队拉出营房，到郊野村落的实际环境中去操练，练出实战的真本事。

在四百多年前，戚继光就采用了这种场操与野操相结合的方法来练兵，可见他的高明。

三、知律练胆

戚继光强调军队要有严明的纪律。他说："兵众而不知律，必为寇所乘。"他制订了各种纪律，包括民众纪律、战场纪律、对俘虏的纪律等。规定"凡师行，动人一草一木，擅离队伍，搀越行次，互相斗殴，恣行诈伪，奸淫妇女，俱以军法处置。报贼情失实者，斩。抢掠民财者，斩。掩杀抚民者，斩。违错军令者，斩。临阵退缩者，斩。妄杀平人者，斩。虚报功级者，斩。杀、匿被掳子女者，斩。互争首功者，斩。该管人员分别轻重连坐，甚者与正犯同斩"，另外，还规定买卖公平，等等。

为了使士兵一丝不苟地遵守这些纪律，戚继光认为：

第一，要使士兵人人知道这些纪律。他把纪律条款发给士兵，让他们记熟，并进行抽查。士兵如犯小过，能背几条便可以减免处罚。

第二，同士兵讲明遵守纪律的道理。他告诫士兵："凡你们本为立功名报效而集。兵是杀贼的东西，贼是杀百姓的东西。百姓们岂是不要你们去杀贼？设使你们果肯杀贼，守军法，不扰害，他如何不奉承你们？只是你们到个地方，百姓不过怕贼抢掳，你们也曾抢掳；百姓怕贼焚毁，你们也曾拆毁；百姓怕贼杀，你们若争起，也曾杀他。他这百姓如何不避？如何不关门锁户？"

第三，要求士兵严格执行纪律。有违反纪律的，"就是我的亲子侄，也要依法施行"。

戚继光制订民众纪律，禁止骚扰，根本目的是要使"兵民相体"。正是因为这样，戚家军才得到了百姓的拥护。作为地主阶级的军事家戚继光并没有认识到百姓的拥护、人心向背是赢得战争胜利的决定性因素。但有一点他很清楚，军队不是欺压百姓的，而是保障百姓的。这对于地主阶级军事家来讲是难能可贵的。

练胆。士兵选好，编组成军，又进行了号令、武艺、营阵的训练，是不是就可以打仗了呢？应该说是可以打仗了，但胜负就很难说了，因为还有一个关键的问题就是士气。士气对于战争的胜负至关重要，"兵之胜负者，气也"，军队的"大势所系在气"。一仗是胜还是败，在很大程度上取决于士气。士气时高时低，不会始终高涨。要始终保持高昂的士气，将领就要治气。士气不管如何高，一次大战之后，总要低落一些，这时将领就要重新加以整治，使士气再高涨起来，然后才能用。

如果不加整治就用，那么士气就要低落了，还不加整治，继续用，那就没有士气了。这就像一池清泉，用大瓦罐连续地汲水，就会混浊，这之后又不知停取、蓄水，继续汲取，那就干涸了。只有在泉水清时汲之，见混浊则停汲、蓄水，才能常有水可汲。

怎样治气？关键是"练心"。士气是哪来的？戚继光认为来源于"心"。他说："气发于外，根之于心""心者内气也，气者外心也"。勇气不过是人的思想的外部表现而已。一个人是不是勇敢关键还在于内心，"出诸心者为真气，则出于气者为真勇矣"。如果这种气不是出自内心，而是"格于物而发者"，那就成了"客气"，一受挫折，就会泄气，是不能长久的。只有"气根于心，则百败不可挫"，因此治气，或者说练胆气就要练心，"练心则气自壮"。

"善将者，宜何如而练其心气哉？是不外身率之道而已矣。倡忠义之理，每身先之，以诚感诚。"这就是戚继光的主张。他认为要练士兵的心气，总的说来，最重要的是将领以身作则。榜样的力量是无穷的。

将领自身做好了，对士兵就是一种无声的教育和感化，士兵就会跟着学。相反，上梁不正下梁歪。如果将领没有为国为民的献身和勇敢精神，尽管你讲得头头是道，士兵也不会相信，不但不信，而且还会产生反感，根本达不到教育的目的。

但戚继光不是单纯地讲究身教，他同样重视言教，即"倡忠义之理"。忠，可以有多种解释，如忠于国家，忠于人民，忠于君父，忠于官长等。戚继光教育士兵则多是要他们忠于人民。他对士兵讲："你们本为立功名报效而集。兵是杀贼的东西，贼是杀百姓的东西。百姓们岂是不要你们去杀贼？设使你们果肯杀贼，守军法，不挠害，他如何不奉承你们！"又说："你们当兵之日，虽刮风下雨，袖手高坐，也少不得你一日三分。这银分毫都是官府征派你地方百姓办纳来的。你在家那个不是耕种的百姓，你肯思量在家种田时办纳的苦楚、艰难，即当思量今日食银容易，又不用你耕种担作，养了一年，不过望你一二阵杀胜。你不肯杀贼保障他，养你何用！"

这就从思想上启发士兵懂得为民而勇敢作战的道理。同时，他也反复向士兵讲明什么是祸，什么是福，讲明生和死的辩证关系。"好生恶死，恒人之情也。为将之术，欲使人乐死而恶生，是拂人之情矣。盖必中有生道在乎其间，众人悉之而轻其死以求其生，非果于恶生而必死也。"就是要让士兵懂得，在你死我活的战场上，只有你不怕死，勇敢杀敌，才能保住自己的性命；你怕死，不敢跟敌人拼，就会被敌人杀死，从而使士兵从思想上树立起勇敢战斗的坚定信念。

戚继光讲的这些，士兵是会接受的，因为他"每身先之"。他本身就是一位爱国、爱民的将领。他建立军队的目的是为了"保障生民，捍御内地"。"安民以为志"，这是他的誓言，也是他的行动。知道老

建军思想，创新实用

百姓被倭寇掳去，他大动感情，和士兵们讲，只要救出这些老百姓就是大功。他经常讲"保国安民"，为此他随时准备捐躯。直到老年他还讲："遐方但愿无烽火，烟柳年年系去骢。"他希望天下太平，永息烽火，老百姓过上安定的日子。他这种坚定的保国卫民的信念和实际行动必然会感染士兵。

为了树立起士兵勇敢战斗的坚定信念，戚继光还特别注重"以诚感诚"。孙子说过："兵者，诡道也。"戚继光认为"诡道"是对敌人而言，对士兵不能实行诡道，只能"以诚感诚"，要"至诚待下"。对士兵要像对待孩子一样，"饮食为之通，疾病为之恤，患难为之处，甘苦为之同""不待其心之发而先为之所，不待其口之出而预为之谋"。平时，要实心实意地爱护他们，确实像一家人一样；操场上训练时，要有公心，违反纪律就是对最亲近的人也不能袒护，言必信，行必果；出征打仗时，要身先士卒；获得战利品时，要同士兵均分，而且要更多地让给士兵。

将领这样处处爱护士兵，时时为士兵着想，日久天长，士兵就会被你的行为所感动。他们会"感于爱，则爱君、爱将，而身非所爱；感于义，则不忍后君、后将，而先其所私；感于祸福之辨，则患难不足恐，而亲上之志坚；感于修短死生之数，则水火存亡不足以夺其心。故恩爱蓄于平时，奋气发于临用"。用恩爱的感召力使士兵树立起坚定的信念，任何艰难困苦都难使他们动摇。

讲明道理、以身作则、诚心感化是练心的一个方面，另一方面"必佐之以不时之赏、斧钺之威，而行吾仁义"，即把赏罚作为练心的一种手段。戚继光认为赏罚是军中的重要手段，不仅作战时要用，练兵时也要用；不仅练艺时用，练胆时也要用。但真正使赏罚起到练心的作用，必须要公正，该赏的即使与将领有旧仇、新怨，也要赏；如果违犯军令，就是亲子侄，也要依法施行。

赏罚还要合乎情理，奖赏的一定是广大士兵所喜欢的，惩罚的一定是广大士兵所厌恶的。这样赏罚就会使士兵心灵受到震动，赏一人千万人精神振奋，罚一人千万人更听从命令，从而达到齐一人心的目的。当然"所谓恩赏者，不独金帛之惠之谓，虽一言一动，亦可以为恩为惠；所谓威罚者，不独刑杖之威之谓，虽一语一默，亦可以为威为罚"。

戚继光认为，练心、练胆气，不仅在操场上进行，更重要的是注重平时养成，即随时随地地培养和锻炼。他说："操兵之道，不独执旗走阵于场肆而后谓之操，虽闲居坐睡嬉戏亦操也。……而兵虽静处间阎，然亦谓之操，乃真操也。"这个"真操"主要就是"操心性气"，是没有固定模式的。"善操兵者，必使其气性活泼，或逸而冗之，或劳而息之，俱无定格。或相其意态，察其动静而搏节之。故操手足号令易，而操心性气难，有形之操易，而不操之操妙。"

要操练得使士兵既气性活泼又能有所秉畏兢业。为此必须善于辨别什么是气性活泼，什么是秉畏兢业，不能把吵吵闹闹、散野耍泼当作气性活泼，更不能把懈苦不振看作是秉畏兢业。这就需要将领认真体察士兵，确实摸准士兵的情绪，对症下药，才能教育好士兵。总之，练心气是很微妙的。作为将领，必须有高度的事业心和强烈的责任感，认真学习，并在实践中反复地琢磨、体会，才能做好。

戚继光提出的这种将领以身作则，以理谕人心，以诚感人心，以赏劝人心，以罚齐人心的练心方法是行之有效的。"戚家军"的勇敢善战就是戚继光实行这种教育的结果。

历代兵家对士气都是重视的。《尉缭子》曾指出："夫将之所以战者，民也；民之所以战者，气也。气实则斗，气夺则走。"《吕氏春秋》则指出："夫民无常勇，亦无常怯。有气则实，实则勇；无气则虚，虚则怯。怯勇虚实，其由甚微，不可不知。"

《唐太宗李卫公问对》则讲："用兵之法，必先察吾士众，激吾胜气，乃可以击敌焉。"还有的提出"励士之气"和鼓气等。总之，在戚继光之前，人们已认识到"气"的虚实是关系到勇怯、斗走的问题。也就是说，明代以前，人们已认识到在战场上士兵表现出来的勇敢和怯懦、敢斗和败走是由"气"的虚实来决定的，因此要"激气""励气"和"鼓气"，但平时如何培养、训练士气，都没有提到。

练胆气是明代军事家们提出的。首先提出这一命题的是俞大猷。他明确指出"练兵必先练胆"。后来何良臣在《阵纪》中说："善练兵者，必练兵之胆气。"与他们相比，戚继光的练胆学说是更深化了。

第一，他们没有把练胆气和练心联系起来。尽管俞大猷曾讲"申礼义以化导之"；何良臣曾说过"以赏罚之信教其心"，但他们在讲到练胆时，依然是就练胆而练胆，没有同练心联系起来，认识深度不及戚继光。

第二，正是这种认识的不同，所以练胆的方法也不同。俞大猷讲："练胆必先教技，技精则胆壮，胆壮则兵强也。"万历年间何良臣也说："故善练兵之胆气者，必练兵之武艺。"又说："故善练兵之武艺者，必练兵之阵法，是以阵法为武艺之纲纪，而武艺为胆气之元臣。"他们都是从练武艺入手来练士兵的胆气的，认为只要有好的武艺，胆自然就壮了。

戚继光则与此不同。他说："谚曰'艺高人胆大'，是懦弱胆小之人，苟熟一艺高止可添壮有胆之人，非技而即胆大也。"这实际是不同意俞大猷的观点。戚继光从练心入手，也就是从思想上入手来练胆的。他这种使人们树立起正确的思想观念，正确对待生和死的练胆方法，应该说是抓住了问题关键，要比俞大猷等人的认识深刻得多。

治气、练胆、练心可以说是人们对勇敢认识的三个不同阶段。戚继光说："兵之胜负者，气也。兵士能为胜负，而不能司气。气有消长，无常盈，在司气者治制之何如耳。凡人之为兵，任是何等壮气，一遇大战后，就或全胜，气必少泄，又复治盛之以再用，庶气常盈。若一用之而不治，再用则浊，三用则涸，故无常胜之兵矣。……治气用兵之机也。"

《草庐经略》对戚继光治气的论述有进一步的阐述，并提出了治气的方法。其中讲："兵胜在气胜。士能负气而不能自司其气。气有消有长，在司气者治之何如耳。人之壮气，值大战后，败则必挫，即全捷而气必泄。后渐渐蓄之，渐渐鼓之、养之使盛，以图再举，庶几常盈而不竭矣。司气之道：休众享士，大将鼓舞，而率作之。俾相勉以忠义，相贤以威武，相劝以建绩，相激以犯难，相惭以无功，相耻以退却，相怒以敌骄，相指以敌脆，人人无不眦裂发竖，万夫必往，则气斯盛矣。"

吕坤则不提"气"，而直接说"勇敢"。他说："战之要道，只有一字，是死生诀。一字者何？曰：'敢。'两军相见，兵刃既接，不论多寡、强弱，敢则生，不敢则死。即敢而死不逾于不敢而死者乎？……故倡勇敢为战家第一。何以倡？曰：食以饱之，逸以休之，愧以激之，利以诱之，穷以困之，害以动之，义以感之，奋以先之，恩以结之，怒以忿之。此八者，倡之之道也。"总之，这一阶段与以往相比

建军思想，创新实用

认识虽有加深，但没有质的飞跃。

俞大猷"练胆"之说的提出，较之"治气"来讲前进了一大步。勇敢是由胆气来决定的，出于胆气的勇敢才是真正的勇敢。由此把勇敢和练兵联系起来，提出"练胆"。这是人们认识的第二阶段。

"治心"和"练心"的提出则又前进了一大步。因为"心者内气也，气者外心也。故出诸心者为真气，则出于气者为真勇矣"。这样就找到了勇敢的根子，"练心"就是从根子上解决勇敢的问题。提出"练心"的问题不止戚继光一人。

戚继光提出"练心"的意思，首见于十八卷本《纪效新书》卷首的《纪效或问》中。他说："操手足号令易，而操心性气难。"而就在这同时或稍早一点，谭纶就明确地提出了"练心"。他说："凡言练兵者，非但练其艺与坐作进退之法耳。其要莫先于练心，其法莫善于节制。"

当时作为浙直总督胡宗宪幕僚的徐渭则明确地提出了"治心"。他说："论将者多以勇目将，故论将之气也，主于鼓，而论将之心也，主于敢与决，未尝以治言也。"又说："心水也，气波也，鼓且决者，其风也，鼓且决而至震荡且奋迅者，风之极也，而败焉者，其溺也。故欲止其波，澄其水，莫若去其风；欲斥其气之鼓，与其心之敢决，莫若易之以治。"他还认为"治气"和"治心"是一回事。他说："心主气，气从心，一也。言治气则不必赘以心，言治心则不必赘以气。"

谭纶、徐渭提出了"练心""治心"，但没有具体阐述，也没有阐述具体怎么练，而做到这点的只有戚继光。他不仅提出"练心"来解决士兵深层次的思想问题，而且比较具体全面地提出了解决士兵深层次思想问题的方法。这是了不起的贡献。

戚继光的练兵思想是全面而又具体的。说全面是因为他训练了士兵的耳目（号令）、手足（技艺、营阵）、心（胆气）各个方面；说具体是因为他具体地解决了如何练的问题。选择素质好的农民和矿徒（即乡野老实之人），实行严密的与战术相适应的组织编制，从实战要求出发，进行严格的号令、纪律、技术、战术的训练和士气的培养，是戚继光阐述的建立一支技术精、战术强、有纪律、听指挥、兵民相体、万众一心、勇敢善战，能"保障生民，捍御内地"的军队的主要方面，是戚继光对我国古代军事思想的突出贡献。

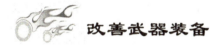

改善武器装备

一、求长于彼

戚继光一向重视武器装备。他说："手足便捷系于器械轻利。……手无搏杀之方，徒驱之以刑，是鱼肉士卒也。"戚继光认为，兵器种类甚多，古往今来用的各不相同，但其关键"在于因敌变置"。就是说，对于不同的敌人要用不同的兵器，不能以不变应万变；或者说，用什么兵器不是主观确定的，而是根据敌人特点和所用兵器的情况决定的。

倭寇是从海上来的，其特点是双手使刀，十分强悍，而鞑靼是从陆上来的，其特点是用骑兵，善于冲突。对付不同的敌人应该用不同的武器装备。

但有一点是不变的，就是要使自己的武器装备优于敌人。他说："称干比戈，用众首务。"就是要讲究"称比之术"。什么是"称比之术"？"杀敌三千，我不损一，则称比之术也。譬如彼以何器，我必求长于彼，使彼器技未到我身，我举器先杀到他身上了。他应手而死，便有神技，只短我一寸，亦无用矣。是以我不损一人，而彼常应手便靡。"

又说"兵家之事，短不接长，必须每事长他一分。如他有弓矢之利，我以何物胜其弓矢？他有短刀之利，我以何物胜其短刀？他有万马冲突，我以何物当他冲突？使他件件不及我，般般短于我"。自己使的武器装备优于敌人，这是戚继光的一个基本思想。

优于敌人不是说敌人用什么武器，我也造什么武器，比他造得更好就行了，而是要懂得"异用之术"。他说："一向边塞不知较量异用之术，唯以虏为师，彼以何利，我即以本器当之。"戚继光则不然，他往往采用"异用之术"。

在南方，倭寇的长刀很厉害，戚继光要求不是造出比倭寇更好的长刀，而是用牌、筅、枪、耙来对付倭寇的长刀。在北方，鞑靼善骑射，他不是要训练出比鞑靼更善于骑射的骑兵，而是以更有杀伤力的火器来对付敌人的弓矢，以边墙和车营来阻止敌骑兵的冲突。

他对将领们讲："虏马远来，五十步内外，不过弓箭射我。我今有鸟铳、快枪、火箭、虎蹲炮、佛郎机，皆远过木箭，狠过木箭，中人多过木箭。以此五种当他箭，诸君思之，孰胜孰败？虏马近身，唯有短刀，长不过三尺。我今有耙、棍、长枪、钩镰、大棒，皆七八尺长。兵法：'短不接长，一寸长一寸强。'是亦得五件当他刀，诸君思之，孰胜孰败？虏以数万之众，势如山崩河决，径突我军。我有车营，车有火器，终日打放不乏，不用挑壕而壕之险在我，不用依城而城已在营，要行则行，欲止则止。诸君思之，孰胜孰败？"不跟在敌人的后面跑，采取"异用之术"，使自己的武器装备优于敌人，这是戚继光的又一重要思想。

正是在要优于敌人的思想指导下，他不断改善自己的武器装备，"旧可用者更新之，不堪者改设之，原未有者创造之"。他到蓟镇之后，就是这样做的。他创制了虎蹲炮、无敌大将军、三飞、钢轮发火，改造了大棒、快枪，制造了铁狼筅，等等。

在更新、改设、创造的过程中，他求新、求精、求实。求新就是采用当时最先进的武器装备。当时火器是最先进的武器，"五兵之中，唯火最烈。古今水陆之战，以火成功者最多"。车营"所恃全在火器；火器若废，车何能御""守险全恃火器""水战，火为第一"，所以他尽力采用。他的军队中所装备的火器是当时明军中比例最高的。嘉靖四十年（1561 年），他所造的四十艘战船下水，开始服役。其大福船上使用火器的士兵占到战斗士兵的百分之五十。而到了北方，其车营使用火器的士兵已占到百分之七十。就是说，在他的部队中火器已占主导地位。他实现了从冷兵器占主导地位到火器占主导地位的过渡。这是具有时代意义的了不起的贡献。

就连火器他也是选用最先进的。当时鸟铳、佛狼机为最先进的武器，他大量采用，而对传统的火器他采用的就比较少。求精就是对每件武器装备他都要求制造精良。他说："有精兵而无精器以助之，是谓徒强。""火器不精，不如无。今知以火器当房而不知精，亦无埒也。"鸟铳枪管要用钻钻成，要直，铅子要合口；火箭，杆要直，翎羽要硬，等等。

求实就是讲求实用。他说："今制火器者，类愈多而愈无实用，用火器者益失法，而每以自误。……世间传流原有《风雷集》，皆火器机械之属，为种甚多，或伤于繁，或伤于巧，或不中敌，或不相宜，似不必务广而废精也。"明代的火器有二三百种之多，边防用的火器也有一百二十种左右，但戚继光装备部队的只有十种左右。武器装备不要搞得那么多，那么繁杂，要精、要实用，以提高部队的战斗力。这是戚继光关于武器装备的又一指导思想。

二、有机结合

戚继光对军事技术的贡献不仅仅在于他改进和创制了一件件兵器和军事设施上，当然这些武器的改进和军事设施的改善，对增强战斗力是有重要意义的，更重要的是他使这些武器有机地结合起来，使这些军事设施配套，这对增强战斗力更有意义。军队的作战向来不是单兵独斗的，而是集体行动，武器的配备也由简单到复杂。能不能把各种武器有机地结合起来，是提高战斗力的重要环节。戚继光在这方面是行家，做出了突出的贡献。

讲究武器的配备是戚继光的又一重要指导思想。戚继光认为，"所用之器，必长短相杂，刺卫兼合"，远近兼授，相资为用。"远多近少者，合刃则致败；近多远少者，未接而气夺。远近不兼授，则虽众亦寡"。部队装备的武器是不能乱来的，必须有一定的规则。这个规则就是既要有长兵器，也要有短兵器；既要有进攻性兵器，也要有防卫性兵器；而且某一种兵器多了也不行，少了也不行，一定使这些兵器有机地结合起来，形成一种整体的战斗力。

戚继光鸳鸯阵的武器配备就是这种"长短相杂，刺卫兼合"原则的绝好例证。鸳鸯阵前面是二牌手并列，配备的兵器有牌、腰刀和镖枪。牌后是二狼筅手，配备的兵器是狼筅。再后是四长枪手，其武器为长枪。最后是两个短兵，配备的武器是镋钯。这样鸳鸯阵中配备的兵器就有牌、腰刀、镖枪、狼筅、长枪和镋钯。其中镖枪、狼筅和长枪是冷兵器中的长兵器，而牌、腰刀和镋钯则为短兵器，把这些兵器结合在一个鸳鸯阵中，这是不是"长短相杂"？

牌和筅主要是抵挡敌人的箭和刀，是防御性兵器，保护长枪的进攻。长枪主刺杀，是主要的进攻性武器，镋钯保护长枪，防止敌人进至长枪手跟前。这样，牌、筅、枪、钯有机结合在一起，是不是"刺卫兼合"？所以鸳鸯阵的武器配备，能进攻，能防御，以防御掩护进攻，以进攻实施有效防御，形成攻守兼备的整体战斗力。这又是戚继光的一大贡献。

戚继光水兵武器配备也具有这样的特点。这种武器配备是一种军事艺术，真正把各种兵器恰到好处地配合在一起，是很难掌握、很不简单的。实践证明，戚继光把二牌、二筅、四枪、二钯结合在一起，长短叠用，刺卫结合，形成一个冷兵器的结合体，大大增强了部队的战斗力，有效地抵挡了倭寇的长刀。

戚继光所处的时代是逐渐由冷兵器向火器过渡的时代，冷兵器和火器混杂使用是当时的特点。戚继光把冷兵器和火器有机地结合起来，形成了前所未有的战斗力。这里我们只以舰船上的武器配备为例，略作说明。舰船上配备的兵器主要有无敌神飞炮、大佛狼机、百子铳、鸟铳、火桶、喷筒、火箭、六合铳等火器和长枪、藤牌、镋钯、钩镰刀、撩钩、犁头镖、小铁镖、弓箭等冷兵器。

当敌船约在二百步内时，先用佛狼机、鸟铳、火箭；约在三十步内，再加上喷筒、镖枪、弓箭；近船边，则用火桶、喷筒、火箭及犁头镖、小镖；再近，可以用钩镰割其缭，勾其船，或割其棚间绳索；犁沉敌船则用撩钩捞取首级或勾搭敌船。当然在敌船较近时还可用无敌神飞炮或六合铳将敌船击碎、击沉。还有一说，敌在百步之内，放佛狼机；八十步之内，放鸟铳；六十步之内，射火箭；二十步之内，掷镖枪等。

这些兵器的运用，首先组成一个二百步之内，至少一百步之内的火力杀伤系统。在这个火力杀伤系统中，各种火器各有它的用途，大佛狼机主要是击碎其船板，水进船漏，使敌船沉没；鸟铳、火箭、火桶主要是杀伤敌船甲板上的敌人，使其丧失战斗力；喷筒主要是烧敌船帆，使敌船失去航行能力；而神飞炮和六合铳则击碎、击沉敌船。这些火器的配合使敌从远到近、各个要害部位均受到攻击，从而难逃覆没的命运。如果不是这些火器的配合，单独使用任何一种火器，都不可能组成这种火器杀伤系统，都会使敌有隙可乘。

水战以火器为主，但冷兵器同样是不可少的。没有长枪、藤牌、锐耙，到接舷战时，就没有制敌的手段，而且锐耙是火箭的支架；没有钩镰，敌船靠近就失去了割断敌船绳索的工具；没有撩钩，就不能捞取敌人的首级和俘获敌船。戚继光正是把这众多的火器和冷兵器有机地结合起来，才使他的舰船具有强大的战斗力，能在各种情况下消灭敌人。

在船队的组织上，他把大中小船合在一起，组成一支船队。这样最大的好处是可以取长补短，扬长避短。如在浙江，他把福船两只、海沧船一只、艟船两只编成一哨。福船高大，对敌船占有绝对优势，可以居高临下对敌船进行攻击，也可以"乘风下压，如车碾螳螂"似的犁沉敌船。但因它高大，吃水深，全靠风力行驶，在近岸水浅和风小的情况下，往往行驶不便。因此采用吃水比较浅，无风也可行驶的海沧船作为它的补充。

福船和海沧船都比较高大，都可以犁沉敌船，但不能捞取首级，因此又有艟硚之设。这样敌船在远海处于绝对劣势，这三种战船既可以把它犁沉，又可以捞取首级。敌如逃入近海，用海沧、艟硚船也能把它消灭。可见这三种船配合使用，就能在任何海域有效地打击敌人。缺少任何一种船，都缺少了一种制敌的手段。此外，为了及早发现敌情，戚继光还设有侦察船。侦察船可用开浪、网船和八桨等船。当然，福船、海沧船坐斗上的士兵也能在较远的距离上发现敌船，但没有侦察船哨探得远。有了侦察船和作战船，作战船又有几种优于敌人的船型，就使戚继光的水军能有效地保卫海防。

车步骑营更是武器装备巧妙的结合体。"车步骑三俱备，而相须为用。故御冲以车，卫车以步；而车以步卒为用，步卒以车为强。骑为奇兵，随时指麾，无定形也。"车步骑营把火器、冷兵器、车和马结合成一个有机的整体，有效地抵御敌骑兵的冲突。

现以车方营为例，具体看一下它是如何抵御骑兵冲突的。敌骑来攻，先以火器击敌。火器又分几个层次：鸟铳、快枪、火箭、佛狼机轮番打放，可终日不停；敌如不退且势众逼近，又用虎蹲炮轰击；还不退则用大将军炮和集发火箭打击。经过这样的打击，敌骑一般就要退去。如再不退且逼近战车，步兵则出车迎敌。步兵先用火器，然后以冷兵器牌、耙、刀等专砍敌骑马腿，同时用喷筒、火箭等继续惊扰

建军思想，创新实用

敌人。经过几次冲锋，敌如败退，骑兵则出步兵之前，继续追歼敌人。骑兵也是先用火器，然后用冷兵器砍杀。

经过这样的战斗，敌骑鲜有不败者。在整个战斗过程中，车起着屏蔽作用。它是火器的屏蔽和步兵出车作战的依托。没有车，在当时火器射速较慢的情况下，是难以阻挡敌骑兵的冲突的；没有车，步兵更不敢直接迎敌。但是，只有车，没有火器和步兵，车城终被敌骑兵攻破，更不能御敌。只有火器、步兵和车，在敌人败退时就失去了歼敌的手段，骑兵同样是不可少的。所以只有把火器、冷兵器、车、马结合起来，相须为用，才能最有效地抵御敌骑兵。火器、冷兵器、车、马这样巧妙结合所形成的强大战斗力是任何单独一种兵器、装备的集合体没法相比的，是戚继光的对于武器装备相互结合的一个贡献。

戚继光所构筑的城池是一个防御体系，主要由三道防御工事组成，第一道是濠。濠在城墙之外，即我们通常说的护城河。他主张，濠阔必三丈五尺，愈阔愈好，深必一丈五尺或二丈，愈深愈好。这么深的濠放水之后，底部再加以刺柴、竹签之类，就形成一道难以逾越的障碍。在濠之内城墙之外，距城八尺到二丈之间构筑一道牛马墙。墙上开一大将军眼，在墙高三尺，每隔五尺开一佛狼机眼，再高三尺又开一眼，作为手铳的射击眼。在手铳眼和狼机眼上各有一直缝，以便对外瞭望。从而使牛马墙成为城墙的又一道防线。濠、牛马墙和城墙构成了一个完整的防御体系。

这一防御体系不能说是戚继光的独创，牛马墙宋代称作羊马墙，但那时羊马墙上虽然也留有孔，可没有火器，只是用冷兵器来戳登墙之敌，主要是作为避难群众的躲藏之所，防御能力还不强。而戚继光在墙内配备大量火器就使其防御能力大大加强，成为一道重要的防线。

城上的防御设施也比过去加强了许多。城墙上每五十垛要构筑一个雉，就是战台，对应每一雉建一窝铺或骑墙铺；难和窝铺的结合，大体与长城上的空心敌台相似，既便于守城者休息，更便于击敌。因为垛与垛火力可以相交，使敌难以接近城池，从而大大加强了城池的防御能力。可以这样说，戚继光这一城池防御体系如果再加上善守城池的兵力，敌人是攻不破的。

综上所述，可见戚继光总是把几种冷兵器结合成一个有机整体，把冷兵器、火器和舰船，冷兵器、火器和战车，冷兵器、火器和城池各结合成一个有机整体，从而发挥出任何单一武器装备和军事设施所不可能有的威力。这是戚继光对军事技术的重大贡献。

戚继光之前，人们对武器装备也是重视的。"器械不利，以其卒予敌也"，已成为历代兵家的名言。管仲也说过："兵不完利，与无操者同实；甲不坚密，与伐者同实；弩不可以及远，与短兵同实……将徒人，与伐者同实，短兵待远矢，与坐而待死者同实。"但在中国古代历史上像戚继光这样重视武器装备，成为兵器专家的将领还很难找出第二个。

戚继光之后，徐光启对武器装备也很重视。他说："一切盔甲、面具、臂手、刀剑、矛戟、车仗、牌盾、大小火器之类，务求精密坚致，锋利猛烈，数倍于奴。"徐光启尤其重视火器，认为"今守城全赖火器"。他所说的火器主要是指西方的大炮。他说："夫兵器至于大炮，至猛至烈，无有他器可以逾之。"同时也重视台和车。他说："以台护铳，以铳护城，以城护民，万全无害之策，莫过于此。"

徐光启还强调兵器的制造一定要精良，对于西方传入的火器要尽用彼术，毫厘不差；对于已有的火器，要选择能工巧匠制造的，"除积弊，立成规，酌旧法，出新意"。徐光启也是一位了不起的兵器专家。中国如果沿着戚继光、徐光启的路走下去，到近代武器装备就不至于那么落后了。

《司马法》中讲："兵不杂则不利，长兵以卫，短兵以守。太长则难犯，太短则不及。太轻则锐，锐则易乱，太重则钝，钝则不济。"戚继光阐述的武器配备原则是对《司马法》这一原则的继承和发展，不但比《司马法》显得深刻，而且更重要的是戚继光把这一武器配备原则运用得得心应手，巧妙地把各种兵器有机地结合在一起，极大地提高了部队的整体战斗力。

 治军诸因素的关系

戚继光不仅讲述了练将、练兵和武器装备，而且对人、武器、练将、练兵等之间的关系也做了较为深刻的论述。

一、有主有从的关系

对于人和武器，戚继光认为："有精器而无精兵以用之，是谓徒费；有精兵而无精器以助之，是谓徒强；须兵士立得脚跟定，则拽柴可以败荆，况精器乎！"这里指出了军队兵要精，武器也要精，只有精兵和精器的结合，才有强大的战斗力，二者不可偏废。

但人与武器相比，人更重要。武器要由人来"用"，武器的作用是辅助的，"立得脚跟定"（勇敢、临阵不退缩）的士兵，就像春秋战国时期晋楚城濮之战的晋国士兵那样，用车拖曳树枝，扬起尘土，佯示撤退，就打败了楚国，何况用精良的兵器呢？在人和武器的关系上，明代后来的徐光启大体也持有和戚继光相同的观点。他说"千筹百计，总以精兵为根本"，认为"有神器而无精甲利兵，终不可战"，如果没有精兵，"多造利器莫能用""有器无人，则器反为敌有矣"。

练兵和练将。军队中的人，无论是兵还是将，都应当训练。只有练出良将和精兵，才能在战争中赢得胜利。两者都很重要，不能顾此失彼。但比较起来，练将更重要。"必练将为重，而练兵次之。夫有得彀之将，而后有人彀之兵。练将譬如治本，本乱而未治者，未之有也。"没有好的将领就不可能带出好的士兵，练将是军事训练的根本，练将搞不好就不可能练好兵。因此"练兵之要在先练将"。

戚继光认为，将领应该德、才、识、艺兼备，而且很重视才、识、艺的训练，但他更重视将德。他批驳了将领是"材官""艺士"，只要有才、有艺，贪婪、诡诈的将领都可以用的说法。他说："才艺之美，必有不二之心，庶成其德器。"一个人如果有"不二之心"，那么他就会日日夜夜想着公事，有一尺之长，必能够尽一尺之用。有将才而无将心，是徒具虚名的将领，没有将心就是没有将德。没有将德而用其才，这就是世上有骄将，有逆将，有全躯保妻子之将等原因所在，怎么能依靠他们来"卫国保家"呢？因此，练将就要"治心"，"治心则得良将"。

总之，他认为将德第一，没有将德的人，再有才也是靠不住的。

戚继光这一观点与哲学大师王守仁有相同之处。王守仁说："朝廷用人不贵其有过人之才，而贵其有事君之忠。苟无事君之忠，而徒有过人之才，则其所谓才者，仅足以济其一己之功利、全躯保妻子而已耳。"应该说戚继光继承了王守仁这一思想，并沿着王守仁的思路又前进了一步，提出了"治心"的问题。

练胆和练艺。对士兵的训练既要练胆也要练艺，但二者比较起来"练胆气乃练之本也""治气，用兵之机也"，把士兵的心理素质、勇敢杀敌的心理训练看作是练兵的根本和关键。他实际不同意俞大猷"技精则胆壮"和何良臣"武艺为胆气的元臣"的说法。他认为，武艺只能使有胆气的人胆更壮，并不是说没有胆气的人，练一两件武艺胆就会壮起来。

戚继光认为，"气发于外，根之于心"。勇气不过是良好心理素质的外部表现。出自内心的胆气才是真正的胆气，而出自真正胆气的勇敢才是真正的勇敢。因此，他得出结论："练心则气自壮。"练气必须从练心入手，练心才是根本。

他认为，胆气有两种：真气和客气。发自内心的是真气，"格于物而发"的是客气。按照他的这种分法，以往一些兵家所讲的"励士之气""激吾胜气"以及练艺、练阵等激发起来的士气等，都不过是"客气"。"客气"是不能长久的，一旦受到挫折就会泄掉，只有真气才能百败不挫。因此，戚继光主张从练心入手来练真气，但他也不完全否定练"客气"。当气稍泄时，他主张"治"气，使气再充盈起来。如果一味地用而不知治，那么胆气就彻底没了。

戚继光从当时的实际情况出发，把武艺分成正法和花法两种。他认为士兵练艺必须练正法，打仗时怎么用，平时就怎么练。这样练一招一式都有用，练一天就有一天的效果，一件兵器练熟到战场上就会得到使用这件兵器的好处。相反要禁止练只图美观而不实用的花法。这种花法要盛行，实战用的真艺就会被淹没，到战场上就要误事，大受其害。

从上述可以看出，戚继光关于治军诸因素相互关系的认识是他治军思想中最精彩、最富有哲理的内容。这一相互关系表明，治军是复杂的，是各种因素互相联系、互相制约的一个整体，哪一方面也不可缺少。但各种因素之间又不是半斤八两、平分秋色，而是有主有从，有真有假。人和武器，人是主要的；练兵和练将，练将是主要的；将德和将才，将德是主要的；练胆和练艺，练胆是主要的。这一认识的实践意义就在于使人们正确处理治军诸因素的关系，在互相关联的复杂治军诸因素中把握住关键。抓住了事物的主要矛盾和矛盾的主要方面，事物的次要矛盾和非主要矛盾方面就好解决了。

二、完整系统的理论

这一治军诸因素还表明，戚继光的治军思想是一个完整、系统的理论体系。这一理论第一层次是人和武器，而就人来讲，下一层次是练谁，再下一层次是练什么，从而形成了互相联系的体系。说它是完整的，是因为这一体系包括了治军的各个方面和各个方面的各个环节。

戚继光如果没有治军诸因素的论述，那么练兵、练将等都是独立的，他的治军思想还很难说是一个理论体系，而有了这方面的论述，就使那些独立的各个因素成为整体的，密不可分的一部分，形成了一个体系。这一体系告诫人们，要想建立一支强大的军队必须从宏观、从整体出发，从各个具体的环节入手，扎扎实实地去做，才能达到目的。没有全局观念，只抓治军的某一方面或某一方面的某一环节，是

建军思想，创新实用

不能建立起一支强大的军队的。戚继光之所以能建立一支百战百胜的"戚家军"，其原因就在这里。

戚继光的治军思想是前无古人的，在他之前没有一个人这样系统、完整地阐述过建军思想。他是建军系统理论的创始者和奠基人，他的建军思想极大地丰富了我国古代军事思想的宝库。

以上叙述了戚继光的建军思想，按照这样的思想去做，就可以建立起一支强大的军队，而强大的军队是夺取战争胜利的保证。任何高明的战争谋略，如果没有训练有素的军队将之付诸实施，都不能达到预定的目标。反过来说，有了训练有素的军队而战争谋略是笨拙的，同样要吃败仗。

广泛的影响

一、国内影响

由于戚继光的军事思想丰富和发展了我国古代的军事学说，特别是由于实践证明了戚继光的军事理论的正确性和可行性，所以自它问世之后，就引起了广泛的重视，产生了深远的影响。

戚继光军事思想是冷兵器和火器并用时代的军事理论，作为戚继光军事思想载体的《纪效新书》（十八卷本和十四卷本）、《练兵实纪》等兵书，在当时备受人们推崇。

明崇祯二年，郭应响在《补释戚少保南北兵法要略序》中指出：戚继光"在浙有《纪效新书》，在蓟有《练兵实纪》，治兵家奉为指南，为金针"。

明末总督洪承畴在《古将平定略》二集和《今将平定略》六集的序言中讲："铸古酌今则有戚少保之兵略，郭大夫之增删，举兵家支节头颇了如指掌，今之将略孰逾此！谁谓千百禩而下遂无孙武子其人耶？天下自此平定，庶可拭目侯之。"《明史·戚继光传》指出：戚继光所著"《纪效新书》《练兵实纪》谈兵者遵用焉"。

清嘉庆年间，薛大烈说："兵书，如《孙子》《穰苴》及黄石公之《三略》《素书》、诸葛武侯之全集、李卫公之《问对》三卷，皆粗粗涉猎，略识大意，惟前明戚太保继光《纪效新书》十八卷、《练兵实纪》九卷、《杂集》六卷，其年代去兹稍近，可为法则。"

咸丰年间，沈兆沄在《兵武闻见录序》中说："世称孙、吴、司马三书为最精。嗣是代有著述，如《三略》《素书》《李靖问对》《太白阴经》《虎钤经》，指不胜屈，惟戚继光《纪效新书》、《练兵实纪》，士大夫尤奉为圭臬。盖本诸躬亲试历之余以著为法则，非徒托空言、未尝见诸事实者之纸上浮谈，故足以信今而传后也。"

19世纪60年代，洋务派大办军事工业，冷兵器逐渐为火器所代替。随着西方火器的大量传入，西方的军事思想逐渐渗入，影响愈益扩大。即使如此，戚继光军事思想仍然得到了效法西方者的推崇。《中西兵略指掌》的编辑者陈龙昌说："中国谈兵家无虑百数，唯《孙子》十三篇、戚氏《纪效新书》至今通行，称为切实。但《孙子》论多玄空微妙，非上智不能领取；戚书出自前明，虽曾文正公尝为推许，其所可采者，要不过操练遗意。此外欲求所谓折中戎行，会通今昔守御之要，而机宜悉当者，殆不多见。"这位主张效法西方的人也不得不承认戚继光的"操练遗意"依然可以取法。

从戚继光的军事著作问世一直到近代，一些有识之士都认为，戚继光的军事著作是"指南"，是"金针"，是"圭臬"，是"法则"，是继《孙子兵法》之后，最重要的军事著作，这是符合实际的。孙子之后，对军事科学贡献最大的非戚继光莫属。

在中国军事思想史上，孙武是军事科学的奠基人，但主要是在军事谋略方面，而完整的治军思想则是由戚继光创立的。军事科学最重要的是两个方面：一是军队的建设，二是军队的使用。孙武解决了军队的使用问题，而戚继光则解决了军队的建设问题。

军队建设是军队使用的基础，近年来，人们对孙武推崇备至，但除了一些研究军事思想的人对戚继光推崇之外，戚继光还是基本处于被冷落的状态。这和他在军事思想史上的地位是很不相称的。

戚继光的著作以多种形式广为流传。主要表现为：一是明以来多次刊刻戚继光的十八卷本《纪效新书》《练兵实纪》和十四卷本《纪效新书》。现存的明刊本和抄本有二十多种，清代则有近四十个刊本，民国年间也有十六七种（丛书中的刊本尚未计入）。自戚继光逝世的1588年到1941年的三百五十三年中，至少有七十一个刊本和手抄本，平均每五年就有一部重刊本问世。这在古代兵书中是少见的。

综观刊刻情况大体有三个高潮：第一个高潮是明代援朝抗日战争期间，即1592年至1598年。现存的明刊本《纪效新书》（十八卷本和十四卷本）和《练兵实纪》有二十种之多，其中有五种就是这个时期刊刻的。第二高潮是 19 世纪四五十年代，即鸦片战争和太平天国起义期间。这期间共刊刻《纪效新书》（十八卷本）和《练兵实纪》十三种。第三个高潮是 20 世纪 30 年代，即日本加紧侵略中国之时。在 1934 年至 1938 年间，有十二种翻印本。

这说明，每当外敌入侵、国难当头之际，或战争频繁之秋，人们就想起戚继光的军事著作，力求从中寻求治兵之方、用兵之术，以赢得抵御外敌的胜利。

还值得一提的是，《四库全书》只收兵书二十部，其中两部就是戚继光的《纪效新书》（十八卷本）和《练兵实纪》。

二是重新编纂戚继光的著作，刊刻流传。明代的有《守扬练兵辑要》《练兵实纪类钞》《重订批点类辑练兵诸书》《补释戚少保南北兵法要略》《古今平定略》《新编皇明戚将军将略韬略世法》《武备新书》《武经将略》《莅戎要略》等，清代的有《纪效达辞》。

三是辑录兵书多收录戚继光兵书的内容。明代的有《筹海图编》、《筹海重编》《皇明海防纂要》《武备志》等。其中《武备志》收录戚继光著作内容最多。在卷中有多卷收录《纪效新书》（主要是十四卷本）和《练兵实纪》的内容。清代有《韬铃拾慧录》，该书节录了《练兵实纪练将篇》的内容。

四是部分有影响的兵书吸收了戚继光军事著作的内容。如何良臣的《阵纪》吸收了戚继光选兵的思想，孙承宗的《车营扣答》吸取了戚继光的车战思想，甚至无名氏《草庐经略》、徐光启的《选练的条格》也能找到戚继光军事思想的影子。

戚
继
光

这里特别值得一提的是《金汤借箸》。这本明末由周鉴等辑著的兵书，在练兵、城制、武器等方面引述了《纪效新书》和《练兵实纪》的内容。清乾隆年间，实行书禁，该书被列在禁书之中，于是它改头换面，成了惠鹿酒民撰写的《洴澼百金方》，而且一再翻刻传抄，到清末已有多个版本。嘉庆之后，书禁渐弛，《金汤借箸》又以它的原貌问世。咸丰之后《金汤借箸》的刊本有二三十种。嘉庆年间，带兵打仗的提督薛大烈删节《金汤借箸》，辑成《训兵辑要》。戚继光军事思想的某些观点借《金汤借箸》《洴澼百金方》《训兵辑要》在人们中间流传。

历史上，个人军事著作以这样多种形式广泛刊刻流传是不多见的。

人们多次刊刻戚继光的军事著作，正是为了指导当时的军事实践。万历十二年（1584年）广东布政司第一次刊刻十四卷本《纪效新书》。在为此发布的《檄文》中说："据镇守广东总兵官送到删定《纪效新书》，为卷十有四，始《束伍》而终《练将》……此皆该镇扬历南北，躬亲水陆，闻见独真，纤钜靡漏，信为已效之书，足称不易之法……完日刷印，分给大小将领，督率哨队兵役，知所持循，齐加习练。务使胆技交精，战守青利，耳目心志合万为一，则有有能之将，亦皆有有制之兵，所裨地方良非浅鲜。"

万历十六年（1588年），李承勋刊刻十四卷本《纪效新书》。他在《纪效新书后跋》中说："戚大将军往在闽中，练兵素有节制，屡收大捷，全闽以宁。用兵既甚效矣，于是刻《纪效新书》。凡有兵寄者，莫不宗之。……抚台每以戚将军功业期不佞，复命翻刻是书，将以颁行两浙将校，欲使将校以下，知训练之机，熟约束之法，上下同心，臂指相使，悉成节制之兵，潜消海氛，保我黎庶，以抒圣天子南顾之忧。"

万历二十一年（1593年），福建布政司刊刻十四卷本《纪效新书》，在该书的前言中指出："照得闽省先年倭寇之变，蹂躏最惨，而收戡定荡平之效，则大将军戚定远之勋于今为烈矣。顾定远节制之师，扬历南北，蔚为嘉隆间名将。而大凡练习卒伍，诲饬将领，悉载《纪效新书》。目今倭奴不道，狡焉启疆，毁我藩篱，声言入犯。沿海地方征兵选将，方讲求御倭长策。而定远公在，闽土当宁，尤切拊髀之思，乃其人往矣，其书尚在。顷得大司马小江吴先生缄寄一部，本院时加披览，见其纤钜靡遗，精粗毕备。凡为士伍，为偏裨，为大将，为将将者，均不可不知，殆国手之奕谱，神医之秘方也。相应重梓，以广其传。……完日刷印送院，仍分给水陆将领，并府州掌印海防官，督率各哨、捕、队、兵，查照练习。庶几有制之兵，有能之将，所谓先为不可胜，以待敌之可胜，当必有继定远而兴起者。"

万历二十五年（1597年）夏，扬州知府郭光复摘录《纪效新书》的重要内容，辑成《守扬练兵辑要》，"颁布各将领，使将以是训，兵以是习，如身运臂，臂运指，作刺有法，纪律井然。万一倭奴人犯，吾民吾兵有所以御之无恐矣"。同年冬，兵部尚书、蓟辽总督邢玠刊刻《纪效新书》和《练兵实纪》，目的也是以二书"授诸将士"。

戚继光在世时，训练的仅是自己所率领的部队，在他离职和去世后，广东、浙江、福建、扬州以及北方均以布政司、抚台、知府、兵部尚书等名义重刻《纪效新书》《练兵实纪》，下达部队，以他的思想练兵、练将。戚继光虽已离世，读公（指戚继光）书，能用公法，但正如邢玠所说："能读公（指戚继光）书，能用公法，公固在也。"

应该说各地特别是南方，按照戚继光军事思想练兵、练将是有成效的，突出的表现在援朝抗日战争中南方将士为夺取胜利所做的贡献。

万历二十年（1592 年），日本丰臣秀吉发动了侵略朝鲜的战争，并欲侵略中国。明廷应朝鲜国王的请求，两次出兵援助朝鲜，抗击日本侵略军，到万历二十六年（1598 年），把日本侵略军彻底逐出朝鲜。在这次战争中，中、朝联军取得了两次重大的胜利：平壤大捷和露梁海战大捷。

平壤大捷中首先登上平壤城墙的是南兵。南兵将领吴维忠是戚继光的老部下，胸部中弹，依然指挥战斗。另一南兵将领骆尚志，持长戟，负麻牌，耸身登城，脚被日军的巨石击伤，依然奋不顾身，向上攀登。车兵将领戚金是戚继光的侄子，时人称他练兵最有戚继光的风范。露梁海战，中、朝联军俘获日舰数艘，烧毁日舰多艘，斩首多名，把日军彻底赶出朝鲜。明水军主要来自浙、直、闽、粤，正是按《纪效新书》练兵、练将的地方，有的将领还是戚继光的老部下。

万历二十五年（1597 年），兵部尚书、蓟辽总督邢玠就曾讲："迄今闽、粤、浙、直之间，横海楼舡之师雄于海上，渔阳上谷台堡之卒推为军锋，皆公（指戚继光）之余烈也。"

北方的安宁和戚继光军事思想的影响也分不开。《明史戚继光传》载：戚继光离开北方之后，"继之者，踵其成法，数十年得无事"。事实也确实如此。

蓟镇，在戚继光离开之后，由于有他的练兵和御敌的思想指导，到清兵袭扰关内之前，一直保持比较安宁的局面。

在辽东，从天启二年（1622 年）八月到五年二月，孙承宗以大学士、兵部尚书衔经略辽东事务，在任职期间建车营十二座，许多方面是按戚继光《练兵实纪》所言进行的；戚继光的车营用的是偏厢车，他也是；戚继光以一百二十八辆车为一营，他也是；戚继光每辆车配备佛狼机二架，他也是；戚继光车营的编制是四车为一局，四局为一司，四司为一部，二部为一营，他则四车为一乘，四乘为一衡，二衡为一冲，四冲里，收复辽为一营，大体也相同。

孙承宗在辽东拓地四百里，收复辽河以西大部地区，把防线逐步推进到锦州一带，和他建立强大的车兵营是分不开的，而他建立的车兵营就与戚继光的车兵制极为相似。清寥山樗子在《万胜车营叙》中说："戚南塘备兵北平，制偏厢车以御敌，一战而擒朵颜长秃，孙高扬用其制而拓地数百里。"

到了清代，以戚继光军事思想指导实践并取得成效的，也大有人在。嘉庆年间，薛大烈称："予自入伍，从征甘肃华林山，因逆回苏四十三之变；从征石峰堡，因盐茶逆回田五之变；从征福建台湾，因台匪林爽文之变；从征西藏廓尔喀，因洋布国王之叔巴图尔萨野劫扰后藏扎什伦布；至叛民徐添德、王三槐、冉添元、冉学圣、罗其清、齐王氏等蹂躏川陕楚北，予奉经略大臣令，授以翼长，统领满汉屯土官兵，才疏任重，时凛冰渊，乃以戚太保练将、练兵之法及《登坛口授》之语，一一遵行之，行则无不效者。"

咸丰年间，曾国藩对戚继光军事思想也非常推崇。他组练的湘军就是"略仿戚元敬氏成法，束伍练技"的。他的募兵制度、挑选士兵的标准、编制体制、训练思想、军队纪律、作战战术，等等，都或多或少渊源于戚继光的军事思想。这里略举几例。

戚继光选兵时，要乡野老实之人，不要城市油滑之徒。曾国藩则说："募格，须择技艺娴熟、年轻力壮、朴实而有农夫土气者为上。其油头滑面，有市井气者，有衙门气者，概不收用。"戚继光选兵"必

建军思想，创新实用

胆为主"，而曾国藩说："总须察其胆气，虽死不避者而后可。"

戚继光在《纪效新书》（十八卷本）中定军队编制基层单位为队，每队战兵十名，火兵一名，辖以队长。湘军基层单位也是队，每队正勇十员，伙勇一员，辖以什长。戚军四队为哨，四哨为官，四官为总。湘军是八队为哨，四哨为营，比戚军少一级编制，加大哨这级编制，哨设哨官、哨长，基本也相同。

戚继光教育士兵习武时说："凡武艺，不是答应官府的公事，是你来当兵，防身立功，杀贼救命。你武艺高，决杀了贼，贼如何又会杀你？你武艺不如他，他决杀了你。若不学武艺，是不要性命的呆子。"曾国藩对士兵讲："原是要你们学些武艺，好去与贼人打仗、拼命。你们平日如不早将武艺学得精熟，将来遇贼打仗，你不能杀他，他便杀你；你若退缩，又难逃国法。可见学的武艺，原是保护你们自己性命的。"

戚继光强调军礼。李鸿章撰《曾文正公神道碑》记曾国藩论军礼事说："尝慨古礼残阙，无军礼，军礼要自有专篇，细目如戚元敬氏所纪者。"

戚继光在南方抗倭时所用的战斗队形是鸳鸯阵和鸳鸯阵演变的三才阵，战术队形是一头两翼一尾阵。曾国藩则说："阵法原无一定，然以一队言之，则以鸳鸯、三才二阵为要；以一营言之，则一正两奇一接应一设伏，四者断不可缺一。"正是一头两翼一尾阵。后来湘军战斗队形有变化，但依然是一头两翼一尾的翻版。

继湘军之后的淮军是仿湘军建立的，当然也受戚继光军事思想的影响。早在李鸿章办团练之初，曾国藩就曾写信对他讲："闻足下所带之勇，精悍而有纪律，务望更加训练，束以戚氏之法。"后来李鸿章在曾国藩幕府当幕僚，咸丰十一年（1861 年）受曾国藩之命组建淮军。湘军的出现改变了清朝的兵制，湘军和淮军代替了禄营兵的地位。各地的乡勇民团也都仿效湘军的营制、营规。

十九世纪五六十年代，不仅清朝官僚曾国藩仿戚继光练兵，太平天国领袖人物也看戚继光的兵书。张鼎元在记述李秀成占领杭州的《前后居行》长诗中的"案头一卷未卒读，《纪效新书》戚公作"就是证明。

综上所述，可以得知，从明朝后期到十九世纪五六十年代直至其后的一段时间，戚继光军事思想已成为中国军事领域的主导思想。

二、国外影响

戚继光的军事思想在邻邦朝鲜有广泛而深远的影响。朝鲜接触戚继光军事思想是从明军援助朝鲜抗击日本侵略开始的。万历二十年（1592 年）六月，当日军占领了平壤后，明廷应朝鲜国王的请求派出援军。首先入朝的是副总兵祖承训、参将戴朝弁、先锋游击史儒等率领的辽东兵。他们冒险进攻占领平壤的日军，结果大败，戴朝弁、史儒等战死，明军退回辽东。接着明廷以李如松为提督，率领包括南兵在内的三万余人，再次进入朝鲜，攻打平壤，取得重大胜利，收复平壤。

战后，朝鲜国王李昖接见了李如松，问李如松明军为什么先失败，后全胜，前后有这么大的差异。李如松说："前来北方之将，恒习防胡战法，故战不利。今来所用，乃戚将军《纪效新书》，乃御倭之法，所以全胜也。"李昖请李如松把《纪效新书》给他看，李如松秘而不给。李昖由此认识到《纪效新书》的重要性，下令购买此书。朝鲜译官从明入朝将领的手中购得此书。李昖还下令到中国购买，而且要买

建军思想，创新实用

王世贞作序的《纪效新书》。这样，《纪效新书》就传入了朝鲜。

得到《纪效新书》后，李昖对柳成龙讲："予观天下书多矣，此书实难晓。卿为我讲解，使可效法。"于是柳成龙与从事官李时发等一起研读，遇有不懂的地方，则让儒生请教明朝的将领。在此基础之上，李昖于第二年（万历二十二年）二月设立了训练督监，以柳成龙为提督，募饥民为兵，"旬日得数千人，教以戚氏三手练技之法，置把总、哨官，部分演习，实如戚制。数月而成军容，上亲临习阵。此后督监军常宿卫扈从，国家赖之"。

柳成龙还提议，筹措粮饷，增加募兵一万，在京城建五营，每营两千人，半年留城中练习，半年出城在空地屯田，以增加军队粮饷，以巩固首都的防卫。此提议虽获李昖首肯，但终未付诸实施。然而，戚继光兵制从此在朝鲜推行开来。

到了康熙三年（1661年）正月，朝鲜庆尚监李尚真向王廷进梁山郡守安命老所撰《演奇新编》，并上疏说："今日军阵之所行用者，只是戚继光之法，反不及五卫旧制。请下询掌兵之臣，而用命老之法。"但兵曹商议的结果，认为"不可率易变通"。后来人们议论此事："戚继光之法虽非旧制，亦自久在行间，经历试用，累有功于南方者。此岂命老等辈所可论其得失者哉！"八月，兵曹判书金佐明又向国王进《纪效新书》。

康熙六年（1667年），朝鲜又颁布《纪效新书》和《练兵实纪》，令将弁学习。戚继光的军事著作在国内从没有以国家名义下达命令让将士学习，而在朝鲜，国王亲自研读，并将戚继光的兵书颁行全国。

在日本，宽政九年（1797年）、十年（1798年），连续翻刻出版十

抗倭名将 戚继光

274

八卷本《纪效新书》，认为"戚子之书节制精明，号令严谨，实兵家之规则，行军之律令也。……及今之时，损益此书，变通其事，而兴练兵讲武之要法，振护国保民之伟略，则步伐止齐之兵，可见于今日，而于圣贤虑亡之戒思过半矣"。

19世纪中期，日本封建制度危机加深，农民和市民暴动此起彼伏，1844年至1853年，农民暴动四十五次，1854年至1863年暴动七十二次。1864年至1867年中暴动达五十九次，封建社会上层保守派和改革派之间的斗争也没有止息，社会在动荡之中。就是在这时出现了连续翻刻戚继光著作的现象。

弘化元年（1844年）翻刻《练兵实纪》，第二年翻刻十四卷本《纪效新书》。安政三年（1856年）翻刻十八卷本《纪效新书》。文久三年（1863年）又在弘化二年（1845年）刻本的基础上出版十四卷本《纪效新书》的补刻本。在短短十三年的时间里，戚继光的三部兵书相继在日本问世，可见其影响之大。

正是因为戚继光的军事思想有那么多的创新和发展，丰富了我国的兵学宝库，所以备受人们推崇，在国内、国外影响深远。也正是由于他有了这样大的成就，所以成了继孙武之后最伟大的军事家。孙子留给我们的遗产是十分宝贵的，今天已走向世界，成为世界人民共有的财富。戚继光留给我们的遗产也是宝贵的，我们也应该让它走向世界。

建军思想，创新实用

附 录

戚继光生平大事年表

戚继光生平大事年表

嘉靖七年〔1528〕年，出生

嘉靖七年闰十月初一 (公历 1528 年 11 月 12 日)，戚继光出生在山东济宁鲁桥镇。

嘉靖八年 (1529 年)，2 岁

父亲升任山东总督备倭。次年转任山东操捕屯局佥书，进职署都挥佥事。

嘉靖十二年 (1533 年)，6 岁

父景通调任大宁都司 (驻保定) 掌印官。

嘉靖十三年 (1534 年)，7 岁

戚继光入私塾。次年，父景通调京师，任神机营副将。

嘉靖十六年 (1537 年)，10 岁

十二月，生母王夫人病逝，享年 42 岁。次年，父景通辞官回乡。

嘉靖二十三年 (1544 年)，17 岁

六月，父景通重病。戚继光秉承父命，去京师办理袭职手续。八月二日，父景通辞世。十月，戚继光袭职登州卫指挥佥事。

嘉靖二十四年 (1545 年)，18 岁

十月，戚继光与王氏结婚。

嘉靖二十五年 (1546 年)，19 岁

戚继光正式分工管理本卫所的屯田事务。

嘉靖二十七年 (1548 年)，21 岁

戚继光奉命率领卫所士卒远戍蓟门 (今北京市东北)。从这年起，每年戍守蓟门一次，前后共五年。

嘉靖二十九年 (1550 年)，23 岁

戚继光赴京师参加会试，应试武举时，戚继光被任命为总旗牌，督防九门。前后两次上书，呈献备敌方略，受到朝廷高级官员赞赏。

嘉靖三十二年 (1553 年)，26 岁

六月，戚继光被擢升署都指挥佥事、山东总督备倭。

嘉靖三十四年 (1555 年)，28 岁

七月，戚继光调任浙江都司佥书，司屯田事。

嘉靖三十五年 (1556 年)，29 岁

七月，戚继光升任参将，镇守宁波、绍兴、台州三府。

嘉靖三十六年 (1557 年)，30 岁

二月，戚继光向上司提出练兵建议，直到冬季，才被批准。

嘉靖三十七年 (1558 年)，31 岁

岑港之战，明军虽然付出了很大的代价，但最终还是大获全胜。

嘉靖三十八年 (1559 年)，32 岁

戚继光驰骋在浙东御倭前线，战功显赫，声名远扬。并经过朝廷的批准，创建了一支令倭寇闻风丧胆的 "戚家军"。

嘉靖三十九年 (1560 年)，33 岁

戚家军成为浙江御倭的主力。

此年创立鸳鸯阵。《纪效新书》（十八卷本）约成书于此年。

嘉靖四十年 (1561 年)，34 岁

戚家军连续歼敌万余人，获得台州大捷，威名大振。

九月，戚继光升为都指挥使。

戚继光生平大事年表

嘉靖四十一年 (1562 年)，35 岁

因援闽有功，升任副总兵官，分守台、温、福 (州)、兴 (化)、福宁中路等处。

嘉靖四十二年 (1563 年)，36 岁

三月，戚继光率领戚家军一万多人，进攻平海卫倭寇，并取得胜利。后又歼灭了盘踞在闽北政和、寿宁一带的倭寇。为此，明世宗特举行了一次隆重的告谢郊庙的典礼。

戚继光也功升为都督金事。

嘉靖四十三年 (1564 年)，37 岁

在同安县的王仓坪和漳浦县的蔡陂岭地方，两次大败围攻仙游的残倭。

嘉靖四十四年 (1565 年)，38 岁

带兵到广东沿海，配合俞大猷平定了海盗吴平的叛乱。

隆庆元年 (1567 年)，40 岁

十月，朝廷调戚继光回京。十一月，戚继光奉命北上京师。

隆庆二年 (1568)，41 岁

五月，戚继光被任命为总理蓟州、昌平、辽东、保定练兵事务，经过多次的上疏，练兵之事终于得到了朝廷的批准。

隆庆三年 (1569 年)，42 岁

戚继光上疏请建空心御敌台，得到了批准。三月，戚继光升任右都督。沿长城一线开始筑台、修墙，建造防御工程。

隆庆五年 (1571 年)，44 岁

八月，蓟门一带全部防御工程完成。这年，戚继光还完成军事著作《练兵实纪》。

隆庆六年 (1572 年)，45 岁

戚继光经过首辅大学士张居正的同意，进行了一次大检阅、大演习。

万历元年 (1573 年)，46 岁

戚继光派兵出击朵颜部，把他们打败。最后，朵颜部和明朝恢复了通贡互市的关系。

万历二年 (1574 年)，47 岁

正月，戚继光升左都督。

万历七年 (1579 年)，52 岁

因援辽有功，戚继光被加封为少保。

万历十年 (1582 年)，55 岁

戚继光把历年所写诗文集成五卷并刊行，此后又有多种刻本，一

直流传至今。同年，弟弟继美被调到贵州。首辅大学士张居正去世。

万历十一年（1583 年），56 岁
戚继光被任命为广东总兵官。

万历十二年（1584 年），57 岁
四月，戚继光巡视广东沿海兵备情况。同时，整理旧作。

万历十三年（1585 年），58 岁
辞官回乡。

万历十五年（1587 年），60 岁
十二月八日（1588 年 1 月 5 日）去世。